Der Autor

Prof. Dr. Wilhelm Treue, geboren 1909 in Berlin, lehrte an den Universitäten Berlin, Göttingen, Würzburg und Oxford und ist seit 1947 Ordinarius für Geschichte an der Technischen Universität Hannover; er behielt jedoch bis heute einen Lehrauftrag an der Universität Göttingen. Er ist Mitglied der Historischen Kommissionen von Berlin und Niedersachsen und der Deutschen Gesellschaft für die Geschichte der Medizin, der Naturwissenschaften und der Technik. Er ist Vorsitzender des Studienkreises Rundfunk und Geschichte, Vorsitzender des Wissenschaftlichen Beirates der Georg Agricola Gesellschaft, Vorsitzender der Hauptgruppe Technikgeschichte im Verein Deutscher Ingenieure und Ehrenvorsitzender der Deutschen Gesellschaft für Schiffahrt und Marinegeschichte. Er veröffentlichte zahlreiche Arbeiten zur Kultur- und Sozialgeschichte, vor allem aber zur Geschichte der Wirtschaft und der Technik, u. a.: ›Illustrierte Kulturgeschichte des Alltags‹ (1952); ›Der Krimkrieg und die Entstehung der modernen Flotten‹ (1954); ›Kulturgeschichte der Schraube‹ (zus. mit R. Kellermann, 2. Aufl. 1962); ›Deutsche Geschichte‹ (4. Aufl. 1971); ›Wirtschaftsgeschichte der Neuzeit‹ (2. Aufl. 1966); ›Achse, Rad und Wagen‹ (1965).

Gebhardt
Handbuch der deutschen Geschichte

Neunte, neu bearbeitete Auflage,
herausgegeben von
Herbert Grundmann

Band 12

Wilhelm Treue:

Wirtschaft, Gesellschaft und Technik in Deutschland vom 16. bis zum 18. Jahrhundert

Deutscher
Taschenbuch
Verlag

Band 12 der Taschenbuchausgabe enthält den ungekürzten Text des HANDBUCHS DER DEUTSCHEN GESCHICHTE, Band 2: Von der Reformation bis zum Ende des Absolutismus, Teil V. Unsere Zählung Kapitel 1–22 entspricht den §§ 110–127b im Band 2 des Originalwerkes.

1. Auflage Mai 1974
2. Auflage Juni 1976: 16. bis 25. Tausend
Deutscher Taschenbuch Verlag GmbH & Co. KG, München

Umschlaggestaltung: Celestino Piatti
Gesamtherstellung: C. H. Beck'sche Buchdruckerei, Nördlingen
Printed in Germany · ISBN 3-423-04212-5

Inhalt

Abkürzungsverzeichnis

Abh. Ak.	Abhandlung(en) der Akademie der Wissenschaften ..., phil.-hist. Klasse (wenn nicht anders angegeben)
ADB	Allgemeine Deutsche Biographie (56 Bde. München 1875–1912)
AHR	The American Historical Review (New York 1895 ff.)
AKG	Archiv für Kulturgeschichte (1903 ff.)
AnnHVNiederrh.	Annalen des Historischen Vereins für den Niederrhein (Köln 1855 ff.)
AÖG	Archiv für österreichische Geschichte (Wien 1848 ff.)
APP	Die auswärtige Politik Preußens, hg. v. d. Histor. Reichskommission (1933 ff.)
ARG	Archiv für Reformationsgeschichte (1903 ff.)
AUF	Archiv für Urkundenforschung (18 Bde. 1908–1919), fortgesetzt im Archiv für Diplomatik (1955 ff. = Arch. f. Dipl.)
B.	Bischof; Bt. = Bistum
CCC	Constitutio Criminalis Carolina (Peinliche Halsgerichtsordnung Karls V. 1530/32)
DA	Deutsches Archiv für Geschichte des Mittelalters (1937 ff., seit Bd. 8: für Erforschung des Mittelalters; Zeitschrift der MGH)
DALVF	Deutsches Archiv für Landes- und Volksforschung (8 Bde. 1937–1944)
Diss.	Dissertation; Diss.Ms. = ungedruckte Dissertation in Maschinenschrift
DLZ	Deutsche Literaturzeitung (1880 ff.)
Dt., dt.	deutsch; Dtld. = Deutschland
DVLG	Deutsche Vierteljahrsschrift für Literaturwissenschaft und Geistesgeschichte (1923 ff.)
DW^9	Dahlmann-Waitz, Quellenkunde der deutschen Geschichte, 9. Aufl., hg. v. H. Haering (1931, Registerband 1932)
DW^{10}	dasselbe, 10. Aufl., hg. v. H. Heimpel u. H. Geuss (seit 1965 im Erscheinen)
DZG	Deutsche Zeitschrift für Geschichtswissenschaft (14 Bde. 1890–1898, fortgesetzt in HV)
Eb.	Erzbischof; Ebt. = Erzbistum
Ehg.	Erzherzog
EHR	The English Historical Review (London 1886 ff.)
ELJb.	Elsaß-Lothringisches Jahrbuch (21 Bde. 1922–1943)
Fb.	Fürstbischof
FBPG	Forschungen zur brandenburgischen und preußischen Geschichte (55 Bde. 1888–1944)
FDG	Forschungen zur deutschen Geschichte (26 Bde. 1862–1886)
GBll.	Geschichtsblätter
Gf.	Graf; Gfsch. = Grafschaft
GGA	Göttingische Gelehrte Anzeigen (1739 ff.)
GV	Geschichtsverein
GWU	Geschichte in Wissenschaft und Unterricht, Zeitschrift des Verbandes der Geschichtslehrer Deutschlands (1950 ff.)
Hdwb.	Handwörterbuch
hg.v.	herausgegeben von; (Hg.) = Herausgeber

Hg.	Herzog; Hgt. = Herzogtum
HJb	Historisches Jahrbuch der Görresgesellschaft (1880 ff.)
HV	Historische Vierteljahrsschrift (Fortsetzung der DZG, 31 Bde. 1898–1938). – In anderen Zeitschriften-Titeln HV = Historischer Verein
HZ	Historische Zeitschrift (1859 ff.)
Jb.	Jahrbuch; Jbb. = Jahrbücher
K.	Kaiser
Kf.	Kurfürst; Kft. = Kurfürstentum
Kg.	König; Kgr. = Königreich
KiG	Kirchengeschichte
KiR	Kirchenrecht
LG	Landesgeschichte
Lgf.	Landgraf
LThK	Lexikon für Theologie und Kirche, hg. v. M. Buchberger (10 Bde. 1930–1938); 2. Aufl. hg. v. J. Höfer u. K. Rahner (11 Bde. 1957–1967)
MA	Mittelalter; mal. = mittelalterlich
MIÖG	Mitteilungen des Instituts für österreichische Geschichtsforschung (Wien 1880 ff.); MÖIG = Mitteilungen des österreich. Inst. f. Geschichtsforschung, Bd. 39–55 (1923–1944)
MÖStA	Mitteilungen des Österreichischen Staatsarchivs (Wien 1948 ff.)
N	Neu, News
NA	Neues Archiv der Gesellschaft für ältere deutsche Geschichtskunde (50 Bde. 1876–1935; Zeitschrift der MGH, fortgesetzt im DA)
Ndr.	Neudruck, Nachdruck
NF	Neue Folge
NZ	Neuzeit
ÖStA	Österreichisches Staatsarchiv
PRE	Realenzyklopädie für protestantische Theologie und Kirche, begr. v. J. J. Herzog, 3. Aufl. hg. v. A. Hauck (24 Bde. 1896 bis 1913)
QFItA	Quellen und Forschungen aus italienischen Archiven und Bibliotheken (1897 ff., Zeitschrift des Preußischen bzw. Deutschen Historischen Instituts in Rom)
RG	Rechtsgeschichte
RGG	Die Religion in Geschichte und Gegenwart, 3. Aufl. hg. v. K. Galling (6 Bde. 1957–1962)
RH	Revue historique (Paris 1876 ff.)
RH Dipl.	Revue d'histoire diplomatique (Paris 1887 ff.)
RH mod.	Revue d'histoire moderne et contemporaine (Paris 1926 ff.)
RHE	Revue d'histoire ecclésiastique (Louvain 1900 ff.)
Rhein. Vjbll.	Rheinische Vierteljahrsblätter, Mitteilungen des Instituts für geschichtl. Landeskunde der Rheinlande an der Universität Bonn (1931 ff.)
RHR	Reichshofrat
RKG	Reichskammergericht
RPO	Reichspolizeiordnung
RQH	Revue des questions historiques (134 Bde. Paris 1866–1939)
RQs	Römische Quartalschrift für christliche Altertumskunde und für Kirchengeschichte (1887 ff.)

RT	Reichstag
Sachsen u. Anh.	Sachsen und Anhalt, Jahrbuch der landesgeschichtlichen Forschungsstelle für die Provinz Sachsen und Anhalt (17 Bde. 1925–1943)
SB	Sitzungsberichte der Akad. d. Wiss. . . ., phil.-hist. Klasse
SCHOT	K. Schottenloher, Bibliographie zur deutschen Geschichte im Zeitalter der Glaubensspaltung (s. u. S. 190)
StA	Staatsarchiv
SVRG	Schriften des Vereins für Reformationsgeschichte (1883 ff.)
Tb.	Taschenbuch
V	Verein
Vfg.	Verfassung; VG = Verfassungsgeschichte
VSWG	Vierteljahrsschrift für Sozial- und Wirtschaftsgeschichte (1903 ff.)
VuG	Vergangenheit und Gegenwart, Zeitschrift für den Geschichtsunterricht und für staatsbürgerliche Erziehung (Leipzig 1911–1944)
WaG	Die Welt als Geschichte, Zeitschrift für universalgeschichtliche Forschung (23 Bde. 1935–1963)
WB	Wörterbuch
ZA	Zeitalter
ZGORh	Zeitschrift für die Geschichte des Oberrheins (1850 ff., NF seit 1886)
ZKiG	Zeitschrift für Kirchengeschichte (1876 ff.)
ZRG GA	Zeitschrift der Savigny-Stiftung für Rechtsgeschichte, Germanistische Abteilung (1880 ff.)
ZRG KA	dasselbe, Kanonistische Abteilung (bei Sonderzählung ihrer Bände entspricht Bd. 1 [1911] dem Jahrgang 32 der gesamten Zeitschrift)
Zs.	Zeitschrift
ZVG Schles.	Zeitschrift des Vereins für Geschichte und Altertum Schlesiens (77 Bde. 1856–1943)

Quellen- und Literaturverweise innerhalb des Handbuchs wurden auf die neue Einteilung in Taschenbücher umgestellt. So entspricht z. B. Bd. 8, Kap. 4 dem § 4 im Band 2 der Originalausgabe.
Bei Verweisen innerhalb eines Bandes wurde auf die Angabe des Bandes verzichtet und nur das Kapitel angegeben.

Vorbemerkung

Deutschland geriet seit Portugals afrikanischen Unternehmungen, erst recht seit den Fahrten von Kolumbus, Bartolomëu Diaz und Vasco da Gama allmählich, aber mit wachsender Geschwindigkeit in eine seewirtschaftliche Randlage in einer Welt, die sich schließlich nicht mehr um das Mittelmeer, sondern um den Atlantik zentrierte. Die Ostsee mit Lübeck sank wie die Adria mit Venedig langsam zum Randmeer ab, während die deutsche Binnenwirtschaft (Metall- und Textilgewerbe, Bergbau, Bauwirtschaft, Schiffbau) noch bis zum Beginn des 17. Jh. quantitativ wuchs. Abseits von den westeuropäischen Ländern mächtiger überseeischer Expansion, starker Nationalisierung in Politik und Wirtschaft, zum Teil auch lebhaften, religiös fundierten kapitalistischen Gewinnstrebens bot Deutschlands Wirtschaft technisch im 16. Jh. eher den Anblick des Traditionalismus, des Zurückbleibens in kontinentalwirtschaftlichen Verhältnissen und mitteleuropäischer Beschränkung als den fortschrittlicher Dynamik. Durch die immer fühlbarer werdende Randlage und die staatlich-territoriale Parzellierung wurde seine Kraft und Bedeutung geschwächt; dazu kam der religiöse Bruch zwischen den Gebieten lutherischer Reformation und katholischer Altgläubigkeit oder Gegenreformation mit Einsprengseln und Randgebieten kalvinistischer Reformation. Zwischen die Staaten zunehmender innerer »Liberalisierung« und die des katholischen Konservatismus legte sich die Kette lutherisch-zwinglischer Gebiete von Finnland, Schweden, Norwegen, Dänemark über deutsche Territorien bis in die Schweiz – ein Raum, in dem die Wirtschaft ebenso stark zum Staate drängte, wie sie in kalvinistischen Gebieten sich gegen seine Machtansprüche wehrte. In den protestantischen Staaten waren die Gruppen des Adels, der Bauern, des Handwerks durch zunehmende Geldwirtschaft und Geldentwertung, Verlags- und Manufakturwirtschaft, staatliche Eingriffe in das Zunftwesen und durch Gutswirtschaft gefährdeter als in den katholischen Gebieten mit stabileren und infolge kirchlich-schulischer Erziehung und Bildung traditionalistischeren Verhältnissen – auch in der Auffassung vom Rang der Wirtschaft in der Gesellschaft.

Kapitel 1
Niedergang und Ende der Hanse

Als »größte historische Organisationsform des europäischen Handelskapitals« hat die Hanse, ursprünglich Kaufmannsgenossenschaft, später Städtegemeinschaft, in Nordeuropa keine geringere Bedeutung gehabt als – bei vielen historischen und strukturellen Unterschieden – die großen italienischen Handelsstädte, insbesondere Venedig und Genua, im Mittelmeerraum. In der Organisierung der Produktion für die Bedürfnisse des Handels, in Aufbau und Entwicklung des Zwischenhandels lag die große fortschrittliche Bedeutung des hansischen Kaufmanns, die freilich zugleich Hauptursache dafür war, daß er seit 1600/20 international überflüssig wurde.

Die Entdeckung der Seewege nach Ostindien und Amerika schien zunächst zwar die Schiffahrt der Hansestädte zu fördern, die um 1550 einen Höhepunkt erreichte. Bis zum Dreißigjährigen Krieg war die Ostsee noch kein Randmeer, aber seit 1550 überholten die Holländer in Schiffahrt und Handel die Hansestädte. Die politischen und konfessionellen Veränderungen haben dann wesentlich dazu beigetragen, daß die Hanse erst ihre außerdeutschen Einflußräume verlor, gegenüber den deutschen Territorialfürsten auch zahlreiche innerdeutsche Stützpunkte, und schließlich erlahmte aus äußeren und inneren Ursachen (Kosten der Außenpolitik, persönlicher und städtischer Individualismus) ihre wirtschaftliche Expansivkraft. Sie wurde ähnlich unzeitgemäß wie im 19. Jh. die westeuropäischen Handelskompanien, und sie zerfiel[1]. Dieser Vorgang stand also in engem Kausalzusammenhang mit der politischen Entwicklung des Reiches und der europäischen Staaten. Seit Beginn des 16. Jh. befand sich die Hanse in ständigem Rückzug. Immer mehr Städte – manche unter Mitwirkung von Hansekaufleuten gegründet (wie vielleicht auch Berlin-Cölln) – trennten sich von ihr unter dem Druck ihrer Territorialherren (Gegensatz fürstlicher Gewalt zum mittelalterlichen Gedanken städtischer Autonomie). Gleichzeitig erlitt sie schwere Einbußen durch das Erliegen des Schonen-Heringsfangs (seit 1425). In Ländern ihrer alten Vorherrschaft, in Rußland, Skandinavien und England wuchsen moderne zentralistisch regierte Großmächte heran, die sich zur Festigung der politischen Macht im Rahmen frühmerkantilistischer Ideen auch wirtschaftlicher Maßnahmen bedienten. Ihnen gegenüber vermochte die Hanse, deren Mitgliedern obendrein der Rückhalt eigener entwicklungsfähiger Gewerbe fehlte, kaum mehr als (obendrein abnehmende) ökonomische Kräfte zu mobilisieren. Sie sah sich daher überall in die Verteidigung gedrängt und unterlag der politischen, allgemeinwirtschaftlichen sowie schiff- und hafenbautechnischen Dynamik einer Zeit, der die mittelalterliche Genossenschaft nicht mehr gewachsen war. Das schloß nicht aus, daß einzelne Städte mit neuen oder veränderten Gewerbezweigen für sich allein oder (wie Berlin) im Rahmen moderner Territorialstaaten aufblühten. Der Bund selbst, wesentlich auf wirtschaftlicher Macht errichtet, löste sich mit deren Schwinden auf.

In *Rußland*[2] war die Machtposition der Hanse am Ende des 15. Jh. mit der Auflösung des Petershofes entscheidend geschwächt zum Vorteil der zu wichtigen Umschlagplätzen aufsteigenden Städte Riga, Reval, Dorpat, die sich mit ihrem Gastrecht fortan zugunsten der Holländer auch gegen Lübeck wandten. Versuche, Engländer und Holländer aus Rußland zu verdrängen, in Nowgorod und Pleskau neue Kontore zu eröffnen, blieben Theorie oder kurzlebige Anfänge; eine Gesandtschaft nach Moskau 1603 war ergebnislos. Hollands Behörden wußten trotz Verlustes einer Handelsflotte 1511 vor Hela seit den 30er Jahren (Lübecks Prestigeverlust durch Wullenwebers offenbar von seiner Hamburger Herkunft angeregtes, radikal-demokratisches Experiment 1533/37), daß hinter dem Auftreten der Hanse keine Macht steckte. In Umkehrung früherer Verhältnisse wurden die Hansen Frachtfahrer und Kommissionäre der Niederländer; Überschätzung schlug in Geringschätzung um, die nach Brüssel, England, Frankreich übergriff, so daß Lübeck, vollends nach Narwas Aufstieg seit 1558, von den Staaten behandelt wurde wie Danzig oder Hamburg, nicht aber als baltische Macht. Allerdings erzielten Hamburg, Bremen, Lübeck, Danzig und das nichthansische Emden gerade jetzt infolge kriegerischer Ereignisse in den Niederlanden durch Kornzufuhren privatwirtschaftliche Erfolge und versuchten in Antwerpen eine Kontor-Reform, die durch Scheldesperre (1572) und Eroberung der Stadt (1586) freilich illusorisch wurde. Ostdeutschlands und Osteuropas Getreide wurde immer häufiger aus nicht der Hanse angehörigen »Kliphäfen« in holländischen Hulks nach den Niederlanden verfrachtet (Verbesserung des Schiffsbaues: Bevorzugung der Sundfahrt gegenüber Travefahrt mit Umladung)[3]. Dem Verlust der Niederlande folgte bald der von Spanien und Portugal. Italien[4] war anfangs des 16. Jh. der

Hanse durch Hungersnot geöffnet; Hamburg und Danzig gingen ausdrücklich auf italienische Anregung noch einmal 1590 dorthin ins Geschäft, das bald den Niederländern zufiel.

In *Norwegen*[5] behaupteten die Hansen auf Grund ihres Kapitals die Wirtschaftsstellung auch nach Verlust der politischen 1535 durch den unglücklichen Ausgang der Seeschlacht bei Fünen (undisziplinierte revolutionäre Bürgeraufgebote statt guter Schiffsbesatzungen, schlecht bezahlte Söldner); sie mußten aber auch hier ihre Privilegien 1560 in Odense gegen einen freilich günstigen Vertrag eintauschen. Gegenüber *Schweden* zeigte das Privileg von 1523, wie in der Politik Lübecks, das zumeist die Kosten der äußeren Hanse-Politik trug, das genossenschaftliche Denken gegenüber dem Stadtegoismus zurücktrat, obwohl eine einzelne Stadt ohne Unterstützung durch deutsche Fürsten und angesichts des Neides der Nachbarstädte unmöglich die erwachenden skandinavischen Völker sich untertan erhalten konnte: Lübecks Vormachtstellung in Schweden brach zusammen, während die hansischen Privilegien unter verhältnismäßig schwachen Königen in Dänemark-Norwegen noch größtenteils behauptet werden konnten. Als Lübeck die Durchführung der formell günstigen Bestimmungen des Stettiner Vertrages von 1570 forderte, ließ Johann III. Hanseschiffe kapern, die trotz aller Proteste von Stadt, Kaiser und Reich nicht zurückgegeben wurden. Lübeck selbst wurde seit der Jahrhundertmitte von den Fuggern kaum mehr beachtet, die in klarer Erkenntnis weltwirtschaftlicher Tendenzen auf »ostwirtschaftliches Raumdenken« verzichteten (Pölnitz) und ihre Wendung zum Westen vollzogen, seit 1547 z. B. mit Danzig kaum noch Handel trieben, die Arbeit in Thorn, Königsberg, Krakau, Breslau schrittweise einstellten. Doch schlug der Lübecker Kaufmann, gleichzeitig unternehmend, neue Wege zum Getreidehandel über den Sund ein: »Nach dem vergeblichen Versuch, das alte politisch-wirtschaftliche System der Hanse aufrechtzuerhalten, bewies Lübeck eine bemerkenswerte Anpassungsfähigkeit« (Jeannin).

Noch bezeichnender für den Gesamtprozeß war der Kampf um die Privilegien in *England* und das Verhältnis zu ihm überhaupt[6]. Unmittelbarer Gegner waren die »Merchant Adventurers«, die nach Aufhebung der hansischen Zollvorrechte das Tuchausfuhr-Monopol behaupteten. Dahinter stand der englische Staat mit nationaler Zollpolitik. Die Hanse suchte also in der Zeit ursprünglich unwiderruflich bewilligter Privilegien stehen zu bleiben, während sich auf der anderen Seite das Recht des erstarkenden, selbstbewußt werdenden nationalen Staates erhob, der derartige Exklusivrechte durch das moderne Vertragswesen mit seinen Verhandlungsmöglichkeiten ersetzen wollte. Außerstande, dem englischen Staat eigene ausreichende Macht entgegenzustellen, suchte die Hanse Reichshilfe, die ihr Kraft und die Formen des »corpus politicum« hätte geben können. Im Endstadium zeichneten sich hier unscharf formulierte Ansätze einer neuen staatlichen Auffassung der Hanse ab – zu einem Zeitpunkt, da kein Gegner mehr bereit war, ihre Eigenständigkeit anzuerkennen. Hatte der Utrechter Vertrag 1474 die Hansestädte vor den Engländern selbst bevorzugt, so gründeten die Merchant Adventurers, die schon 1564 ihren Stapel nach Emden gelegt hatten, 1567 in Hamburg eine eigene Niederlassung und dehnten ihren Handel, der sich bis dahin nach den Niederlanden gerichtet hatte, auf das Reich aus. Die ersten Phasen des hansischen Kampfes um die englischen Privilegien dauerten von 1576 (Verzicht auf die seit 1570 beratene Reichsflotte) bis 1585: mit dem Höhepunkt des Reichstages von 1582, der, alte Anti-Monopolideen aufgreifend, die Engländer als Monopolisten aus dem Reich verwies, jedoch vom Repressalien fürchtenden Kaiser nicht unterstützt wurde. Die 80er und 90er Jahre waren erfüllt von Verhandlungen der häufig uneinigen Hansestädte untereinander, der Hanse mit Kaiser und Reichshofrat und von internationalen Bemühungen um einen Ausgleich. Hauptetappen bildeten: das gegen Danzigs Warnung 1597 verhängte Ausweisungsmandat; nach literarischer Fehde (auf englischer Seite ›Compendium Hanseaticum‹ 1589, auf hansischer ›Refutatio Compendii‹) 1603 Schließung des Stalhofes (bedeutungslose Wiedereröffnung im 17. Jh.), d. h. Lähmung des deutschen Handels, Übersiedlung der Engländer 1598 nach Stade, 1599 nach Emden, 1601 wieder nach Stade, das daraufhin aus der Hanse ausgestoßen wurde, sich aber nur wenige Jahre gegenüber Hamburgs weit größerer Anziehungskraft behauptete; die Tagung 1603 in Bremen mit dem Kampf um Privilegien (Meistbegünstigung) oder Vertrag; Absetzung der Hanse vom Reich[7] nach dem enttäuschenden Ausgang dieser Tagung und infolge der kaiserlichen Forderung der Türkensteuer auch von der Hanse, die keinen Reichsstand bildete; der Hansetag von 1619, auf dem von der Hanse die Existenz eines ordentlichen Reichsoberhauptes bestritten wurde. »Dieser Beschluß bedeutete eine Absage an den Kaiser und die endgültige

Aufgabe der wirtschaftspolitischen Verbindung zwischen den Hansestädten und dem Reich« (R. Häpke). Des Kaisers Politik behandelte Hansefragen letzten Endes unter dem Gesichtspunkt der vom spanisch-englischen Gegensatz bestimmten Gesamtlage Europas. Erst 1627 näherten sich Hanse und Kaiser wieder, als dieser die Seestädte für seine Politik brauchte, ohne jedoch gegenüber den Territorien eine eigene Wirtschaftspolitik des Reiches entwickeln zu können. Auch waren die zentrifugalen Kräfte in der Hanse stärker als die genossenschaftlichen: Im Streit gegen England hatte fast jede Stadt ihren besonderen Standpunkt – Hamburg nicht weniger als Danzig[8], das der polnischen Krone untertan war, daher von englischen Repressalien gegen die Hanse nicht betroffen wurde, so daß es bereits vor 1590 bis zu zwei Drittel des niederländischen Ostseeverkehrs an sich zog. Köln distanzierte sich immer mehr von der Hanse, zu der 1604 noch vierzehn kontribuierende Städte gehörten, in der jedoch Lübeck, Hamburg, Bremen, Magdeburg, Lüneburg, Braunschweig ein engeres Defensivbündnis schlossen[9]. Die Reichsstände lehnten hansische Wünsche gewöhnlich ab, da ihre Interessen sich mit denen der Hanse nicht deckten. Das englische Tuch war besser als das deutsche, das obendrein nicht in ausreichender Menge erzeugt wurde; Leipzig war Handelszentrum für englische Tuche nach Schlesien, Böhmen, Polen; die nördlichen Territorien zogen beachtliche Zolleinnahmen aus dem englischen Stofftransit; Engländer kauften deutsche Ware, insbesondere Wolle, Kurzwaren und Barchent aus Augsburg und Nürnberg. Über die bei solchen Geschäften wichtigen zwischenstaatlichen Wechselkurse ist leider erst wenig Zuverlässiges bekannt[10].

Die *Spanien-* und *Portugal*fahrt der Hanse stieg zeitweise auf mehr als 10 bis 12 Prozent des Handels von Lissabon und Sevilla an, verursacht, aber auch gefährdet durch kriegerische Ereignisse – insbesondere getroffen durch die Ereignisse von 1623[11]. Gegen Ende des 16. Jh., als Lübeck etwa 300 Kauffahrteischiffe besaß (Emden 800), stand die Reederei (bei vermutlich zur Verringerung des Risikos abnehmender Größe der Schiffe) in ihrer Spätblüte, während der Schiffbau und damit auch der Verkauf von Schiffen, zunächst insbesondere Lübecks, allmählich auch Hamburgs, wo eine portugiesisch-sephardische Gruppe die Iberienfahrt, Seeversicherung und Wechselgeschäft stützte, dem niederländischen weit unterlegen war, der große, schnelle Schiffe mit geringem Besatzungsbedarf entwickelte.

Zwischen den Zentren des hansischen und des *oberdeutsch-italienischen Wirtschaftskreises*[12] bestanden lebhafte, zwischen 1450 und 1528 anwachsende Verbindungen. Nürnberger Kaufleute spielten in der Blütezeit ihrer Stadt, als die Hanse ihre Höhe überschritten hatte, eine bald sehr starke Rolle. Hauptzweig ihrer wirtschaftlichen Tätigkeit war deren Verbindung mit dem Süden, worauf sich auch das Emporsteigen der Frankfurter Messen auswirkte. Auch durch starke Beteiligung am hansischen Eigenhandel gehörten Nürnberger bald zum reichsten Bürgertum von Lübeck, zumal sie Hoflieferanten und Geldgeber nordischer Städte und Könige wurden und politisch angesehene Vermittlerrollen spielten. An den kaufmännischen Warenaustausch schloß sich der von Kunstwerken und Büchern an, bis nach der Mitte des 16. Jh. statt Nürnberg Antwerpen und Danzig stärker in den Vordergrund traten. Selbst für die Ausbreitung der Reformation in Norddeutschland (Bugenhagen) bereiteten Nürnberger Kaufleute den Boden vor. Erben der Hanse waren: in Deutschland im Zuge mehr einer Handelsverschiebung als -verringerung im wesentlichen westdeutsche Städte, die Nationalstaaten auf ihren Heimatmärkten, vor allem aber die *Niederländer*[13], die schon 1544 mit der Freiheit der Sundfahrt den Angelpunkt der Ostseepolitik gewannen; 1587–1657 behaupteten sie bei weitem den stärksten Anteil am internationalen Sundverkehr, danach folgten Engländer und Schotten im Ostsee- wie im Skandinavienverkehr. In den Hansestädten selbst trat vielfach Traditionalismus an die Stelle alter Unternehmungslust, während das Binnenland allzu sehr mit eigenen Handelsproblemen zu ringen hatte, als daß es aus kontinentalem Denken heraus sich Seefragen zuwenden mochte. Die Weltwirtschaft schritt gleichermaßen über die nieder- und oberdeutschen Spielarten des Kaufherren und Unternehmers aus der ersten Großzeit des deutschen Bürgertums hinweg; beiden fehlte zwar weder der Unternehmungsgeist noch die Fähigkeit zur Anpassung an neue Bedingungen, wohl aber der machtpolitische Rückhalt eines aufstrebenden Nationalstaates sowie der genaue Einblick in die Wechselbeziehungen von Politik, Wirtschaft und seefahrtstechnischem Fortschritt.

Am längsten von allen Hanse-Institutionen hielt sich die »Brücke« zu *Bergen*[14], seit 1560 zwar nicht mehr als Staat im Staate und von Holländern und Bremern stärker als aus Lübeck besucht, aber mindestens bis zum Brand von 1703 in lebhafter Verbindung mit Westdeutschland (Westerwälder Keramik) und erst 1763 von Lübeck, Hamburg und Bremen aufgegeben. Seit 1600 zeigten sich immer häufiger Nachlässigkeit der Mitglieder in der Beitragszahlung, 1630 größte Teilnahmslosigkeit an Hansetagen, während die Hanse gerade jetzt von vielen Staaten aktives und passives Gesandtschaftsrecht erhielt. Der letzte Hansetag 1669 wurde überdauert vom Schutzbündnis Lübeck-Hamburg-Bremen, die fortan als Erben der Hanse auftraten (gemeinsame Ernennung der Stalhofmeister, 1716 Handelsvertrag mit Frankreich unter Bezugnahme auf alte Hanseprivilegien; gemeinsame Neutralitätsbestrebungen bis 1803). Gegen Ende des 16. Jh. gab es im hansischen Bereich umfangreiche gesetzgeberische Arbeiten[15]: Stadtrechtsformationen von Lübeck 1586, Hamburg 1602, Hansische Schiffsordnung von 1591 bis 1614, »eine letzte bedeutsame Leistung des Bundes auf dem Gebiete des Seerechts« (W. Ebel), die erst vom Allgemeinen Deutschen Handelsgesetzbuch 1861/69 und vom Reichshandelsgesetzbuch 1897 überholt wurde. Der lübische Oberhofverband zerfiel im 17. Jh., als die verschiedenen Landesherren der lübischen Städte im Zuge der Konsolidierung ihrer Territorien eigene Hofgerichte schufen und »damit den Rechtszug an die vereinsamende Reichsstadt an der Trave unterbanden«.

Seit etwa 1450 stiegen in den Hansestädten Zahl und Größe der Spitzenvermögen, andererseits die Menge der Kleinverdiener und der Besitzlosen, während die Zahl der Mittelvermögen sank und somit (wie auch in Mittel- und Oberdeutschland) die soziale Kluft breiter und tiefer wurde. Während die Städte um ihre Freiheit gegenüber den Fürsten kämpften, kam es zur Unruhe in den mittleren und unteren Schichten der Bevölkerung, die die Last der Politik und der Kirche trugen und Anteil an Herrschaft, Verwaltung und Vermögensbildung forderten. Die Bürgeropposition hatte vielfach Erfolg, die der unteren Schichten nicht[16].

Neben der städtischen Schiffahrt und Kaufmannschaft gab es an allen Ost- und Nordseeküsten sowie auf den Inseln eine starke, aber nicht regional organisierte Bauern- und Adelsschiffahrt[17]. Die Bedeutung der starken Entwicklung der Schiff- und Hafenbautechnik in Holland und England, das Zurückbleiben im Bereich der Hanse auf diesem Gebiet sowie dessen Bedeutung für die Wirtschaft (Zahl der Besatzungsmitglieder, dadurch und durch Qualität der Schiffe entstehende Kosten, Schiffsexport) und für die Politik (Prestige, Versorgung des internationalen Marktes, Ansehen der Niederländer als Schiff-,

Kanal- und Hafenbauer), auch die Anfänge des empirisch betriebenen Küstenschutzes (z. B. in Mecklenburg) seit dem 15. Jh. sind bisher ungenügend untersucht. Die wechselseitigen Beziehungen von Schiffahrt und Schiffbau der Hansestädte, deren Schiffbaupolitik, den Umfang des Schiffbaues im 16. und 17. Jh., Unternehmerkräfte und Unternehmensformen in der gleichen Zeit, die Genossenschaften der Schiffbauer, deren handwerkliches Können, soziale Stellung und Arbeitsbedingungen hat (nach Ansätzen bei Hagedorn und Vogel, beide 1914) Olechnowitz als wichtige Bestandteile einer Sozial- und Wirtschaftsgeschichte der Hanse gesehen und damit nicht allein für die Hansegeschichte, sondern weit darüber hinaus eine Pionierleistung vollbracht[18]. Ähnliches gilt für Seekarten, Tabellenwerke, astronomische Berechnungen, Methoden der Breiten- und Längenbestimmung, astronomisch-nautische Instrumente, von denen viele in Nürnberg entwickelt und hergestellt wurden und indirekt ebenso zur Entwicklung der europäischen Seefahrt wie zur Entdeckung überseeischer Gebiete beitrugen[19].

Quellen u. ältere Literatur zur Hanse s. Bd. 5, Kap. 63. Ph. DOLLINGER, Die Hanse (1966) mit sehr umfangreicher, nützlich gegliederter Bibliographie; daneben am wichtigsten K.-F. OLECHNOWITZ, Handel u. Seeschiffahrt d. späten Hanse (1965) mit neuen Gesichtspunkten u. Ergebnissen.

[1] R. HÄPKE, Der Untergang d. Hanse (1923). Ders., Der Untergang d. hans. Vormachtstellung in d. Ostsee 1531–44, Hans. GBll. 18 (1912). E. MÜLLER-MERTENS, Berlin u. die Hanse, Hans. GBll. 80 (1962); anders F. TIMME, Hansegeist u. dynast. Gesinnung im Bürgertum der Stadt Braunschweig, Forsch. z. Braunschweig. Gesch. u. Sprachkde. (1954).

[2] W. KIRCHNER, Die Bedeutung Narwas im 16. Jh., HZ 172 (1951).

[3] E. BAASCH, Beiträge z. Gesch. d. dt. Seeschiffbaus u. der Schiffbaupolitik (1899). G. TIMMERMANN, Alte Quellen über die Anfänge d. Konstruierens von Schiffen, Janus 54 (1967).

[4] L. BEUTIN, Der dt. Seehandel im Mittelmeergebiet bis zu den napoleon. Kriegen (1933). G. FRANZ u. a., Der dt. Landwarenhandel (1960).

[5] O. RÖHLK, Hansisch-norweg. Handelspolitik im 16. Jh. (1935). G. MICKWITZ, Aus Revaler Handelsbüchern, zur Technik des Ostseehandels in d. 1. Hälfte d. 16. Jh. (1938). P. JEANNIN, L'activité du port de Königsberg dans la sec. moitié du XVIe s., Bull. de la Soc. d'Hist. mod. 57 (1958). Ders., Lübecker Handelsunternehmungen um d. Mitte d. 16. Jh., Zs. d. Ver. f. Lübeck. Gesch. u. Altertumskunde 43 (1963). H. WULLENWEBER, Beiträge zur Herkunft u. zur zeitgenöss. Beurteilung d. Lübecker Bürgermeisters J. Wullenberger, Zs. d. Ver. f. Hamburg. Gesch. 48 (1962).

[6] J. R. MARCUS, Die handelspolit. Beziehungen zw. England u. Dtld. 1576 bis 1585 (1925). R. GRASSBY, Die letzten Verhandlungen zw. England u. der Hanse, Hans. GBll. 76 (1958). L. FORSTER, England u. die Hanse z. Z. d. Bürgerkrieges u. Cromwells, ebd. 75 (1957).

[7] R. HÄPKE, Reichswirtschaftspolitik u. Hanse nach den Wiener Reichsakten d. 16. Jh., Hans. GBll. 30 (1925).

[8] H. FIEDLER, Danzig u. England, die

Handelsbestrebungen d. Engländer vom Ende d. 14. bis z. Anfang d. 17. Jh., Zs. d. Westpreuß. GV 68 (1928).

[9] H. WITTHÖFT, Das Kaufhaus in Lüneburg als Zentrum von Handel u. Faktorei, Landfracht, Schiffahrt u. Warenumschlag bis z. Jahre 1637 (1962). A. WOHLWILL, Die Verbindung d. Hansestädte u. der hans. Traditionen seit d. Mitte d. 17. Jh., Hans. GBll. 9 (1899).

[10] E. WASCHINSKI, Zwischenstaatl. Wechselkurse aus d. letzten Viertel d. 16. u. im ersten Drittel d. 18. Jh., VSWG 47 (1960).

[11] H. KELLENBENZ, Unternehmerkräfte im Hamburger Portugal- u. Spanienhandel 1590–1625 (1954).

[12] C. NORDMANN, Nürnberger Großhändler im spätmittelalt. Lübeck (1933). Ders., Oberdtld. u. die dt. Hanse (1939).

[13] F. VOLLBEHR, Die Holländer u. die dt. Hanse (1930). A. E. CHRISTENSEN, Dutch Trade to the Baltic about 1600 (1941). R. HÄPKE, Niederländ. Akten u. Urk. zur Gesch. d. Hanse u. zur dt. Seegesch. (2 Bde. 1913/23).

[14] J. SCHREINER, Der dt. Schuhmacher in Bergen, Hans. GBll. 81 (1963), dort ältere Lit. L. SCHWETLIK, Der hans.-dän. Landhandel u. seine Träger 1484–1519, Zs. d. Ges. f. schlesw.-holst. Gesch. 85/86 (1961). W. JANSSEN, Mittelalterl. dt. Keramik in Norwegen u. ihre Bedeutung f. die Handelsgesch., in: Festschr. H. Jankuhn (1968).

[15] W. EBEL, Bürgerl. Rechtsleben zur Hansezeit in Lübecker Ratsurteilen (1954). Ders., Hans. Seerecht um 1700, Hans. GBll. 70 (1951). G. FINK, Die rechtl. Stellung der dt. Hanse in d. Zeit ihres Niedergangs, Hans. GBll. 61 (1936).

[16] H. REINCKE, Bevölkerungsprobleme d. Hansestädte, Hans. GBll. 70 (1951). W. TREUE und andere, Das Hausbuch d. Mendelschen Zwölfbrüderstiftung zu Nürnberg, Dt. Handwerkerbilder d. 15. u. 16. Jh. (2 Bde. 1965). K. UTHMANN, Sozialstruktur u. Vermögensbildung im Hildesheim d. 15. u. 16. Jh. (1957). J. SCHILDBAUER, Soziale, polit. u. relig. Auseinandersetzungen in d. Hansestädten im 1. Drittel d. 16. Jh. (1959).

[17] H. KELLENBENZ, Die unternehmer. Betätigung d. verschied. Stände während. d. Übergangs zur Neuzeit, VSWG 44 (1957). M. MALOWIST, Über die Frage d. Handelspolitik d. Adels in d. Ostseeländern, Hans. GBll. 75 (1957).

[18] K.-F. OLECHNOWITZ, Der Schiffbau d. hans. Spätzeit (1960). K. HELM, Bremens Holzschiffbau vom MA bis z. Ausgang d. 19. Jh., Bremisches Jb. 44 (1955). Über Kogge, Hulk u. die Entwicklung d. Schiffstypen seit 1460 jetzt: Die Bremer Hanse-Kogge, Monogr. der Wittheit zu Bremen 8 (1969). H. GORDSHAGEN, Der Küstenschutz in Mecklenburg (1964).

[19] Th. G. WERNER, Nürnbergs Erzeugung u. Ausfuhr wissenschaftl. Geräte im ZA d. Entdeckungen, Mitteil. d. Ver. f. Gesch. d. Stadt Nürnberg 53 (1965).

Kapitel 2
Pläne und Unternehmungen auf See und in Übersee im 16. und 17. Jahrhundert

Martin Behaims Beteiligung 1485/86 an einer portugiesischen Fahrt zur Westküste Afrikas, die des Magisters Johannes 1500 an Cabrals Entdeckung von Brasilien und die von Deutschen an Magellans Weltumsegelung waren zufälliger Natur, für Politik, Wirtschaft und Kultur bedeutungslos. Bereits am

29. April 1493, sechs Wochen nach Kolumbus' Rückkehr von seiner ersten Fahrt, druckte der Würzburger Typograph Silber in Rom einen Bericht über diese Reise nach, der im gleichen Jahr sechs Auflagen erlebte. In Köln hatte man 1499 klare Vorstellungen über die Bedeutung der Entdeckungen; in Nürnberg erkannte man sie vor 1506. Süddeutschlands Ansehen und weltwirtschaftlichen Rang bezeichnete 1505/06 die Beteiligung von drei Schiffen der Welser, Fugger und anderer Oberdeutscher im Verein mit italienischen Firmen an einer nach Indien bestimmten Flotte Portugals. Über einen Versuch der Welser auf Madeira und verlustreiche Fahrten der Fugger nach Südamerika, wo sie rechtlich Herren einer der größten Kolonien wurden, allerdings die Herrschaft nicht antraten, führten die Ansätze einer Beteiligung am Kolonial- und Welthandel zum großangelegten Unternehmen der Welser, die, gefolgt von den Fuggern, in Sevilla eine Faktorei errichteten und 1526 nach San Domingo, später mit Bergleuten nach Mexiko griffen. Größer als dort und beim Neger- und Indianersklavenhandel waren ihre Erfolge seit 1529 in Venezuela unter Leitung von Ambrosius Ehinger, der sich in San Domingo bewährt hatte. Aber seine wie anderer Deutscher Bemühungen scheiterten um 1546 an privatem Neid und nationalwirtschaftlich-fremdenfeindlichen Grundsätzen Spaniens, das nach anfänglicher Geldknappheit und Hoffnung auf Augsburger Finanzhilfe selbst genug Edelmetall zur Erschließung der Kolonien gewann; auch erfüllten die Welser ihre Finanzverpflichtungen gegen Spanien nicht. Nach langem Prozeß mit rechtsgeschichtlich wichtigen Problemen zogen sie sich 1556 aus den amerikanischen Unternehmungen zurück.

Nachdem das Augsburger Handelshaus Manlich 1574 infolge großer Verluste im Levanteverkehr über Marseille falliert hatte, bemühten sich Fugger und Welser 1586 noch einmal – nach Vorgang und unter Abwicklung eines thüringischen Versuches unter der Führung des vielseitigen, undurchsichtigen Konrad Rot (Rott), der selbst mit Hilfe des Augsburgers Konrad Kron nach Ostasien ging – ein Pfeffer-Weltmonopol aufzubauen; sie scheiterten aber nach hohen Verlusten durch Schiffskatastrophen und königliche Antizipationsforderungen. »Für die Welser bedeutete der im Kontrakt erlittene Verlust, wenn auch nicht die Ursache, so doch den letzten Anstoß zu ihrem so ungeheures Aufsehen erregenden Zusammenbruch«[1].

Deutlich zeigte sich bei diesen Ansätzen die weltpolitische

Schwäche des Reiches, das bei den Habsburgern hinter spanisch-portugiesischen Interessen rangierte, sowie die dauerhafte Erfolge ausschließende Ungunst der geographischen Lage oberdeutscher Handelshäuser und die Unmöglichkeit, im 16. Jh., als in Westeuropa die ersten großen Gemeinschaftsunternehmen, die Vorkompanien ausprobiert wurden, Welthandels- und Kolonialpolitik auf Einzel-Unternehmer-Basis von Augsburg aus gegen den Widerstand staatlich und geographisch begünstigter Expansionspolitik aufzubauen und zu erhalten; schließlich auch die weltpolitische Ferne, die weltwirtschaftliche Schwäche und die seetechnische Rückständigkeit der von oberdeutschen Krediten abhängigen niederdeutschen Städte. Die Hanse trat in diesem Bereich überhaupt nicht in Erscheinung; Spanien- und Portugalfahrt einzelner Städte haben nicht über die iberischen Häfen hinaus zu Überseeplänen geführt.

Die *See- und Kolonialpläne* und -ansätze gegen *Ende des 17. Jh.* sind nur verständlich vor dem anregenden Hintergrund des westeuropäischen Seemachts-Merkantilismus mit Moskau- und Levante- sowie ost- und westindischen Handelskompanien, Navigationsakten verschiedener Färbung, Handelskriegen, auf wirtschaftlichen Rechten erzielten politischen Erfolgen. Sie wären wie skandinavische, kurländische Ansätze vielleicht von Brandenburg aus früher entwickelt worden, wenn nicht die drei Jahrzehnte des Krieges und seine finanziellen Auswirkungen eine schicksalhafte Verzögerung verursacht hätten. Brandenburgs Überseepolitik setzte daher erst ein, als England und Holland bereits entschlossen und fähig waren, Konkurrenten nicht aufkommen zu lassen. Während die See- und Überseeaktivität in den Niederlanden durch das Bürgertum, in England durch Adel und Bürger, in Frankreich unter dem Druck des Königs und Colberts gleichfalls von diesen beiden Kräften entwickelt und getragen wurden, standen in Mittel- und Osteuropa von vornherein Fürst (und Staat) als allein Kapitalkräftige, wirklich Interessierte und Unternehmende mit den agrarisch-kontinental orientierten Ständen, die aus finanziellen und politischen Gründen widerstrebten, in schweren Auseinandersetzungen, die sie nur durch ihre Persönlichkeit vorübergehend zugunsten von finanziell und politisch zu schwach versorgten händlerisch-maritimen Aktionen westeuropäischen Stils entschieden. Selbst Kurfürst Friedrich Wilhelm von Brandenburg hielt noch nach seinem Aufenthalt in Holland zu Beginn seiner Regierung, für einen zentraleuropäischen Kleinfürsten durchaus realistisch, aber weltwirtschaftlich anachronistisch, die Ostsee für die »Mutter aller Kommerzien«; er erklärte allerdings Handel und Seefahrt für die »fürnehmsten Säulen« seines Staates und hatte auf dem Sterbebett als protestantischer Expansions- und Unternehmer-Fürst den Blick nach »London und Amsterdam«, nicht nach Colberts und Ludwigs Paris gewandt.

In der deutschen Geschichtsschreibung hat die *See- und Kolonialpolitik des Großen Kurfürsten* seit der Gründung des Bismarck-Reiches, vollends seit dem Beginn seiner Flottenpolitik, häufig eine die Tatsachen und Motive übertreibende und verfärbende Darstellung gefunden (D. Schäfer); sie wurde gewissermaßen als verpflichtendes Bindeglied zwischen einer unhistorisch idealisierten »deutschen« Hanse und den eigenen kolonialpolitisch-maritimen Ansprüchen dargestellt und überhöht. Die Tatsachen entsprechen dieser Auffassung nicht. Hamburg ging seine eigenen Wege, kurzlebige Reichsflottenpläne im Zusammenhang mit Gustav Adolfs Streben nach dem »Dominium maris baltici« wurden nicht verwirklicht; J. J. Bechers Aufforderung an die »dapfferen Teutschen« zu eigener Kolonialpolitik hatte keine politische Wirkung. Vorbilder und Anregungen boten für Brandenburgs Kurfürsten die Anschauung niederländischer Verhältnisse, sein Schwager Jakob von Kurland – »Fürst-Kaufmann, einer der größten Unternehmer seiner Zeit«[3] –, ferner Schweden, wo Oxenstjerna schon 1638 Brandenburg zur Beteiligung an einer Indischen Gesellschaft zu bewegen versucht hatte, auch Dänemarks Versuche seit 1640, sein Verkaufsangebot ostindischer Besitzungen an Brandenburg 1650 und seine Unternehmungen in Afrika und Westindien seit 1655 bzw. 1671 sowie die seit 1659 in Glückstadt unter dänischer Flagge mit Hamburger Kapital arbeitende Kompanie für den Handel zwischen Guinea und Westindien[4]. Eine gewisse Rolle spielte der Projektemacher Gijsels van Lier und der Plan einer Brandenburgisch-Ostindischen Kompanie, die Kurland und Brandenburg zu gemeinsamer Kolonialpolitik vereinen sollte, aber an Jakobs Vorsicht und Realismus scheiterte. Wichtiger wurde der bankrotte Middelburger Kaufmann Benjamin Raule[5], der auf sehr verschlungenen, nicht ganz korrekten Wegen für Friedrich Wilhelm die Brandenburgisch-Afrikanische Kompanie nach holländischem Vorbild aufbaute. Drei Jahrzehnte nachdem Jakob von Kurland an der Guineaküste die Anfänge einer Kronkolonie vorgezeichnet hatte, folgte sein Schwager dort 1683 mit der Gründung des Forts Großfriedrichsburg und kleinerer Stapelplätze, denen als Heimathafen das gleichzeitig erworbene Emden dienen sollte[6]; 1685 wurden zur Landung afrikanischer Sklaven auf der dänischen Insel St. Thomas wieder nach kurländ. Vorbild zwei Küstengebiete gepachtet. Die ertraglose Kompanie beruhte gänzlich auf dem Kurfürsten. Nach dessen Tode betrachtete Friedrich I. es zwar noch als Ehrensache, dies »Commerzienwerk zu konservieren«; Raule mußte aber bald ausscheiden, die Gesellschaft ohne finanzielle Hilfe fallieren. Friedrich Wilhelm I. überließ 1717–1720 in rein kontinentalpolitisch-agrarischem, den Physiokraten nahem Denken die lebensunfähigen Reste der »Chimäre« seines Großvaters den Niederländern, während er selbst mit dem Erwerb der versandeten Odermündung zur Ostseepolitik zurückkehrte. Das 1684 dem hugenottischen Asienreisenden Tavernier[7] vom Gr. Kurfürsten bewilligte Privileg für eine Ostindisch-Brandenburgische Gesellschaft ist über erste Finanzierungsbemühungen nicht hinausgekommen. Ein Abessinienprojekt Ernsts des Frommen von Gotha[8], die Handelsgesandtschaften aus Holstein-Gottorp nach Rußland und Persien[9] und bayerische Kolonialideen u. a. in Französisch-Guayana in Verbindung mit der großen Politik Spaniens und Frankreichs[10], aber ohne jede Seemachtsgrundlage, sind vollends nur bezeichnend für die kolonialen Gedanken im binnenländischen Raum und die selbst bei J. J. Becher vorhandene Unfähigkeit, Grundlagen und Wesen merkantilistischer Kolonialpolitik zu begreifen. Das blieb bei aller Anregung, welche Norden und Osten auf lange Zeit vom Westen erhielten, doch auch ein Ergebnis der wirtschaftsgeistigen Wandlung[11]: Die Fürsten jener jüngeren und kleineren modernen Staaten verloren gerade bei der Nachahmung erfolgreicher Vorgänger für längere oder kürzere Zeit das Maß für ihre eigene und für die Macht anderer Staaten, den Blick für machtpolitische Proportionen und Qualitäten, als sie die Formen der Großmachtswirtschaft zu übernehmen versuchten.

[1] W. SCHULTHEISS, Die Entdeckung Amerikas u. Nürnberg, Jb. f. fränk. Landesforschg. 15 (1955). K. HAEBLER, Überseeische Unternehmungen d. Welser u. ihrer Gesellschafter (1903). F. ROTH, Zum Bankerott d. Firma M. Manlich in Augsburg 1574, Zs. d. HV Schwaben 34 (1908). JOH. MÜLLER, Der Anteil d. Familie Ehinger ... von Konstanz u. d. Oesterr. Ehinger ... an d. überseeischen Unternehmungen d. Welser, VSWG 21 (1929). F. LÜTGE, Dt. Sozial- u. Wirtschaftsgesch. ([3]1966). P. E. SCHRAMM, Dtld. u. Übersee (1950). W. TREUE, Allg. Wirtschaftsgesch. d. Neuzeit ([2]1964), beide m. ausführl. Bibliographie. J. STRIEDER, Levant. Handelsfahrten dt. Kaufleute d. 16. Jh.

(1919). K. H. Panhorst, Das Kolonisationsunternehmen d. Fugger in Amerika, Ibero-Amerikan. Archiv 2 (1927/28). M. A. H. Fitzler, Der Anteil d. Deutschen an der Kolonialpolitik Philipps II. von Spanien in Asien, VSWG 28 (1935). G. Friederici, Die Deutschen als Bahnbrecher in Venezuela (Forsch. u. Fortschritte 14, 1938).

[2] H. Ch. Messow, Die Hansestädte u. die habsburg. Ostseepolitik im 30jähr. Kriege 1627/28 (1935).

[3] H. Mattiessen, Die Kolonial- u. Überseepolitik d. kurländ. Herzöge im 17. u. 18. Jh. (1940), mit gutem Lit.verzeichnis.

[4] H. Sieveking, Die Glückstadter Guineafahrt im 17. Jh., VSWG 30 (1937), mit Nachtrag in: Hamburg. Gesch.- u. Heimatbll. 2 (1937).

[5] G. Gieraths, Benjamin Raule, Econ.-histor. Jaarboek 10 (1924).

[6] R. Koser, Der Große Kurfürst und Friedrich d. Große in ihrer Stellung zu Marine u. Seehandel (Marine-Rundschau, 1904).

[7] H. v. Srbik, Zur Lebensgesch. d. Forschungsreisenden Jean-Baptiste Tavernier, HZ 167 (1943).

[8] J. H. Gelbke, Hg. Ernst I., genannt der Fromme, zu Gotha (2 Bde., 1810).

[9] H. v. Staden, Adam Olearius, die erste dt. Expedition nach Persien (1927).

[10] M. Doeberl, Das Projekt einer Einigung Dtlds. auf wirtschaftl. Grundlage aus dem Jahre 1665, Forsch. z. Gesch. Bayerns 6 (1898).

[11] W. Treue, Einflüsse d. westeurop. Merkantilismus auf Nord- u. Osteuropa (Blick in die Wissenschaft, 1948).

Kapitel 3
Die sozialökonomische Bedeutung des Bauernkrieges

Bildete der Niedergang der Hanse das eine große Symptom des wirtschaftlich-sozialen Übergangs vom Mittelalter zur Neuzeit, so der Bauernkrieg das zweite. Ihm ging der Verzweiflungskampf der *Ritterschaft* voraus, die durch die staatliche und wirtschaftliche Entwicklung benachteiligt wurde, soweit ihre Mitglieder es nicht verstanden, in die neuen Berufe der studierten Territorialstaats-Beamten[1] oder der Landsknechte überzuwechseln, oder – in Ostdeutschland – zur kapitalistisch betriebenen Gutswirtschaft übergingen (s. Bd. 7, Kap. 37). Infolgedessen suchte der sterbende Stand in einer Zeit inflationistischer Erscheinungen und steigenden Lebensstandards in den Städten den wachsenden Geldbedarf durch Druck auf hörige Bauern oder durch Straßenraub zu decken. Hoffnungen auf erhebliche Bereicherung aus säkularisiertem Kirchenbesitz wurden im allgemeinen nicht erfüllt. In den Niederlagen Sickingens, Huttens und der fränkischen Ritterschaft fand die Reichsritterschaft praktisch ihr Ende.

Frankreich, Böhmen, England hatten ihre wirtschaftlich, sozial, häufig auch religiös begründeten Bauernaufstände in Verbindung mit städtischen Erhebungen bereits im 14. Jh. gehabt, die schweizerischen Bauernrepubliken ihre politische Freiheit Ende des 15. Jh. gefestigt, die Dithmarscher Bauern die ihre bei Hemmingstedt 1500 behauptet. Ranke nannte den Bauernkrieg »das größte Naturereignis des deutschen Staates«; Engels bezeichnete ihn als »die erste große Aktion des aufkommenden Bürgertums«; G. Franz erkannte die Erhebung von 1524/25 als Ausdruck einer seit Jahrhunderten erwachsenen Unzufriedenheit über Rechtsverkürzung und Zurückdrängung alter Freiheiten durch Adel und Landesherrschaft. Die Forderungen nach Wiederherstellung des alten Rechts und die spätmittelalterlichen Vorstellungen vom göttlichen Recht vereinigten sich 1522/23 unter dem Eindruck von Luthers allzu weltlich interpretierter Reformation beim »gemeinen Mann« im Schlagwort von der »göttlichen Gerechtigkeit«. Darüber hinaus konkretisierten sich eigene Revolutionsziele zunächst in regionalen Beschwerde-Artikeln, erst im April/Mai 1525 in Staatsvorstellungen. Sie forderten nicht (wie neuere sozialistische Autoren meinen) eine demokratische, von der Kirche gelöste, präsozialistische Volksrepublik, sondern erwarteten Rechtsgleichheit und Aufhebung der Leibeigenschaft von einem mittelalterlich-christlich gedachten Kaiserreich mit starkem sozialem Engagement, in dem für Bürgertum und Adel wenig Raum blieb. Eine realisierbare Alternative zum rationalen landesherrlichen Territorialstaat wurde nicht entwickelt. Ähnliche Ideen tauchten modernisiert 1848 wieder auf.

Die Lage der deutschen Bauern im späten Mittelalter war örtlich sehr verschieden und wird noch immer nicht einheitlich beurteilt. Die Beschränkung von Bundschuh-Aufständen auf gewisse Gebiete bedeutet nicht, daß in diesen die ärgsten Mißstände herrschten. Der Bauernkrieg ereignete sich nach manchen zusammenhanglosen, doch in Beschwerdeschriften (Memminger Artikel) vielfach gleich oder ähnlich begründeten Voraufständen hauptsächlich in Süddeutschland, Franken, Schwaben, Österreich, Thüringen – den wichtigsten Werbegebieten für Landsknechte mit ständiger latenter Unruhe. Niedersachsen mit der gesundesten bäuerlichen Verfassung und das menschenarme Ostelbien wurden wenig davon betroffen; doch glichen die Verhältnisse beim preußischen Bauernaufstand im gleichen Jahre denen in Thüringen und im Maintal. Die in der Oberlausitz (ähnlich in der Niederlausitz) beruhten auf dem schnellen Aufstieg der Städte, der anschließenden Entwicklung der Gutswirtschaft und der damit verbundenen stärkeren Belastung der Bauern. Überhaupt wird bei besserer Kenntnis der Sozialgeschichte des 16. Jh. immer deutlicher, daß um 1520/30 die Unruhe über Stadt und Land in ganz Deutschland verbreitet war. Als Ursachen des Krieges können trotz vieler Einzelnöte und -beschwerden nicht in erster Linie Armut und Verfall gelten. Ob der Bauernstand nach vielen vorausgegangenen Erhebungen (»Bundschuh«) bei Kriegsausbruch trotz Bodenzerstückelung, Bodenmangel, Arbeitslosigkeit, Preissturz verhältnismäßig wohlhabend war, ist umstritten[2]. Dabei ist nicht allein die eigentliche Bauernschaft (Freie, Hörige, Leibeigene), sondern die gesamte Landbevölkerung mit zahlreichem Dorfhandwerk, ländlichem Gewerbe, Lohnarbeitern zu betrachten. Außerdem waren die Verhältnisse in den einzelnen Gebieten sehr verschieden. Offensichtlich hatten in der ersten Kriegsphase nicht allein gut gestellte Bauern die Führung, sondern auch nichtpatrizische Stadtbürger sowie erzgebirgische Bergleute – also Vertreter aller Schichten mit schlechtem Rechts- und Sozialstatus. Beschwerdeschriften und -artikel klagten in erster Linie über weit zurückreichendes Unrecht, Unklarheit und Gedrücktheit der Rechtsstellung, danach erst über wirtschaftliche Not. Der Aufstand des »armen Mannes« in Stadt und Land wurde durch die straffenden Ordnungsmaßnahmen des sich konsolidierenden Territorialstaates (Steuerforderungen) sowie durch idealistische religiös-soziale Bewegungen teils gefördert, teils ausgelöst. Er richtete sich zwar vorwiegend gegen das erstarkende Landesherren-Regiment und dessen wirtschaftliche Auswirkungen auf dem Lande, entstammte aber auch der schlechten Wirtschaftslage des städtischen Handwerks, dessen »Zunftmißbräuche« bei relativer Überbevölkerung vielfach Arbeitsstreckungs- und Notmaßnahmen waren. Allerdings stand im Kriege selbst die bäuerliche Seite, die ihm den Namen und Charakter gab, zahlenmäßig ganz im Vordergrund. Bäuerliche Gemeinden und Territorialherren (zuweilen hinter geistlichen und weltlichen Grundherren) konkurrierten seit langem um frei werdende königliche Herrschafts- und Gerichtsrechte. »Wille, aus Einzelrechten einen Staat zu schaffen, steht auf der einen, Wille, die Selbständigkeit eines Landstriches oder Dorfes zu bewahren bei möglichst günstiger Lage des einzelnen Bauern oder der einzelnen bäuerlichen Gemeinden, steht auf der anderen Seite« (A. Waas). Soweit es sich dabei um Wirtschaftsfragen handelte, erhielten sie erst durch ihre politische Bedeutung vollen Sinn und rechtes Gewicht – daher das Vorbild der

Schweizer Eidgenossenschaft und Landsgemeinden[3]: Die Parallele zu den Kämpfen der mittelalterlichen Stadtgemeinden um Unabhängigkeit von Landesherrschaft und Geschlechtern macht sowohl häufige Bundesgenossenschaft von Bauern und unteren Bürgerschichten wie die Reaktion der Städte verständlich, obwohl diese nicht prinzipiell auf der Seite der Fürsten standen. Als wichtigster auslösender Faktor wirkte in dem geistig zur Sozialkritik heranreifenden, sein Selbstbewußtsein steigernden Bauerntum die religiös-soziale Bewegung, die, wie schon die Hussiten, das Evangelium zum Maßstab für das Leben nahm und sich mit religiös-ethischer Begründung gegen Leibeigenschaft und herrschaftliche Allmenderechte wendete. Luther, der mit seiner ganz und gar theologisch bestimmten Haltung eines die satanische Verführung des Einzelnen und des Volkes bekämpfenden Seelsorgers die politischen Beziehungen der Gesellschaftsklassen zueinander für die Zukunft stark beeinflußte, stand der religiösen Sozialkritik fern, schließlich ablehnend, ja feindlich gegenüber (Bauernschriften, Polemik gegen den »Theologen der Revolution«, Th. Müntzer). Er wurde jedoch von der Bauernschaft nicht nur als Repräsentant der religiösen Reformbewegung, sondern irrtümlich zunächst auch als Vorkämpfer und »großer Vertrauensmann«[4] in dem anfangs nicht aussichtslos scheinenden Kampf betrachtet. »Sie feiern ihn ..., weil er sich empört«[5]. Das gemeinsame Programm der Bauern, die ›Zwölf Artikel‹, sind eine Mischung großer und kleiner, im ganzen mäßiger wirtschaftlicher, sozialer und religiöser Forderungen, die sich im wesentlichen an der Bibel orientierten, ohne Blick auf die Möglichkeit politischer Verwirklichung. Ob Luthers Einfluß auf die Massen, seine Popularität durch seine Stellungnahme im Bauernkrieg verringert oder beendet wurde, ist umstritten. »Die Reformation ist noch lange über 1525 hinaus Volksreformation geblieben, und von einem durch den Bauernkrieg bedingten Ende der Reformation als spontaner Volksbewegung kann nicht gesprochen werden« (Lau). In der Schweiz war unter Zwinglis Einfluß der Zusammenhang von Reformation und Revolution enger als im lutherischen Gebiet[6].

Der Gesamtcharakter des Krieges war trotz Müntzer und anderen zwar nicht schwärmerisch, doch letztlich mehr utopisch als realistisch. Die ohne größeres Blutvergießen errungenen Erfolge bis zum Mai 1525 ließen einen siegreichen Ausgang möglich erscheinen, solange die Fürsten noch nicht voll gerüstet waren. Dauerhaft erscheinende vertragliche Lösungen (z. B. Ortenauer Vertrag, 25./26. Mai 1525) bahnten sich im Anschluß an Weistümer und geschichtliche Entwicklung an mit Aussicht auf Neubildung einer gesunden, verhältnismäßig freien Lands- und Marktgemeinde gegenüber dem (in seinem Aufbau damit freilich bedrohten) Territorialstaat. Seit Ende April/Anfang Mai 1525 nahm jedoch der Streit durch das »zielbewußte, unnachgiebige Eingreifen der im Schwäbischen Bund organisierten Landesstaaten« (Waas) in Süddeutschland, in Thüringen durch die Persönlichkeit des Landgrafen Philipp von Hessen mit dem Ziel der Rettung und Stärkung landesherrlicher Gewalt auf Kosten der Bauern eine Wendung ins rein Politische. An die Stelle zerstreuter örtlicher Einzelhandlungen des Bauernkampfes traten einheitliche Aktionen der Herren, während sich gleichzeitig Luther von der ›Ermahnung zum Frieden‹ (April) und seiner Zustimmung zum Weingartner Vertrag als Beispiel friedlicher Lösung (Mai) nun heftig ›Wider die räuberischen und mörderischen Rotten der Bauern‹ wandte und auf die Seite der erstarkenden Ordnungsmacht trat. Andererseits beharrte die Gedankenwelt der Bauernbewegung in mittelalterlicher Denkweise, auch wo man sich gegen die Leibeigenschaft erhob (Tradition: Schwabenspiegel, Reformatio Sigismundi). Die Wendung gegen eine Vertragslösung erklärt sich durch die zunehmende Maßlosigkeit der bäuerlichen Forderungen (wie früher in England), durch bäuerliche, von kriegsgewohnten Landsknechten vorangetriebene Ausschreitungen und durch Müntzers Streben nach der klassenlosen Gesellschaft. Entscheidend aber war der Entschluß einer »modernen«, durch ihre unterschiedliche Einstellung zur Reformation in diesem Punkt nicht geschiedene Landesherren-Gruppe (Philipp v. Hessen gegen Friedrich d. Weisen), die Bewegung unbedingt niederzuwerfen, das bäuerliche Freiheitsstreben zu brechen, die Macht des Landesstaates zu steigern, die »Obrigkeit« auszudehnen und zu festigen. Dem entsprachen Luthers Bauernschriften, der sich nun in »Zorn und Scham über die Schwärmerei der Karlstadt und Müntzer und Genossen« gegen die Unordnung überhaupt wandte und zum Kampf gegen sie aufrief: »Denn du stirbst in Gehorsam göttlichen Wortes und Befehles« (Römer 13, 6). Melanchthons und Zwinglis Urteile waren ruhiger in der Form, sachlich ebenso scharf (Brandi)[6a]. Die Fürsten bedurften solcher Ermahnungen kaum. Hier lagen entscheidende Ansätze des neuzeitlichen Landesstaates, der italienischen Renaissance näherstehend, als dem deutschen Mittelalter. »Eine kraftvolle Bauernlandgemeinde und ein straffer Territorialstaat erschienen in den Augen dieser politischen Gruppen von Fürsten unvereinbar. Denn ein erstarkender und im Innern sich konsolidierender Landesstaat brauchte weitgehende Verfügung über die Allmenderechte, über Gerichtsrechte aller Art und personale Herrschaftsrechte, die sich zu einer einheitlichen staatlichen Untertanenschaft entwickeln ließen« (Waas). So wurde der Wille, die Bauernschaft (wie die örtlichen Grundherrschaften geistlicher und weltlicher Art und die bürgerlichen Gemeinden) dem geschlossenen Landesstaat zu unterwerfen, zum maßgebenden Faktor für den Kriegsausgang. »Das Wesen des Schwäbischen Bundes selbst« stand den Bauernforderungen entgegen; der zweite Teil der Auseinandersetzung war »kein Bauernkrieg mehr, sondern ein Landesfürstenkrieg, dessen Objekt die Bauern sind« (Waas), wie gleichzeitig die Landesherren die Ritterschaft unterwarfen.

Ziel und Ergebnis des Krieges entsprachen dem Charakter der Übergangszeit. Auf Kosten der bei mittelalterlichen Lebensformen beharrenden oder zu ihnen zurückstrebenden Bauern gewannen die Landesherren den Krieg; ihr Wille zur »Liquidation des Mittelalters« erwies sich als überlegen, was sich ebenso in der veränderten Stellung von Adel und Stiften nach dem Sickingen-Aufstand spiegelte. – Mitten im Hauptgebiet des Krieges lag das Herzogtum Bayern »gleich einer Insel im Meer des Aufruhrs als ein Hort der Ruhe und der Reaktion« (G. Franz)[7]. Das erklärte sich aus der festen, geschickten Hand der Regierung, ihrer klugen Politik zugunsten des armen Mannes, aus dem frühzeitigen Abschluß der Territorialstaatsformierung und der relativ geringen Übervölkerung im Raum bäuerlicher Wirtschaft, aus der Aufrechterhaltung bäuerlicher Allmenderechte und aus günstiger wirtschaftsgeographischer Lage zwischen städtereichen Gebieten und dem getreidearmen Tirol. Luthers Wendung trug zur bäuerlichen Niederlage entscheidend bei. Diese »hätte ohne seine vernichtenden Worte einen anderen Charakter gehabt. Sie wäre militärisch wohl ebenso eindeutig gewesen, aber sittlich und politisch weniger tief als jetzt, weniger niederschmetternd, denn nun stand der Sieg da als von Gott gesegnet, als Vollstrecker eines Gott wohlgefälligen Werkes« (F. Lütge). Nach der Enttäuschung durch Luther wandte sich vielfach das Bauerntum teils zurück zur alten Kirche, teils zum schwärmerischen Sektentum – beides unter

Verlusten für das Luthertum. Der Kriegsausgang entschied mit darüber, daß die Reformation nicht Sache des ganzen Reiches werden konnte. Viele geplünderte Klöster verwaisten und wurden bald von der staatlichen Obrigkeit säkularisiert. Auch die Bauernforderungen nach dem »Alten« und »Göttlichen« blieben unerfüllt. Volk und Recht, Volk und Richter wuchsen nicht wieder auf die alte Weise zusammen. Mit dem Vordringen des Römischen Rechtes in der Hand der Territorialherren und ihrer studierten Richter, das schon vor 1525 im Gange war, wurden u. a. Dorfgerichte und Patrimonialgerichtsbarkeit beschränkt[8]. Die Reichsgewalt, das 1521 eingesetzte Reichsregiment verhielt sich bei Ritteraufstand und Bauernkrieg teilnahmslos, überließ militärisches Vorgehen und Neuordnung den Territorialgewalten, wie auch der Speyrer Reichstag 1526 diesen die Untertanen auslieferte, allerdings mehr Gnade und Güte als Schärfe empfahl. Ein zentraler Versuch zur Behebung der sozialen und wirtschaftlichen Nöte wurde nicht unternommen. Die Maßnahmen der Territorialherren gegen die Bauern waren häufig grausam, führten zum Tode vieler Tausender. Die Grenze bildete in erster Linie das Verlangen nach Erhaltung der Arbeitskräfte. Das bleibende Ergebnis für die Bauern war weniger eine Verbesserung oder Verschlechterung ihrer Lage gegen früher als das dumpfe Gefühl der Aussichtslosigkeit und damit die Ausschaltung eines großen, wichtigen Volksteiles aus der politischen und gesellschaftlichen Aktivität bis ins 19. Jh., wodurch die Entwicklung des territorialstaatlichen Regiments und der Städte zu Ausstrahlungspunkten der Kultur in dem Drittel Deutschlands erleichtert wurde, das vom Kriege betroffen war. Doch spielten in jener Zeit auch in anderen, »fortschrittlicheren« Staaten Fürsten und Bürger, nicht Bauern die entscheidende Rolle. »Das Schicksal der Reformation wird von nun an lediglich bestimmt durch die politischen Gewalten« (F. Hartung).

Die Tragik des Bauernkrieges lag darin, daß manches sozial Wünschenswerte von der militärisch-politisch schwächeren, ins Mittelalter zurückstrebenden Seite vertreten wurde, das im Umkreis erstarkender, ausgreifender National- und Großmachtstaaten politisch Notwendige dagegen auf der politisch »fortschrittlichen«, sozial »reaktionären« Seite. Das Ende des Kampfes mußte also, wie immer er ausging, auch empfindliche Einbußen und Nachteile bringen. Damit hängt es zusammen, daß nicht nur die Problematik des Bauernkrieges bis heute lebendig ist[9], sondern das Urteil über ihn auch in der Wissenschaft besonders stark mit der jeweils aktuellen politischen Situation verbunden, also schwankend geblieben ist. Ohne Zweifel aber hatte sich der Bauernstand durch Aufstand und Krieg trotz der Niederlage eine stärkere Beachtung durch Theologen, Gelehrte und Künstler erzwungen.

Nach Abschluß des Krieges wurde die Empörung und die Teilnahme daran nach dem geltenden Reichs- und Landesrecht als Landfriedensbruch bestraft. Die Strafgewalt übte im Hauptgebiet des Krieges zunächst der Schwäbische Bund, später der einzelne Landesherr aus. Um nicht jeden Empörer einzeln bestrafen zu müssen, dachte man anfangs an eine Plünderung des Landes, doch erhob man schließlich eine allgemeine Strafkontribution zur Deckung der Rüstungs- und Kriegskosten der Fürsten. Nur gegen besonders aufgefallene Einzelpersonen wurden gelegentlich grausame, meist jedoch mit Geldstrafen endende Strafverfahren eingeleitet[10].

G. Franz, Der dt. Bauernkrieg (⁴1956), dazu Quellenband (1963). L. v. Ranke, Dt. Gesch. im ZA d. Reformation, Bd. 2 (Akademie-Ausgabe, hg. v. P. Joachimsen, 1925).

[1] W. A. Hitchcock, The Background of the Knights' Revolt 1522–1523 (1958). Die fürstl. Räte entstammten z. T. schon dem Bürger- u. Bauerntum, bes. in Württemberg mit seinem guten Schulwesen, s. I. Lange-Kohte, Zur Sozialgesch. d. fürstl. Rates in Württemberg im 15. u. 16. Jh., VSWG 34 (1941).

[2] R. Häpke, Der nationalwirtschaftl. Gedanke in Dtld. zur Reformationszeit, HZ (1926). A. Waas, Die Bauern im Kampf um die Gerechtigkeit 1300–1525 (1964). Ders., Die große Wendung im dt. Bauernkrieg (1939, auch HZ 158/9); vgl. auch H. Wopfner, Die Forschung nach d. Ursachen d. Bauernkrieges u. ihre Förderung durch d. geschichtl. Volkskunde, HZ 153 (1936). Über Mitteldtld.: W. P. Fuchs, Der Bauernkrieg in Mitteldtld., WaG 7 (1941). E. Kelter, Die wirtschaftl. Ursachen d. Bauernkrieges, Schmollers Jb. 65 (1941); vgl. A. Meusel, Thomas Müntzer u. seine Zeit (1952), dazu G. Franz, HZ 177 (1954), S. 543ff. W. Andreas, Der Bundschuh (1953). A. Rosenkranz, Der Bundschuh (2 Bde. 1927). W. A. Boelcke, Bäuerlicher Wohlstand in Württemberg Ende d. 16. Jh., Jbb. f. Nat.ök. u. Stat. 176 (1964). H. Angermeier, Die Vorstellung d. gemeinen Mannes von Staat u. Reich im dt. Bauernkrieg, VSWG 53 (1966). H. Freiwald, Der preuß. Bauernaufstand von 1525, Zs. f. d. Gesch. u. Altertumskde. d. Ermlands 30 (1962). V. Klemm, Bauernbewegungen d. 16. Jh. im Markgraftum Oberlausitz, Hist. Jahresschrift d. Inst. f. Sorbische Volksforschung 3 (1958). R. Lehmann, Die Verhältnisse d. niederlaus. Herrschafts- u. Gutsbauern (1956). Die sozialistische Beurteilung d. Bauernkrieges hebt das Anwachsen d. »plebejischen« Schicht u. den gegenüber früheren Bauernaufständen »unvergleichlich größeren Anteil der Stadtarmut« hervor: J. Macek, Das revolut. Programm d. dt. Bauernkrieges von 1526, Historica 2 (1960). O. G. Tschaikowskaja, Über d. Charakter d. Reformation u. d. Bauernkrieges in Dtld., Sowjetwissenschaft, Gesellschaftswiss. Beiträge 1 (1957),

sowie G. Brendler (Hg.), Die frühbürgerl. Revolution in Dtld. (1961).

[3] W. Treue und andere, Das Hausbuch d. Mendelschen Zwölfbrüderstiftung (s. Kap. 1, Anm. 16). V. Lötscher, Der dt. Bauernkrieg in d. Darstellung u. im Urteil d. zeitgenöss. Schweizer (Diss. Basel 1943). A. Gabler, Die wirtschaftl. Lage d. Bauerntums im Hesselberggebiet d. 16. Jh., Schwäb. Bll. f. Heimatpflege u. Volksbildg. 14 (1963).

[4] J. Lortz, Die Reformation in Dtld. ([3]1949). E. Bloch, Thomas Müntzer als Theologe d. Revolution (1921, verb. Ndr. 1961). C. Hinrichs, Luther u. Müntzer (1952). M. Greschat, Luthers Haltung im Bauernkrieg, ARG 56 (1965).

[5] F. Lütge, Luthers Eingreifen in den Bauernkrieg in seinen sozialgesch. Voraussetzungen u. Auswirkungen, Jbb. f. Nat.ök. u. Stat. 158 (1943). P. Althaus, Luthers Haltung im Bauernkrieg (1952, aus Luther-Jb. 1925), dazu H. Heimpel, GWU 5 (1954), S. 622f. F. Lau, Der Bauernkrieg u. das angebl. Ende der luther. Reformation als spontaner Volksbewegung, Luther-Jb. 26 (1959).

[6] E. Walder, Der polit. Gehalt der 12 Artikel von 1525, Schweiz. Beitr. z. allg. Gesch. 12 (1954).

[6a] G. Kisch, Melanchthons Rechts- u. Soziallehre (1968).

[7] F. Ammer, Ein wirtschaftsgesch. Beitrag zur Sonderstellung Bayerns im dt. Bauernkrieg 1525 (1943).

[8] E. Kern, Gesch. d. Gerichtsverfassungsrechts (1954).

[9] Die marxistische Beurteilung geht zurück auf Fr. Engels, Der dt. Bauernkrieg, zuerst in Neue Rhein. Zeitung 1850, als Broschüre 1870 u. ö.; danach F. Mehring (ausführl. Einleitung zu Neuausgaben v. Engels) u. andere Nachfolger wie A. Meusel (s. Anm. 2) und H. Kamnitzer, Zur Vorgesch. d. dt. Bauernkrieges (1953), dazu G. Franz, Das hist.-pol. Buch 6 (1954); vgl. auch Anm. 2.

[10] Eb. Mayer, Die rechtl. Behandlung d. Empörer von 1525 im Hgt. Württemberg (1957).

Kapitel 4
Die Landwirtschaft im 16. Jahrhundert

Der langfristige Bevölkerungsrückgang im Spätmittelalter schlug seit etwa 1450/70 in ein neues Bevölkerungswachstum um – im Westen früher als im Osten. Seit etwa 1520 nahm die Bevölkerung jährlich um etwa 0,6 Prozent zu (wobei die wirtschaftlich-soziale Mittelschicht vielfach im Vordergrund stand und das Sozialprodukt je Kopf der Bevölkerung sank). Das führte – anfangs in Norddeutschland gemeinsam mit Verknappung durch schlechte Ernten und Mangel an Vieh – allgemein zur Steigerung der landwirtschaftlichen Aktivität, zu starken Preissteigerungen bei Getreide und Vieh, während die Löhne zurückblieben, sowie bei den Konsumenten zur Bevorzugung der billigeren Produkte (Getreide, Bier) gegenüber den teureren (Fleisch, Wein).

In den Gebieten der Hauptkämpfe des Bauernkrieges war die

Landwirtschaft am weitesten entwickelt, die Bevölkerung dicht, die Teilung des Bodens weit vorangetrieben, der Durchschnittsbesitz also bescheiden, der Lebensstandard der Ritter mit meist wenigen zugehörigen Bauerndörfern im Verhältnis zu Klöstern und Stadtbürgern niedrig, bei zunehmender Geldwirtschaft mit inflationistischen Tendenzen nur durch wachsende Belastung der Bauern vor weiterem Sinken zu bewahren. In *Ostdeutschland*[1] war das Bauerngut von Anfang an größer, Rodung und Urbarmachung für die wachsende Bevölkerung möglich, deren Dichte geringer, der bäuerliche wie der ritterliche Durchschnittsbesitz also größer, die Zahl der Städte kleiner, jedoch die Getreideexportmöglichkeit wenigstens in Fluß- und Küstennähe besser. Das alles hielt die Neigung zur Erhebung unter der bäuerlichen Bevölkerung in Grenzen. Die verschiedenen Typen der Herrschaftsverhältnisse sind seit Fr. Lütges[2] Untersuchung der mitteldeutschen Verhältnisse in ihrer Differenzierung besser bekannt.

Die zweite Hälfte des 16. Jh. brachte nach der Überwindung der spätmittelalterlichen Agrarkrise eine Verschlechterung der persönlichen Stellung der Bauern im Osten[3] vielfach unter Angleichung an die niedrigere Rechtsstellung slavischer Bauern. Die unangemessene Fron breitete sich aus; die Bauern wurden mit neuen Leistungen für die aufsteigenden Territorialstaaten, aber auch für Adel und Städte belastet und erneut in Leibeigenschaft gebracht[4]. Die westelbischen Verhältnisse blieben, wenn auch die Lebenshaltung und gesellschaftliche Stellung sank, im allgemeinen für die Bauern günstiger, nicht zuletzt infolge der territorialen Zersplitterung und eines gewissen Schutzes durch die an steigenden Steuereingängen interessierten Landesherren, aber auch unter der verhältnismäßig milden Hand geistlicher Grundherren. Streubesitz und weitgetriebene Güterzerstückelung, die vom Oberherren wegen steigender Leibschillings-Einnahmen ohne Rücksicht auf die bäuerliche Verschuldung an das mobile Kapital gefördert wurde, erlaubten hier dem bis ins 17. Jh. zumeist noch reichen adeligen Großgrundbesitzer nicht die Ausbildung der in Ostdeutschland (bes. Pommern und Mecklenburg, in Ostpreußen erst seit dem Anfang des 17. Jh.) entstehenden Gutswirtschaft mit Einziehung von Bauernhöfen zum Rittergut besonders auf guten Böden (Bauernlegen in Brandenburg seit 1540, stärker seit 1570) und mit wachsenden Bauernleistungen. Auch blieb die Neigung des Adels zur eigenen Landwirtschaft infolge seiner Berufsmöglichkeiten bei den

Fürsten und der Kirche im Westen[5] geringer als im Osten; vielmehr gab man einzelne Höfe in Zeitpacht und verwandelte die Dienste in sichere, von Preisschwankungen und Geldentwertung unabhängigere Geld- und Naturalabgaben. Freilich waren bei der (in Ansätzen schon seit der Kolonisationszeit zu beobachtenden) Gutswirtschaft – im 16. Jh. wurden etwa 35 Prozent der i. J. 1860 bestehenden Großbetriebe in der Mittelmark begründet – i. a. der landwirtschaftliche Fortschritt und die Intensivierung des Betriebes, veranlaßt durch das Ansteigen der Getreidepreise, stärker als in den Gebieten seltener adliger Eigenwirtschaft. Zwar wuchs im Westen die Bevölkerungszahl und der Wohlstand der Gewerbetreibenden und Kaufleute schneller als im Osten; die Marktlage für die Landwirtschaft war dort also günstiger. Aber den ostelbischen und westpolnischen Gebieten öffnete der wachsende Getreideüberschußexport – auf Erfahrungen des Deutschen Ordens seit dem 14. Jh. fußend – die Verbindung zur westlichen Welt. Erschwerend trat hinzu, daß die Landesherren im Osten bis ins 17. Jh. trotz sparsamster Finanzwirtschaft im Interesse eigener Unabhängigkeit dem Adel im Austausch gegen Steuerbewilligung mehr Freiheit gegenüber den Bauern lassen mußten, als es im Westen seit dem Bauernkrieg und der Festigung des Territorialstaates üblich war. Dem Gutsherrn, dessen Betrieb z. B. in Mecklenburg um 1600 erst das Mehrfache einer Bauernstelle umfaßte, von den Gutsgrößen um 1750/70 also noch weit entfernt war, wurden sogar obrigkeitliche Rechte wie Patrimonialgerichtsbarkeit, Polizeigewalt und Kirchenpatronat überlassen, so daß er gegenüber den Bauern elterliche, privatherrschaftliche und obrigkeitliche Rechte vereinigte und sie für Anpassung der Dienstverpflichtungen an die steigende Gutsgröße besonders ausnutzen konnte, soweit nicht das eigene Interesse an der Leistungsfähigkeit seiner Arbeiter und reformatorisch belebtes religiöses Verantwortungsbewußtsein dem entgegenstanden. In diesem Zusammenhang kam es auch zu ersten Ansätzen der fürstlichen Dominialwirtschaft, die später, z. B. bei den Hohenzollern, eine bedeutende politische Rolle spielen sollte – nicht zuletzt gegenüber dem großgrundbesitzenden Adel. Aus dem 16. Jh. übernahm der Große Kurfürst von Brandenburg die Auffassung, daß der Fürst in erster Linie der größte Gutsbesitzer seines Landes sein müsse, die Domänen also privatwirtschaftlich betreiben, vermehren, verkaufen, vererben könne und nicht allein gemeinsam mit seinem Hof von diesem Lande lebe, sondern mit ihm auch als Herrscher Innenpolitik treibe. Seit 1588 gab es für den Betrieb dieser also für Dynastie, Hof und Staat entscheidend wichtigen Domänen eine Verwaltung, die Amtskammer. Eng verbunden damit war die Entstehung eines fürstlichen landwirtschaftlichen und kaufmännischen Unternehmertums[6].

Die auf Luthers Lehre beruhende Unterwerfung unter die Obrigkeit schlechthin tritt andererseits bei den Bauern in starkem Maße auf, von dem nicht allein der Landesherr selbst, sondern auch dessen Delegierter, der Gutsherr, profitierte. Eine Folge davon war das Vorherrschen der adligen Großgrundbesitzer und ihrer Maßstäbe in der Gesellschaft, im höheren Beamtentum, im Offizierskorps und der Diplomatie bis ins 20. Jahrhundert.

Nicht selten wurde der Grund- und Gutsherr ein mit dem städtischen vergleichbarer Unternehmer, indem er die Arbeitskraft seiner Untertanen zur gewerblichen Produktion heranzog (Textil-, Berg- und Hammerwerksbetriebe, Kohlenmeiler), deren Erzeugnisse er wieder großenteils zur Ernährung, Bekleidung und Ausrüstung der eigenen Untertanen verwendete. Wallenstein wurde schließlich mit der Betonung der Kriegswirtschaft der größte Unternehmer aus diesem Bereich. Gleichzeitig drängte das städtische Unternehmertum zur Verringerung des geschäftlichen Risikos und Hebung der sozialen Stellung in die Groß-Landwirtschaft, so daß zwei Unternehmerschichten einander – gelegentlich auch durch Ehen – begegneten.

Ein sehr erheblicher Unterschied zwischen Ostdeutschland und West- und Südwestdeutschland lag (nach Mortensen) im Vorhandensein einer »undeutschen Bevölkerung«, deren Leistungen weit geringer waren als die der deutschen, was sich bei den »erwerbsstrebigen Grundherren« dahin auswirkte, daß in der »leistungsmäßig heterogenen, . . . national uneinheitlichen Bevölkerung«, wie sie nur in Ostdeutschland vorhanden war, bei der Vergüterung in erster Linie die »preußischen« und sehr viel weniger die »deutschen Bauern« gelegt bzw. zur Aufgabe ihres Landes veranlaßt wurden. Die räumliche Verbreitung der Gutsbildung war also bedingt durch Boden- und Verkehrsverhältnisse, politische und Siedlungsgrenzen. Die guten Lehm- und Lößböden mit Aussicht auf reiche Ernten lockten am stärksten zur Ausbreitung des Gutsbetriebes auf Kosten der Bauern; ähnlich wirkten Fluß- und Ostseenähe. Nach Westen reichten die Rittergüter in geschlossener Verbreitung bis zur Linie Flensburg–Schleswig–Segeberg–Hamburg (baltische Endmoräne einer-, schleswig-holsteinische Geest andererseits, Grenze des Kolonisationsgebietes). Auf den altgermanischen Siedlungsflächen im Westen verhinderten gute Rechtsstellung und freies Eigentum der Bauern die Gutsbildung[7].

Wirtschaftlich war das Jahrhundert zwischen Bauernkrieg und Dreißigjährigem Krieg durch Frieden und wachsende innere Ordnung begünstigt. Häufiger als zuvor und später konnte, wer säte, auch ernten, während die folgende Zeit bis 1750 in der internationalen Literatur als eine solche der Stagnation, Depression, selbst Rezession in ganz Europa und als ein Abschnitt der Refeudalisierung nach kapitalistischen Anfängen im 16. Jh. bezeichnet wird[8]. Die Neigung wuchs, dem durch erhebliche Bevölkerungszunahme und Wohlstandsbildung (seit 1450) wachsenden Markt wertvollere Erzeugnisse, wie Mastvieh (aus Friesland, Schleswig-Holstein), Butter, Hopfen, Gemüse, Obst zu steigenden Preisen anzubieten. In starkem Umfange wurden Moore und Ödland kultiviert, Sümpfe entwässert, Wälder gerodet (bis zu Rodeverboten: württemberg. und sächs. Landesordnung 1536 bzw. 1556) und Weide in Ackerland verwandelt (»Landausbauperiode« in Hessen unter Philipp und Wilhelm IV.)[9], Küstengebiete trockengelegt und eingedeicht (über zwanzig Köge in Schleswig-Holstein), die Wirtschaftsweise verbessert (Vorläufer der auf das Mittelalter zurückgreifenden Hausväterliteratur; Conrad von Heresbachs ›De re rustica‹; ab 1591 Ansätze zu landwirtschaftlichen Zeitschriften)[10]. Zunehmende Mehr- (4–5) Felderwirtschaft bezeichnete bei steigenden Produktenpreisen die Anfänge einer »Intensivitätswirtschaftsform« und »kapitalistischen« (Sommer-) Getreideproduktion in Mecklenburg und Pommern, am Niederrhein, in Schlesien und Sachsen, fand ihre Grenze aber früh am Düngermangel. Andererseits verminderte sich die Arbeitsproduktivität (ungünstiges Verhältnis des Erschließungs- und Bearbeitungsaufwands zum Ertrag auf Neuland), Pachtzinsen und Landgüterpreise stiegen besonders in Viehzuchtgebieten, aber auch in Süddeutschland, wo das städtische Patriziat sein Vermögen sicher in Landbesitz investieren wollte. Dem standen schnell wachsende Bevölkerung, Münzverschlechterungen, Sinken der Lebenshaltung breiter Massen, Arbeitslosigkeit, fallende Reallöhne gegenüber.

Bereits im letzten Drittel des 16. Jh. wurde durch Vermittlung des Botanikers Clusius (Charles l'Ecluse) die Kartoffel in Deutschland eingeführt, von Landgraf Wilhelm IV. unmittelbar aus Italien durch studentische Stipendiaten für seine botanischen Gärten[11].

Wo ein starker, bei allem Herrschaftsanspruch einsichtiger und in den Grenzen der Zeit sozial empfindender Landesherr regierte (wie 1518–1567 in Hessen), kam es im Interesse planvoller Staatswirtschaft um 1540 zu ersten, noch kurzfristigen und engräumigen Ansätzen der später allgemein übernommenen *Getreidemagazinierungs- und Preisregulierungspolitik* in Verbindung mit Ausfuhrbegrenzung, die über gewöhnliche Ausfuhrverbote (1517 Kurpfalz, 1530 Mittelrhein) hinauswiesen[12]. Allerdings wurden dabei die Höchstpreise meist so niedrig angesetzt, daß sich die landwirtschaftlich-handwerkliche Preisschere zuungunsten des Landes öffnete; auch kannte man noch keine Preisstützungskäufe des Staates bei reichen Ernten. Im stark steigenden Getreide- und Malzexport[13] aus der Dreifelderwirtschaft des Ostens in die Feldgras- und Weidegebiete Schleswig-Holsteins, Frieslands, Hollands und weiter nach West- und Südeuropa führte zunächst bis zum Zusammenbruch des Handelshauses der Loitz 1572 Stettin, später Hamburg; denn der Oderhandel wechselte infolge gegenseitiger Handelssperren zwischen Frankfurt und Stettin und seit der Schiffbarmachung der Warthe für große polnische Getreidetransporte im Anfang des 16. Jh., auch durch starke Zollsteigerungen auf Oder und Warthe zu der seit 1574 dem Verkehr geöffneten Elbe hinüber. Danzig und Hamburg zogen fortan Stettins Getreidehandel an sich[14], eine neue Oderschiffahrts- und Getreidehandelspolitik setzte erst wieder ein, als Stettin 1720 preußisch geworden war.

Nachdem der polnische Adel die Bauern 1496 schollenpflichtig gemacht und seiner Gerichtsbarkeit unterworfen, 1523 zu einem rechtsunfähigen Stande erklärt und seit 1496 Freiheit von den polnischen Kornzöllen für seine Getreideexporte erworben hatte, stieg die polnische Getreideausfuhr sehr schnell; sie machte jedoch in Danzig nur etwa ⅓ bis ½ des Gesamtexports über diesen Hafen aus, während das übrige Getreide von der unteren Weichsel kam, das Holz aus Kron- und Adelswäldern am mittleren Bug und von der oberen Weichsel, Eibenholz für die (den Feuerwaffen anfangs an Geschwindigkeit und Treffsicherheit noch überlegenen) Bögen sowie Teer, Asche usw. aus den Karpaten und anderen österreichischen Wäldern[15], bis diese gegen 1600 erschöpft waren. Für Danzigs Hafen- und Deichbauten kamen Fachleute aus Hamburg und den Niederlanden. Über Hamburg und einige Kliphäfen erreichte die nordostdeutsche Getreideausfuhr Skandinavien, Holland, England, Spanien und seit 1591 auch Italien. Für Hamburg war das ein Grund mehr, sich von der Hanse zu distanzieren. Das führte im Zusammenhang mit der Sperrung des Rheins während des niederländischen Unabhängigkeitskrieges und der Oder seit 1572 zum Aufschwung des Elbhandels und zu den gerade für den Getreidehandel günstigen Handelsverträgen von 1611 und 1618 mit England. Das seit 1544 zum europäischen Hauptgetreidehafen werdende Amsterdam bestimmte die Preise in Danzig, Lübeck, Kopenhagen und beeinflußte die in Frankreich, Spanien, Italien. Dagegen gab es nur geringen ausländischen technischen Einfluß auf die deutsche Landwirtschaft[16].

Eine Sozialgeschichte des Landes gibt es bisher so wenig wie eine solche der Stadt. Kaum besser steht es um die Geschichte des landwirtschaftlichen Betriebes und der Landtechnik. Die geschlossene bäuerliche Hauswirtschaft gehörte um 1550 der Vergangenheit an, Groß- und Kleinbetriebe waren mit Markt und Konjunktur verbunden. Beim Großbetrieb kündigte sich das Zeitalter der kommerziellen Landwirtschaft an[17]. Viel langsamer veränderte sich das durch Familienstruktur gefestigte Sozialverhalten der Bauern[18]. Als Spannvieh vor dem Hauptbodenbearbeitungsgerät, dem Pflug, der seit dem späten MA in Deutschland (Sachsenspiegel) als Beetpflug bekannt war, dominierte in Norddeutschland »als neue Errungenschaft« das hufbeschlagene Pferd mit verbesserter Anschirrung (Kummet, Zugstränge, Ortscheid). Als seit der Mitte des 16. Jh. die grundherrliche Eigen-(Guts-)Wirtschaft verstärkt wurde, setzte dort eine merkliche Verstärkung der Ochsenbespannung ein: Das Pferd galt auf dem Ritterhof nicht als Arbeits-, sondern als Reittier; der Ochse war doppelt so stark wie ein Pferd und Schlachtvieh obendrein, seine Aufzucht und Haltung billiger; das im Osten vielfach slavische Personal konnte aus alter Gewohnheit mit dem Ochsen besser umgehen als mit dem Pferd: Traditionalismus und Rationalismus wirkten also in die gleiche Richtung. Immer häufiger wurden eisenbeschlagene Pflüge, eiserne Eggen, handlichere Geräte benutzt, Reinzucht und Kreuzung für Saatgut und Viehhaltung betrieben[19].

4. Die Landwirtschaft im 16. Jahrhundert

B. H. SLICHER VAN BATH, The Agrarian History of Western Europe 500–1850 (1963). S. v. FRAUENDORFER, Ideengesch. d. Agrarwirtschaft u. Agrarpolitik 1 (1957). W. ABEL, Gesch. d. dt. Landwirtschaft vom frühen MA bis z. 19. Jh. (1962). TH. FRHR. v. D. GOLTZ, Gesch. d. Landwirtschaft 1 (1902), dort frühere Lit. W. WITTICH, Die Grundherrschaft in Nordwestdtld. (1896). Ders., Epochen d. dt. Agrargesch., in: Grundriß d. Sozialökonomik VII. Abtlg. (1922). G. AUBIN, Der Einfluß d. Rezeption d. röm. Rechtes auf den dt. Bauernstand, Jbb. f. Nat.ök. u. Stat. 3. F. 44 (1912). H. KRAUSE, System der landständ. Verfassung Mecklenburgs in d. 2. Hälfte d. 16. Jh. (1927). P. STEINMANN, Finanz-, Verwaltungs-, Wirtschafts- u. Regierungspolitik d. mecklenb. Hge. im Übergang vom MA z. NZ, Jbb. d. Ver. f. Mecklenburg. Gesch. u. Ldskde. 86 (1922). W. KOPPE, Zur Preisrevol. d. 16. Jh. in Holstein, Zs. d. Ges. f. schlesw.-holst. Gesch. 79 (1955). H. KULLAK-UBLICK, Wechsellagen u. Entwickl. d. Landwirtsch. im südl. N.sachsen im 15.–18. Jh. (1953). V. v. ARNIM, Wechsellagen u. Entwickl. d. Landwirtsch. in Schleswig-Holstein im 16.–18. Jh. (1953). H.-E. PIETSCH, Wechsellagen d. Landw. im Amt Meißen im 16. u. 17. Jh. (1950).

[1] W. ABEL, Zur Entwicklung d. Sozialprodukts in Dtld. im 16. Jh., Jbb. f. Nat.ök. u. Stat. 173 (1961). Ders., Verdorfung u. Gutsbildung in Dtld. zu Beginn d. Neuzeit, Zs. f. Agrargesch. u. Agrarsoz. 9 (1961). K. BLASCHKE, Soziale Gliederung u. Entwicklung d. sächs. Landbevölkerung im 16. bis 18. Jh., ebd. 4 (1956). H. CHROON, Die kurmärk. Landstände (1938).

[2] F. LÜTGE, Die mitteldt. Grundherrschaft u. ihre Auflösung ([2]1957). Ders., Die dt. Grundherrschaft, Zs. f. Agrargesch. u. Agrarsoz. 3 (1955). Ders., Gesch. d. dt. Agrarverfassung ([2]1967).

[3] F. GROSSMANN, Über die gutsherrl.-bäuerl. Rechtsverhältnisse in der Mark Brandenburg vom 16. bis 18. Jh. (1890).

[4] S. KORTH, Die Entstehung u. Entwicklung d. ostdt. Großgrundbesitzes, Jb. d. Albertus-Univ. Königsberg/Pr. 3 (1953). A. KAMCKE, Die Bedeutung d. Bauernschutzgesetzgebung d. Kf. August (1555–1586) für die Gestaltung d. bäuerl. Rechtsverhältnisse Sachsens im 16. Jh. (1941). H. v. ZUR MÜHLEN, Zur Entstehung d. Gutsherrschaft in Oberschlesien, VSWG 38 (1950).

[5] K. S. BADER, Zur Lage u. Haltung d. schwäb. Adels am Ende d. alten Reiches, Zs. f. württ. Landesgesch. 5 (1941).

[6] W. TREUE, Hohenzollernfürsten u. Unternehmertum, Tradition 7 (1962). F. REDLICH, Der dt. fürstl. Unternehmer, eine typische Erscheinung d. 16. Jh., ebd. 3 (1958). H. KELLENBENZ, Die unternehmer. Betätigung d. verschied. Stände während d. Übergangs zur Neuzeit, VSWG 44 (1957). H.-H. WÄCHTER, Ostpreuß. Domänenvorwerke im 16. u. 17. Jh. (1958). A. HOFFMANN, Die Grundherrschaft als Unternehmen, Zs. f. Agrargesch. u. Agrarsoz. 6 (1958).

[7] H. u. G. MORTENSEN, Über die Entstehung d. ostdt. Großgrundbesitzes, Nachr. Ak. Göttingen, phil.-hist. Kl. 1955 Nr. 2. G. TESSIN, Wert u. Größe Mecklenb. Rittergüter zu Beginn d. 30jähr. Krieges, Zs. f. Agrargesch. u. Agrarsoz. 3 (1955). H. O. v. ROHR, Qui transtulit (1963). W. KUHN, Gesch. d. dt. Ostsiedlung in der Neuzeit 1 (1955).

[8] B. H. SLICHER VAN BATH, Die europ. Agrarverhältnisse im 17. u. in d. 1. H. d. 18. Jh., Afdeling Agrar. Geschiedenis Landbouwhoheschool Bijdragen 13 (1965); dort ältere Lit. (W. ABEL, S. M. KERHUEL, J. GRIZIOTTI-KRETSCHMANN, R. MOUSNIER). D. LÖSCHE, Vermögensverhältnisse thüring. Bauern i. J. 1542, Jb. f. Wirtschaftsgesch. (1964). D. SAALFELD, Bauernwirtschaft u. Gutsbetrieb in d. vorindustr. Zeit (1960), eine Fallsammlung mit wichtigen Einzelheiten.

[9] L. ZIMMERMANN, Der ökonom. Staat d. Lgf. Wilhelm IV. (2 Bde. 1933/34). K. SCHARLAU, Landeskulturgesetzgebung u. Landeskulturentwicklung im ehem. Kurhessen seit d. 16. Jh., Zs. f. Agrargesch. u. Agrarsoz. 1 (1953). R. KIESS, Die Rolle d. Forsten im Aufbau d.

württemberg. Territoriums bis ins 17. Jh. (1958).

[10] G. Schröder-Lembke, Die Hausväterliteratur als agrargesch. Quelle, Zs. f. Agrargesch. u. Agrarsoz. 1 (1953), dazu vgl. S. Sudhoff, Das dt. Pelzbuch d. MA, ebd. 2 (1954). G. Klauder, Entwicklung d. landwirtsch. Zeitschriftenwesens, ebd. 4 (1956).

[11] G. Schröder-Lembke, Entstehung u. Verbreitung d. Mehrfelderwirtschaft in Nordostdtld., ebd. 2 (1954). B. Martin, Die Einführung d. Kartoffel in Waldeck, Gesch.bll. f. Waldeck 51 (1959).

[12] J. Schultze, Zur Getreidepolitik in Hessen unter Lgf. Philipp d. Großmüt., VSWG 11 (1913). G. Franz und andere, Der dt. Landwarenhandel (1960).

[13] W. Naudé, Dt. städt. Getreidehandelspolitik vom 15.–16. Jh. (1889). W. Braun, Zur Stettiner Seehandelsgesch., Balt. Studien NF 51 (1965).

[14] R. Winkel, Die Weichsel, ihre Bedeutung als Strom u. Schiffahrtsstraße u. ihre Kulturaufgaben (1939).

[15] F. Walter, Die österr. Eibenholzmonopole d. 16. Jh., VSWG 27 (1931).

[16] L. Beutin, Dt. Leinenhandel in Genua im 17. u. 18. Jh., VSWG 24 (1931). H. Haushofer, Der geschichtl. Einfluß der franz. auf die dt. Landwirtschaft, Zs. f. Agrargesch. u. Agrarsoz. 16 (1968).

[17] H. G. v. Rundstedt, Die Regelung des Getreidehandels in den Städten Südwestdtlds. u. der dt. Schweiz im späteren MA u. im Beginn d. Neuzeit, VSWG Beiheft 11 (1930).

[18] Beispielhaft W. A. Boelcke, Bäuerl. Wohlstand in Württemberg Ende d. 16. Jh., Jbb. f. Nat.ök. u. Stat. 176 (1964). Ders., Zur Entwicklung d. bäuerl. Kreditwesens in Württemberg vom späten MA bis Anfang d. 17. Jh., ebd.

[19] U. Bentzien, Pferde u. Ochsen als Spannvieh in d. mecklenb. Landwirtschaft vor d. 30jähr. Krieg, Zs. f. Agrargesch. u. Agrarsoz. 12 (1964). W. Abel, Gesch. d. dt. Landwirtschaft (1962). E. Klein, Über das Alter d. gewundenen Streichbretts, Zs. f. Agrargesch. u. Agrarsoz. 13 (1965). Ders., Die histor. Pflüge (1967).

Kapitel 5
Das Handwerk im 16. und 17. Jahrhundert

An die Stelle einer statischen Berufs- und Sozialordnung traten seit dem späten Mittelalter Um- und Mißbildungen des Zunftrechtes sowie vielfach Mißbrauch der Rechtsverhältnisse und als solcher empfundene Arbeitsstreckungsmaßnahmen. Außerdem geriet mit der Abwendung vom lokalwirtschaftlichen Denken auch die Wirtschafts- und Gesellschaftsinstitution der Zünfte in eine Zeit der Reformprobleme und Verwandlungen. Daß die Reichspolizeiordnung von 1548 gegen überhandnehmende Kliquenexklusivität vorgehen mußte, kennzeichnet die Richtung der Polizei- und Gewerbegesetzgebung von Reich und Territorien seit dem Jahrhundertanfang. Sie erwiesen sich allerdings als unfähig zur Neuordnung und zu einer den großen sozialen und politischen Veränderungen entsprechenden Einfügung des Gewerbewesens in Wirtschaft und Gesellschaft, da der Territorialegoismus umfassende Maßnahmen unmöglich machte und sich in Einzelaktionen gegen Symtome erschöpfte. Auseinandersetzungen zwischen Bannrechten der Zünfte und wirtschaftlich berechtigtem und notwendigem Aufleben des Handwerks außerhalb der Städte (Landmeister), fortschreitende Zunftexklusivität, Behauptung veralteter Bräuche und Verbote, Zunftkartelle gegen Polizeimaßnahmen von Städten und Territorien behinderten die Gewerbeentwicklung. Das hatte wiederum bei wachsender Bevölkerung und steigendem Pauperismus ein Schrumpfen von Angebot und Nachfrage sowie das Auftreten von Pfuschern zur Folge. Rohstoffausfuhr- und Fertigwareneinfuhr-Verbote der Territorien lagen, ohne es zu beabsichtigen, auf der Linie der Zünfte. Diese betrieben den Rohstoff- und Werkzeugeinkauf wie den Fertigwarenverkauf häufig genossenschaftlich, waren dabei aber durch schwerfälligen Zunftapparat, mangelnde kaufmännische Bildung und Erfahrung der Handwerker und Mißtrauen gegen die eigenen Beauftragten der großkaufmännischen Unternehmung unterlegen. Von der Territorialherrschaft gewöhnlich geförderte Beschränkung der Gesellenzahl und Kapitalmangel verhinderten den Aufstieg von Handwerksbetrieben in eine Größenordnung, die in die beginnende Unternehmerwirtschaft und den innerstaatlichen und internationalen Verkehr hätte hineinwachsen können. »Das Kapital schickte sich an, die Stelle der Privilegien einzunehmen, die für den Handwerkerstand bisher die Dienste des Kapitals verrichtet hatten. Das Geldkapital expropriierte das Privilegienkapital« (M. Meyer). Eine gewisse Zwischenstufe bildeten gelegentlich vorkommende größere zunft- oder handwerkereigene, manufakturähnliche Produktionsanlagen in großen Gewerbestädten wie Nürnberg – hier mit der Neigung zum Verlassen veralteter Produktionsmethoden[1]. Allerdings sind aus den Zünften zahlreiche »Emporkömmlinge« in die reichen Familien (z. B. Augsburgs) und zur tragenden Schicht des Kapitalismus aufgestiegen. Die große Bedeutung eines Qualitäts-Handwerks (um 1600 mehr als 75 Handwerke, Frauen als Meister) für die Leistungen des Fernhandels zeigt deutlich Nürnberg, dessen Kaufmannsschicht im allgemeinen im Vergleich zur Bedeutung des Handwerks überbewertet wird, in dem allerdings – einzigartig in Deutschland – die Bildung von Zünften mit Härte verhindert, der Zuzug von Handwerkern aber im Interesse des Handels gefördert wurde (Gewerbereform 1535)[2].

Die Zünfte büßten ihre nur noch historisch begründete Position in der Wirtschafts- und Gesellschaftsordnung ein, seitdem ihre militärische und religiöse Bedeutung verloren ging. Mit niederer Gerichtsbarkeit und Gewerbepolizei fungierten sie als öffentliche Verwaltungskörper – im städtereichen Süddeutschland, wo die Macht von Zünften und Gesellenbünden verhältnismäßig groß war, in stärkerem Umfange als in den städtearmen, landwirtschaftlich-feudal betonten Ostgebieten. Schließlich fing das Handwerk an, sich aus gesetzlichen, finanzpolitischen, finanziellen Ursachen weithin in städtisch-handwerklich-kleingewerbliche und ländlich-manufakturell-industrielle Gruppen aufzuspalten – in Österreich vielfach unter organisatorischer und finanzieller Initiative des grundbesitzenden Adels. Zugleich entwickelte sich daneben eine nichtzünftige Hausindustrie für den Fernabsatz (Weberproletariat) und, zumeist vom Fertigmacher oder Händler her, das Verlagswesen reicher Kapitalisten. »Die Armut und Verkommenheit weiter Kreise des Handwerks einerseits, das Bedürfnis eines schwunghaften kaufmännischen Betriebs und die Macht des Kapitalbesitzes andererseits drängten zu hausindustriellem Betrieb, wobei ein größerer Meister oder ein Kaufmann eine Anzahl kleiner Meister verlegte«[3].

So verfiel die ursprüngliche Harmonie des »kunstvollen Mechanismus«, indem Absatzsicherung, standesgemäßes Auskommen, gleichmäßige Einkommensverteilung (Prinzip der »Nahrung«) und damit Sicherung vor Abhängigkeit nicht mehr gewährleistet waren; Mißbrauch und Egoismus einzelner Gruppen wurden häufiger, und die Zunft blieb vielfach nur eine soziale Hilfseinrichtung und Hilfspolizei.

Die *Gesellen*, denen der Aufstieg zu selbständiger Meisterschaft meist verschlossen war, schlossen sich zu *Bruder- und Gesellenschaften* zusammen; von den Stadtbehörden zunächst verboten, dann unter Verleihung von Artikeln anerkannt, wurden sie als reformfordernde Elemente der Unruhe oder als Vertreter neu sich formierender unzufriedener Dauerexistenz-Gruppen auf der Stufe des Existenzminimums in die Sozialordnung einbezogen und mit harter Aufsicht in ihrer Gefährlichkeit gedämpft, aber auch durch die Reichspolizeiordnungen von 1530 und 1548 und den Reichsabschied von 1551 nicht wieder in die feudale und bürgerliche Ordnung eingebunden. Maßnahmen gegen die Unruhe des Gesellentums gehörten fortan ebenso wie der Kampf der Zünfte um ihre traditionelle

Stellung, wie das Aufbegehren einzelner Fortschrittlicher und die polizeivorschriftsähnlichen Kleider- und Luxusordnungen zu den ständig wiederholten, nicht neu ordnenden, sondern nur verzögernden Bemühungen um die Erhaltung einer zwar einst historisch gewachsenen, nun aber überholten Gliederung der in vielfältiger Verwandlung begriffenen Gesellschaft.

Der große Krieg vernichtete dann endgültig den Wohlstand der Zünfte. In der Regel arbeitete fortan der Meister unter Produktionsbeschränkungen ohne oder mit nur einem Gesellen; die technische Entwicklung blieb, worüber die Kameralisten klagten, hinter der Englands, die kunstgewerbliche Produktion hinter der Frankreichs zurück[4]. Angesichts des Scheiterns der Bemühungen um einheitliche Reform im Reich entstanden, in logischer Fortsetzung der Landesordnungen des 16. Jh. aus der Auffassung, daß die territoriale Wirtschaft eine Einheit bilde und der autonomen Bedürfnisbefriedigung dienen müsse, seit der Mitte des 17. Jh. häufig *Landeszünfte*, weniger als Handwerksorganisationen, sondern oberhalb der immer unbedeutenderen städtischen Selbstverwaltung als Polizeiorgane des Staates. Allerdings keimten darin gelegentlich (etwa in der von Holland her beeinflußten Pfalz) Ansätze zu größerer Freiheit und Beweglichkeit, sofern der Staat nicht ausschließlich mit zentralisierender Absicht und dem Ziel der Akzisesteigerung handelte. Vollständige Aufhebung der zünftigen Einrichtungen hätte die Wirtschaftsschranken zwischen Stadt und Land einstürzen lassen und das territoriale Steuersystem gefährdet. Das Handwerk stand noch ganz im Vordergrund der gewerblichen Erzeugung. Mangel an Kapital und Unternehmungslust, auch fürstliche Abneigung verhinderten die Entstehung wirklich industrieller Unternehmungen. Auf der anderen Seite stand häufig die in die Zukunft weisende Durchbrechung des Zunftzwanges durch Konzessionierung und Privilegierung von Verlegern und Manufakturisten, die mit Schutz und Förderung des Staates manchen Gewerben durch Qualität, Auslandsverbindungen und Kapital wieder überterritoriale Bedeutung gaben. Diese Begünstigung zeigt neben dem aufschießenden Dorfhandwerk das Interesse für in vielen Stufungen staatlich geförderte und rein staatliche Unternehmungen. Verlagswesen und Übergang zur Hausindustrie nahm bei wachsender Produktionsaufsplitterung erheblich zu. Ländliche Hausindustrie charakterisierte mehr und mehr ärmere Gebirgs- und Waldgebiete mit niedrigen Löhnen und Zwang zu Nebenerwerb,

Frauen- und Kinderarbeit (sächs. Vogtland als Industriegebiet; in Sachsen, Pommern und Brandenburg Spinner und Leineweber; im Magdeburgischen und in Minden-Ravensberg drei- bis sechsmal so viele ländliche wie städtische Weber; in Schlesien Verlegerschicht mit dem Grundsatz freier Konkurrenz für Arbeiter und des Monopols für Verleger)[5]. Wichtig für die Textilindustrie war die Entstehung zweier neuer Bedarfsgruppen: der Hofgesellschaft mit Luxusverlangen, der stehenden Heere, Beamten- und Bedientenscharen mit schnell wachsendem Uniformbedarf. Dadurch in erster Linie wurde z. B. eine Berliner »Wollmanufaktur« ins Leben gerufen, die erste Textilfabrik Brandenburgs, Vorläuferin des größeren Lagerhauses als Anfang einer großzügigen Wollpolitik, während die Textilgewerbe des Westens trotz fürstlicher Protektion schwere Zeiten erlebten, Würzburgs Textilmeister der ausländischen Konkurrenz fast gänzlich erlagen[6]. In den »Fabriken und Manufakturen« – ebenso in den nach Amsterdamer Vorbild zuerst in protestantischen, dann auch in den katholischen Ländern zur Bekämpfung des Bettels, Müßiggangs und Lasters gegründeten Zuchthäusern[7] – herrschte noch die handwerksmäßige Produktionsform; sie unterschieden sich von hausindustrieller und handwerklicher Betriebsweise stärker durch gemeinsame Arbeit in einem Raum oder Gebäude als durch Betriebsgröße und Maschinenverwendung. Nur langsam entwickelten sich Zerlegung des Produktionsvorganges und Verwendung von (meist Wasser-)Kraftanlagen. In dieser Übergangszeit gingen viele aus fürstlicher Liebhaberei, Großmannssucht oder Gewinnstreben geschaffene Manufakturen durch Kapital- oder Absatzmangel, Untüchtigkeit der Leiter oder Arbeiter, Verkennung der Rohstofflage und Konjunktur wieder ein oder erlitten schwere Verluste. Bedeutsam für die Zukunft war, daß besonders in lutherischen Gebieten manche Fürsten unter Gesichtspunkten des merkantilistischen Wohlfahrtsstaates, lutherischer Bibelinterpretation und steuerfiskalischer Berechnungen, auch aus gewerbepädagogischen Absichten und wehrwirtschaftlichen Überlegungen über Privilegierung und Subventionierung hinaus zur Schaffung staatlich bestimmter und geleiteter Industrien in ihren an Privatinitiative und -kapital armen Staaten schritten, um den Anschluß an Westeuropa zu gewinnen. Gleichzeitig begann der Kampf um die gelernten Arbeiter, die mit Privilegien aus Westeuropa angelockt bzw. unter Androhung der Todesstrafe in der Heimat festgehalten wurden; ihre Zahl wurde auch durch religiös und philanthropisch motivierte Maßnahmen gegen Bettel und Landstreicherei, durch Zucht- und Arbeitshaus, Kinder- und Waisenarbeit vergrößert (Ansätze zum späteren Industrieproletariat).

Bemühungen der norddeutschen Reichsstände, vor allem Brandenburgs, um Abstellung der Handwerksmißbräuche wenigstens in den Einzelstaaten wurden durch die konservativere österreichisch-süddeutsche Opposition wie durch den Kaiser behindert. Vorschlägen und Verhandlungen seit 1669 folgte ein Reichsgutachten von 1672, inhaltlich unbedeutend, in der Geschichte der Reichsgewerbegesetzgebung aber bemerkenswert, da es 1731 fast wörtlich in den Reichsschluß überging als »Höhepunkt der Zunftgesetzgebung des Reiches und Basis für die gesamte Handwerksgesetzgebung in Deutschland im 18. Jh., in Preußen bis zum Allgemeinen Landrecht« (M. Meyer). In Verbindung mit Steuerreform und Kolonisation fanden in Brandenburg seit 1684 Neuerungen statt, die in der Polizeiordnung von 1688 gipfelten mit einer Neuordnung des gesamten Zunftwesens, der ersten »allgemeinen Handwerksordnung für ein größeres Gebiet«. Diese Gesetzgebung wurde fortgesetzt und vollendet, als in Preußen die Reform des Zunft- und Gesellenwesens mit der großen Gewerbegesetzgebung von 1732–1735 abgeschlossen wurde, welche die Zünfte endgültig ihrer Sonderstellung beraubte und gleichsam verstaatlichte.

Sozial gehörte der Handwerker im allgemeinen zur Mittelschicht mit verhältnismäßig gutem Einkommen und einigem Vermögen, stand also weit über den etwa 50 Prozent der die Stadtbevölkerung ausmachenden Besitzlosen, von denen die meisten ständig Hunger litten (weit verbreitete Massen-Bettelei). Am unteren Ende der Besitzschicht, gehörten die Handwerker mit sehr engem politischen, religiösen und kulturellen Horizont, der über die Stadtmauern kaum hinausreichte, selten zur Bildungsschicht; doch waren dabei viele von ihnen Kunsthandwerker, Verbesserer, Erfinder, einige auch große, selbst weltberühmte Künstler[8].

Die *Handwerkstechnik*[9] ist nur wenig erforscht; ihre wichtigsten Quellen sind Bilderhandschriften wie die der Mendel und Landauer in Nürnberg. Charakteristisch sind weitgehende Spezialisierung besonders bei Metallverarbeitung, Bekleidung und Ernährung, Aufkommen und Verbreitung der Feuerwaffen (Jost Amman 1568: neben dem Bogener der Büchsenschäfter). Die Entwicklung von Kupfer- und Messingwalzwerken und Drahtzieh(-wasser-)mühlen brachte seit 1550 viel Niedergang alter und Aufstieg neuer Handwerke und Produktionsmethoden (1500 Schraubstock, 1560 verbesserte Drehbank) in Richtung auf die Mechanisierung (relativ billige Maschinen aus Holz) unter Anwendung der Wasserkraft (Beruf des Mühlenbauers), auch des verbesserten Göpels. Wichtig waren außerdem Instrumentenmacher, Zirkelschmiede, Kompaßmacher, Räderuhr-Macher, Visierbauer (für Geschütze), Schriftgießer, Drucker, Kupferstecher, Illuministen (erste deutsche Papiermühle 1502 in Wernigerode; um 1600 Betrieb von etwa 200–220 Papiermühlen in Deutschland), Brillenmacher für Buchleser (Schwerpunkte Nürnberg, Fürth, Regensburg, Augsburg).

E. Maschke u. J. Sydow, Gesellschaftl. Unterschichten in den südwestdt. Städten (1967). M. Meyer, Gesch. der preuß. Handwerkerpolitik (2 Bde. 1884/88). H. Kraft, Die Entwicklung d. Zunftwesens u. die geistesgesch. Grundlagen d. Gewerbefreiheit, Zs. f. d. ges. Staatswiss. 106 (1950). A. Proesler, Das gesamtdt. Handwerk im Spiegel d. Reichsgesetzgebung 1530–1806 (1954). K.-H. Manegold u. W. Treue (Hg.), Documenta Technica (seit 1969).

[1] G. Jahn, Zur Gewerbepol. d. dt. Landesfürsten v. 16. bis z. 18. Jh. (1909). E. Wege, Die Zünfte als Träger wirtschaftl. Kollektivmaßnahmen (1930) mit Lit.verz. A. Hermandung, Das Zunftwesen d. Stadt Aachen bis z. Jahre 1681 (1907).

[2] J. Strieder, Zur Genesis d. mod. Kapitalismus (²1935). W. Treue u. a., Das Hausbuch d. Mendelschen Zwölfbrüderstiftung (s. Kap. 1, Anm. 16). H. Kellenbenz, Nürnberger Handel um 1540, Mitteil. d. Ver. f. Gesch. d. Stadt Nürnberg 50 (1960). E. Naujoks, Obrigkeitsgedanke, Zunftverfassung u. Reformation (1958).

[3] G. Schmoller, Die Straßburger Tucher- u. Weberzunft (1879).

[4] J. Landau, Die Arbeiterfrage in Dtld. im 17. u. 18. Jh. u. ihre Behandlung in der dt. Kameralwissenschaft (Diss. Zürich 1915).

[5] P. Dalmer, Das Innungswesen d. Stadt Zerbst bis z. Ausgang d. 18. Jh. (Diss. Halle 1910). R. Berléung, Entwicklungsgesch. d. Arbeitsvertrags (Diss. München 1906). B. Kuske, Wirtschaftsentwicklung Westfalens in Leistung u. Verflechtung mit den Nachbarländern bis z. 18. Jh. (1943).

[6] J. F. Hummel, Das Textilgewerbe d. Stadt Würzburg bis z. Ausgang d. 17. Jh. (Diss. Freiburg 1913).

[7] H. v. Weber, Die Entwicklung d. Zuchthauswesens in Dtld. im 17. u. 18. Jh., in: Festschr. A. Zycha (1941).

[8] Th. Olesch, Städt. Wirtschaftspolitik u. Fernhandel vom Anfang d. 13. bis z. Mitte d. 16. Jh. (1948). H. Heimpel, Das dt. 15. Jh. in Krise u. Beharrung, Vorträge u. Forschungen 9 (1965). R. Sprandel, Die Ausbreitung d. dt. Handwerks im mittelalt. Frankreich, VSWG 51 (1964). Ders., Die Handwerker in den nordwestdt. Städten des SpätMA, Hans. GBll. 86 (1968).

[9] Vgl. Treue u. a. (wie Anm. 2), bes. Beitrag von F. Klemm. W. Schultheiss, Nürnbergs Stellung in der dt. Technik, Schöpferische Leistung 6 (1961). K. Pilz, Fernlieferungen nürnberg. Kunstwerke und kunsthandw. Erzeugnisse, Scripta Meroaturae 2 (1968). E. Tacke, Die Schaumburger Papiermühlen u. ihre Wasserzeichen (2 Bde. 1966).

Kapitel 6
Bergbau und Metallindustrie

Das Metallgewerbe zeigte bereits im Mittelalter wie das Textilgewerbe deutliche Ansätze eines heimarbeitsmäßig organisierten Großgewerbes. Es entwickelte sich im 15. bis 16. Jh. zu zentralisierten Großbetrieben. Die montanindustriellen Unternehmer ragten jedoch entwicklungsgeschichtlich weit über die Verleger hinaus. Auch ihre Arbeitnehmer zeigten Züge des modernen Fabrikarbeiters: Um die standortbestimmte Basis von Bergwerk-, Hütten- und z. T. Verarbeitungsbetrieb gruppierte sich eine zahlreiche Lohnarbeiterschaft mit starken, sozialproblemreichen Menschenballungen.

Bergbau, Hüttenindustrie, Erz- und Metallhandel bildeten seit Ende des 15. Jh. neben Land- und Textilwirtschaft den bedeutendsten Wirtschaftszweig, die größte »Gabe und Nutzbarkeit Gottes« an Deutschland (Karl V. 1525). Ihren Produktionswert schätzte man bei 100000 Arbeitnehmern auf jährlich zwei Millionen Gulden. Die jährliche deutsche Silberproduktion stieg 1493–1560 von 31500 auf 53200 kg, im übrigen Europa von 10000 auf 11500 kg, der Import aus Amerika im Jahresdurchschnitt von 149 kg 1521–1530 auf 2,7 Millionen kg 1591–1600[1].

Bis zur Entdeckung der Silbervorkommen von Zacatecas und Pachuca (1551) und Entwicklung des Amalgamierungsprozesses in Amerika (1557) übertraf die deutsche Silberproduktion die der gesamten übrigen Erde; verhältnismäßig noch stärker war die Kupfergewinnung bei enormen Preissteigerungen infolge starker Nachfrage (Geschütz-Bronzeguß), inflationistischer Preisrevolution, Kartell- und Monopolpreisbildung[2] (ähnliche Entwicklung bei sächsischem und böhmischem Zinn, Quecksilber von Idria und Almaden u. a. für Mexiko). Die Blüte einzelner Landschaften, Fürstentümer, Städte, Personenkreise beruhte ganz auf dem Bergbau (Tiroler Silber- und Kupferbergbau; Silber, Kupfer, Zinn, Blei, Eisen in Sachsen[3] und im Harzgebiet, wo die »zweite Blüte« 1461 begann, aber nur bis 1525 reichte, weil die Auseinandersetzung Herzog–Goslar seit 1526 die Förderung behinderte, zeitweilig sogar zum Erliegen brachte[4]; Eisenstein von Leoben in der Steiermark; blühende Eisenindustrie der Grafschaft Mark[5] im 16., Stagnation und Rückschritt im 17. Jh.). Auf bergbaulichem Reichtum beruhte vielfach politische Fürstenmacht (Sachsen,

Österreich, Habsburg mit Hilfe des Tiroler Silberstromes und der Erzausbeute von Böhmen, Ungarn usw. zur Finanzierung der Söldner und der Diplomatie); sie erhob sie zuweilen verhältnismäßig weit über die Größe ihres Territoriums (Grafen von Mansfeld, Grafen Schlick, Herzöge von Münsterberg). Die Entdeckung der Reichtümer des Erzgebirges – Silberbergbau in Schneeberg um 1470, Annaberg seit 1492 – löste in allen deutschen Gebirgen ein Schürffieber aus. Im Bereich des Bergbaues erfolgten viele Bergstadtgründungen (Buchholz 1501, Joachimsthal 1516, 1525 bereits »weltberühmt«, Marienberg 1521, seit 1580 wie andere Bergstädte unter Kapitalmangel leidend, Scheibenberg 1522, Wiesenthal 1525 sowie weitere sächs.-böhm. Orte, als einer der letzten 1534 Platten), hob sich der Handel mit Bergbauprodukten, immer stärker auch mit Lebensmitteln und Textilien bei vielen großen Nürnberger, Augsburger und Leipziger Handelsgesellschaften. Seit etwa 1570 aber gab es kaum noch neue Erzfunde oder nur so tief, daß Wasserhaltungs- und Förderkosten zu hoch stiegen. Die Unternehmergeneration von 1540 starb aus, das Kapital zog sich aus Bergbau, Verlag und Kuxgeschäft zurück, als Gewinne ausblieben und Zubußen nötig wurden, während Religionskriege, Fehlinvestitionen großer Bankhäuser, Staatsbankerotte in Frankreich und Spanien das Kapital in Deutschland sehr verknappten und der Silberwert sank, Seuchen (Pest), Hungersnöte, Überschwemmungen die Bevölkerung schwächten. Am Ende des 16. Jh. war die Lage des Bergbaues trostlos, die Moral der Bergleute gesunken, ihr Verhältnis zur Bürgerschaft sehr gespannt. »Am Vorabend des Dreißigjährigen Krieges glich das Marienberger Revier einem Trümmerfeld« (Bogsch).

Deutsche Unternehmer, Kapitalien, Bergleute spielten entscheidende Rollen im Quecksilber- und Silberbergbau Spaniens (Fugger) und Mittelamerikas (Welser); der deutsche Anteil an der Beteiligung europäischen Kapitals an ibero-amerikanischen Montanunternehmungen war nicht gering, am stärksten wohl in Mexiko; auch hier führten die Fugger. H. Tetzel aus Nürnberg hatte 1545 bis 1571 auf Kuba eine international finanzierte Kupferhütte; süddeutsche Großhändler und Aachener Arbeiter waren bei der Eisen- und Messingindustrie Schwedens[6] als Gewerke, Abnehmer und Vorarbeiter bedeutungsvoll; an Englands elisabethanischer »Industrie«-Revolution[7] waren Kapital, Unternehmungslust, Technik und Menschen aus Süddeutschland beteiligt (1564 deutsch-englische Gesellschaftsgründung für das Seengebiet; die Höchstetter im Bronzegeschäft, Bergleute aus Tirol). Der Bergbau im Ural hat z. T. deutsche Wurzeln.

Die *Entwicklung der Technik*[8], insbesondere der Antriebs- und Arbeitsmaschinen, aber auch die der technischen Literatur für die Praxis läßt sich in jener Zeit am deutlichsten in Erzbergbau (Kohle wurde noch kaum gefördert) und Hüttenwesen erkennen. Das durch die Hitze des »Feuersetzens« gelockerte Gestein wurde von den Knappen mit »Schlägel und Eisen« (Berufs-Wahrzeichen) abgebaut, das Erz in Körben über Handhaspeln zutage gefördert. Einfache Leitergänge (»Fahrten«) führten von Sohle zu Sohle. Nur langsam kamen Antriebsmaschinen für Förderung und Pumpen (»Wasserhaltung« beim Vordringen in größere Tiefen) in Gebrauch (seit 1495 etwa Pferdegöpel, Wasserkraft). Der Verhüttungsprozeß wurde für Kupfer dargestellt im mittelalterlichen Hausbuch um 1480, generell beschrieben von Rülein von Kalbe (Calw) um 1500 und Lazarus Ercker im großen Probierbuch (1574), der »ersten gründlichen, weitgehend vollständigen und klaren Darstellung der Probierkunde auf wissenschaftlicher Basis«, einer »auf Jahrhunderte gültigen Arbeitsanweisung, der nichts Gleichwertiges oder gar Besseres zur Seite gestellt werden konnte« (Lange). Barthel Köhler, ein Pionier der Silberverhüttung, führte 1588 in Freiberg den Halbhochofen ein.

Die Lehrbücher des Bergbaues reichen von Rülein von Kalbes ›Nützlichem Bergbüchlein‹ (zunächst 1503 Leipzig, dann 1505 Augsburg), das den Übergang von den kriegstechnischen mittelalterlichen Handschriften zur humanistischen Auffassung und realistischen metallurgischen und gießtechnischen Darstellung bildete und erstmals einen Bergkompaß zeigte, über ›Probirbüchlein‹ (seit 1518), V. Biringuccios ›Pirotechnia‹ (1540), das erste größere technische Lehrbuch mit auf praktischer Kenntnis beruhender Beschreibung von Verfahren und technischen Hilfsmitteln, die Biringuccio u. a. 1507 und 1526–1529 in deutschen Bergwerksbetrieben, z. B. in Schwaz, kennengelernt hatte, zu Georg Agricola (1494–1555)[9]. Dieser schrieb, nach langem Italienaufenthalt seit 1527 in Joachimsthal als Arzt tätig und die Heilkräfte der Mineralien, Geologie, schließlich Bergbautechnik studierend, zunächst ›Bermannus sive de re metallica dialogus‹ (lat. Basel 1530) sowie weitere mineralogisch-geologische Werke, dann in Chemnitz ›De re metallica libri XII‹ posthum lat. Basel 1556, dt. ›Vom Bergwerk‹ (1557), ein Werk, das den Verfasser unsterblich machte und bis tief in das 18. Jh. vorbildlich blieb. Es enthielt zahlreiche Beschreibungen von Antriebs- und Arbeitsmaschinen, Pumpen, Paternostern, Wasserhaltungs- und Bewässerungsanlagen, »Kehrrädern«, Pochwerken, Schmelzöfen, Herden, Probierverfahren, Werkzeugen, Maschinen und Maschinenteilen, Grubenwagen auf Gleisen (die bereits vor 1535 bekannt waren). Aus der gleichen Zeit stammt das (in acht handschriftlichen Exemplaren erhalten gebliebene) Schwazer Handbuch, das die dortigen rechtlichen, sozialen, wirtschaftlichen und technischen Verhältnisse schildert.

Studien über Arbeit und Arbeitsgerät im Erzbergbau des 16. Jh. liegen bisher kaum vor, technikgeschichtlich wertvolle Illustrationen der Bergmannsarbeit erst seit Agricolas Zeit (125 in dessen Hauptwerk, etwa 375 weitere in anderen Büchern).

Sehr stark war deutsches Kapital im böhmischen, polnischen, ungarischen Bergbau und Erzhandel vertreten; in Ungarn führten zunächst hansische, später süddeutsche Kaufleute. Als die Fugger dort wegen schwieriger Konkurrenz- und Gesellschaftsverhältnisse und häufiger Streiks 1546 den Pachtvertrag mit dem Kaiser kündigten, ging die Führung an andere Augsburger Firmen über. Von Sachsen, Tirol, Mansfeld griff gegen Ende des 15. Jh. der Aufschwung auf das Karpatengebiet über. Von Nürnberg, Regensburg, Ulm, Passau aus erschlossen kapitalkräftige, erfahrene Handelsherren die naheliegenden Bergreviere in der Oberpfalz und im markgräflich-bambergischen Gebiet z. T. mit dem Geld von Landesherren, Adel und Bürgern markgräflicher Städte.

Levante- und Indienhandel wurden vielfach auf europäischer Seite mit deutschem Kupfer und Silber betrieben; der deutsche Messingwarenexport reichte über Lissabon bis nach Portugiesisch-Westafrika (Randgebiete des Golfs von Guinea, Versorgung von Benin mit Kupfer- und Messingwaren; seit Mitte des 16. Jh. überragende Mittlerstellung der Fugger mit Messingwaren aus Kärnten, Ungarn, Tirol, Thüringen; vermutlich Übertragung der Bronze- und Messinggießkunst aus Deutschland nach Benin).

Jakob Fugger gilt als bedeutendster deutscher Montanindustrieller und Erzhändler. Sein Aufstieg begann, als das Geldbedürfnis der Habsburger (Anleihen) die Entwicklung zum Erzgroßhandel und weiter zum Eigenerwerb von Bergwerksanteilen (Kuxen) und Hüttenwerken erleichterte oder unvermeidlich machte, obwohl süddeutsche Kaufleute im allgemeinen den weniger gefährlichen Handel bevorzugten, bei dem der Kaufmann allerdings gleichfalls häufig Kapitalgeber sein mußte (Vorschüsse, finanzielle Beteiligung an der Erzverhüttung). Aus Geldbedürfnis machten territorialfürstliche Regalherren die Anleihegewährung zur Voraussetzung für Erzgroßhandelsprivilegien. Bei den dabei auftretenden Monopolbestrebungen brachen die Höchstetter zusammen, während bei J. Fugger das übrige Warengeschäft immer mehr hinter Erwerb und Vertrieb von Bergbauerzeugnissen und Besitz oder Pacht von Bergwerken zurücktrat (Tirol, Ungarn als Grundlagen des Fuggerreichtums; Thurzo-Gesellschaft). Seine Darlehnsgeschäfte griffen vom Herzog von Tirol auf Maximilian I. und Karl V. über; der Kupferhandel der Gesellschaft lief über Oderberg, Breslau nach Stettin oder über Krakau nach Danzig, von beiden Häfen nach Antwerpen oder auf dem Landwege nach Triest und Venedig. Jahrzehntelang beherrschte J. Fugger händlerisch die ungarische Kupfer- und Silberproduktion fast völlig, die Tiroler zeitweise größtenteils; er kontrollierte die Preise, zielte vorübergehend auf ein Kupfer-Welthandelsmonopol, scheiterte jedoch an Tiroler Gewerken und an Maximilians Widerstand. Karl V. rettete 1525 den für ihn wichtigen Erzgroßhandel durch das Edikt von Toledo, das diesen Handelszweig für nicht monopolistisch im Sinne der Reichstags-Verbote erklärte; das kam zwar Fugger zugute, konnte aber den Zusammenbruch des ungarischen Geschäfts in Fuggers Todesjahr durch magyarischen, meist auf den Kleinadel beschränkten neidgefärbten Nationalismus und soziale Bewegungen in Verbindung mit dem Bauernkrieg nicht verhindern. Neben den bürgerlichen gab es zahlreiche fürstliche Berg- und Hüttenunternehmer (nicht nur Bergherren): Grafen von Mansfeld, von Henneberg, von Stolberg, Julius von Braunschweig, Kurfürsten von Sachsen, Jakob von Kurland[10].

Grundlage des modernen deutschen *Bergrechtes*[11] war das Iglau-Freiberger Bergrecht durch die Vermittlung der sächsischen Landesbergordnungen des 15.–16. Jh. Vorbildlich wurden sächsische Bergordnungen, als erste die Schneeberger zwischen 1477 und 1500, dann die von Annaberg 1503 und 1509, Joachimsthal 1518, weiter entwickelt nach dem Aufstand von 1525, 1541, 1548; beide für den späteren bergrechtlichen Zustand Deutschlands von größter Bedeutung, für den Harz z. B. bis ins 19. Jh. Die wichtige Kursächsische Bergordnung von 1554 ist eine Überarbeitung der Annaberger von 1509; andere sächsische, thüringische und zahlreiche schlesische Bergordnungen stützen sich auf die von Joachimsthal; Harzgebiet und Westdeutschland (Jülich-Kleve-Berg, Mark, Ravensberg 1542, Nassau-Katzenellenbogen 1559, Oberpfalz 1548, Kurtrier 1564, Hessen 1616, Bayreuth 1619) übernahmen die Kursächsische Bergordnung von 1554. »Die Annaberger-Joachimsthaler Berggesetzgebung bildet ... einen Markstein in der deutschen Bergrechtsgeschichte, indem sie den Übergang von der alten Iglau-Freiberger zur modernen Berggesetzgebung vermittelte« (Westhoff). Im süddeutsch-österreichischen Bergrecht spielt der Schladminger Bergbrief von 1517 eine ähnliche Rolle. In Württemberg zeigt sich zunächst Tiroler, später sächsischer Einfluß. In Schweden (Södermanland) wurde 1572 die Bergordnung von Pfalz-Zweibrücken von 1514 und mit ihr die politische Struktur dieses Territoriums vorbildlich im Sinne territorialstaatlicher Unabhängigkeit[12].

Die am Anfang des Bergbaus stehenden »Fundgrübner« blieben meist unbedeutend für die Entstehung des Frühkapitalismus; zur Überwindung flauer Perioden und Erzielung bedeutender Gewinne waren größere Kapitalinvestitionen Voraussetzung. Dabei war der Bergbau ein bevorzugtes Feld des Verlagswesens, mit dessen Hilfe (oder durch Übernahme kostspieliger technischer Anlagen und Neuerungen) reiche kapitalistische Kaufleute in die Montanindustrie eindrangen[13]. »Als der Bergbau im Heiligen Römischen Reiche deutscher Nation und in den von den deutschen Kaufleuten wirtschaftlich beherrschten Ländern im 15. Jh. seinen großen Aufschwung nahm, war überall die Unternehmungsform der kapitalistischen Gewerkschaft mit dem Kux als Inhaberpapier und mit einer starken Spekulationsbewegung schon völlig ausgebildet und durchaus die vorherrschende Wirtschaftsform im Bergbau« (Strieder). Zugleich entstand das Lohnarbeitertum[14], eine soziale Schicht besitzloser, vom Tagelohn lebender Menschen. Zu Tausenden in Bergwerksgebieten (namentlich Tirol) zusammengeballt, Konjunkturschwankungen ausgeliefert, von ausländischen Werbern und heimischen Auswanderungsverboten hin- und hergezogen, führten sie trotz verhältnismäßig hoher sozialer Stellung und Entlohnung eine nomadenhafte Existenz, von Wohnungsnot bedrängt, doch sonst vielfach privilegiert, von Militärdienst und Steuern häufig befreit, zur Auswanderung bis Südamerika und Westindien geneigt.

Zunächst zur Versorgung mit Nahrung und Kleidung wurde ein »Trucksystem« eingeführt, das schließlich gegen die Arbeiter zur Unternehmer-Bereicherung ausartete. Die Knappschaften, ihrer Form nach deutschrechtliche Genossenschaften, wurzelten, wie Handwerks-Gesellschaften, im religiösen Gedanken der Fürsorge für Arbeitsgenossen. Ihre Macht stand am höchsten, wo der Bergbau blühte (Knappschaftsälteste und Bergmeister mit den Geschworenen im Stadtrat). Sie versuchten, der beginnenden Trennung von Arbeitgeber und -nehmer entgegenzuwirken und den gesamten Bergmannsstand in *einer* Organisation zu vereinigen. In Joachimsthal entstand eine »hausansässige Bergarbeiterklasse, die voran in Arbeit zu erhalten oder in Arbeit zu bringen, wenigstens Bestrebungen sich geltend machten« (Zycha). Die Verwendung des »Büchsenpfennigs« der Knappschaften zur Unterstützung Kranker und Gebrechlicher war ein säkularisierender Vorläufer der Knappschaftsversicherung im 19. Jh., die ihrerseits Bismarcks Sozialversicherungsvorstellungen beeinflußt hat. Im Harz wurde geplant, Zeiten schlechten Bleiabsatzes und drohenden Arbeiterentlassungen durch Pflasterung Wolfenbüttels mit Blei zu überstehen (Johannsen). Streiks richteten sich in Böhmen, Tirol, Ungarn gegen Truck, überlange Arbeitszeit, schlechte Arbeitsbedingungen. Bei Aufständen in Tirol kam es zu gemeinsamem Vorgehen häufig interlokal verbundener Knappen mit Bürgern und Bauern, die mancherorts (Dillenburg) Frondienste für fürstliche Bergwerks- und Hüttenanlagen zu leisten hatten. Auf der Gegenseite gab es Antistreikverbände und schwarze Listen der Unternehmer. Bergmannsaufstände wie der vielleicht von Müntzers Erfolgen ausgelöste 1525 in Joachimsthal hatten zwar Verbindungen zum Bauernkrieg (dessen 12 Artikeln entsprechende 17 Artikel), außerdem aber auch eigene soziale und wirtschaftliche Ursachen. Sie erreichten im Gegensatz zu den Bauernunruhen gewisse regionale Verbesserungen, jedoch natürlich keine grundsätzlichen Änderungen des politischen und sozialökonomischen Gefüges und mußten die Zerschlagung der selbständigen Organisation der Bergleute hinnehmen[15].

Groß war die religiöse Lebendigkeit der jungen Bergbaubevölkerung; Bergleute wurden häufig Bahnbrecher des Luthertums, das sie auf ihren Wanderungen auch verbreiteten; der kulturelle Aufschwung der Bergstädte entsprach dem wirtschaftlichen; in kurzer Zeit entwickelte sich eine bergmännische Standeskultur, die sich bis ins 20. Jh. behauptete. Im

Zusammenhang mit der technischen Entwicklung des Bergbaues u. a. kam es zur Ausformung erster patentrechtlicher Grundsätze[16]. Zugleich wurden die von Unternehmern und Vorarbeitern importierten technischen Fortschritte »zur bewegenden Kraft der deutschen Ostsiedlung« (Eisenhämmer, Glashütten bis nach Lemberg und Skandinavien, Bergbau bis in den Moskauer Staat).[17]

J. STRIEDER, Studien zur Gesch. kapitalistischer Organisationsformen (1925). Ders., Die dt. Montan- u. Metallindustrie im ZA d. Fugger (1931). L. SCHEUERMANN, Die Fugger als Montanindustrielle in Tirol u. Kärnten (1929). W. MOELLENBERG, Die Eroberung des Weltmarktes durch das mansfeld. Kupfer (1911). Kupfer in Natur, Technik, Kunst u. Wirtschaft, hg. v. Nordd. Affinerie (1966). O. JOHANNSEN, Gesch. d. Eisens (²1953). K.-H. MANEGOLD u. W. TREUE (Hg.), Documenta Technica (seit 1969).

[1] W. HOWE, The Mining Guild of New Spain and its Tribunal General (1949). R. TREVOR DAVIES, The Golden Century of Spain 1501–1621 (²1954). E. J. HAMILTON, American Treasure and the Price Revolution in Spain 1501–1640 (1934).

[2] G. v. PROBSZT, Der Neusohler »Kupferkauf«, VSWG 40 (1953).

[3] R. FORBERGER, Probleme d. sächs. Industrie- u. Hüttengesch., Bll. f. dt. Landesgesch. 101 (1965). R. DIETRICH, Untersuch. zum Frühkapitalismus im mitteldt. Erzbergbau u. Metallhandel, Jb. f. d. Gesch. Mittel- u. Ostdtlds. 7–10 (1958/61). E. EGG, Das Wirtschaftswunder im silbernen Schwaz (1958). H. KRAMM, Sozialgeschichtl. Zusammenhänge in d. städt. Besiedlung des Westerzgebirges im 16. Jh., in: Festgabe H. Aubin (1950). W. KUHN, Gesch. d. dt. Ostsiedlung in d. Neuzeit (1955).

[4] E. TREPTOW, Der Bergbau d. Oberharzes, Beitr. z. Gesch. d. Technik u. Industrie 18 (1928). L. KEIM, Die oberste Bergverwaltung Kursachsens im 16. Jh., in: Festschrift H. Kretzschmar (1953). W. NEHM, Die rechtl. Stellung des Markscheiders auf dem Oberharz während d. 16. Jh., Mitteil. aus d. Markscheidewesen 45 (1934). Ders., Die Entwicklung d. Markscheidewesens auf dem Harz bis z. 30j. Kriege (1934). 1000 Jahre Rammelsberg 968–1968 (1968). W. BORNHARDT, Gesch. d. Rammelsberger Bergbaues (1931).

[5] A. MEISTER, Die Anfänge d. Eisenindustrie in d. Gfsch. Mark, Beitr. z. Gesch. Dortmunds ... (1909). E. MATTHES, Die Anfänge d. Bergstadt Platten, Bohemia 1 (1960). W. BOGSCH, Der Marienberger Bergbau seit d. 2. H. d. 16. Jh. (1966).

[6] TH. G. WERNER, Europ. Kapital in ibero-amerikan. Montanunternehmungen d. 16. Jh., VSWG 48 (1961). Ders., Das Kupferhüttenwerk d. Hans Tetzel aus Nürnberg auf Kuba, ebd. O. JOHANNSEN, Die Gesch. des schwed. Stahls, Beitr. z. Gesch. d. Technik u. Industrie 22 (1933). A. PALMQUIST, Die Auswanderung Aachener Arbeiter u. Unternehmer nach Schweden, Zs. d. Aach. Gesch.V. 66/67 (1954/55). B. KNOCHENHAUER, Die Wanderungen der dt. Bergleute, Zs. f. Berg-, Hütten- u. Salinenwesen 76 (1928). H. POHL, Bergstadt Platten, Bohemia 6 (1965).

[7] J. U. NEF, The Progress of Technology and the Growth of Large-scale Industry in Great Britain 1540–1640, Econ. Hist. Rev. 5 (1934/35). Ders., Prices and Industrial Capitalism in France and England 1530–1640, ebd. 7 (1936/37). A. L. ROWSE, The England of Elizabeth, the Structure of Society (1951). F. HASSLER, Augsburger Kaufleute u. Tiroler Bergarbeiter im 16. Jh. in England, Beitr. z. Gesch. d. Technik u. Industrie 17 (1927). Ders., Dt. Bergleute d. 16. Jh. im Auslande, Forsch. u. Fortschr. 14 (1938). G. v. PROBSZT, Das

dt. Element im Personal d. niederungar. Bergstädte (1958). E. F. ARMSTRONG, An Elizabethan Colony of Craftsmen (Nature 30. 8. 1930).

[8] H. SCHIMANK, Technikgesch. als Forschungsaufgabe u. als Bildungsmittel, Jb. d. Schiffbautechn. Gesellsch. 58 (1964). F. KLEMM, Technik, eine Gesch. ihrer Probleme (1954; auch Herder-Bücherei 106, 1961). L. BECK, Gesch. des Eisens (5 Bde. 1884–1903; Bd. 1 [2]1891). C. GRAF v. KLINCKOWSTROEM, Knaurs Gesch. der Technik (1959). Ders., Die Technik der Renaissancezeit, in: Die Technik d. Neuzeit 1 (1941). F. KIRNBAUER, Die Gesch. des Bergbaues, ebd. 2. Ders., Die Gesch. d. Metallhüttenwesens, ebd. W. SCHUSTER, Gesch. d. Eisenhüttenwesens, ebd. A. WISSNER, Entwicklung der Metallbearbeitung vom Beginn d. 16. Jh. bis z. 30jähr. Krieg, ebd. F. KLEMM, Die Technik der ital. Renaissance, VDI-Berichte 71 A (1963). Ders., Die Rolle d. Technik in der ital. Renaissance, Technikgesch. 32 (1965). W. PIEPER, Ulrich Rülein von Calw u. sein Bergbüchlein (1955). P. R. BEIERLEIN u. A. LANGE (Hg.), Lazarus Ercker, Beschreibung d. allervornehmsten mineral. Erze u. Bergwerkskarten vom Jahre 1580 (1960). H. WILSDORF, Arbeit u. Arbeitsgerät im sächs. Erzbergbau d. 16. Jh., Dt. Jb. f. Volkskunde 5 (1959). E. PLICKOVA, Der Klopfturm, ein Beitrag z. bergmänn. Arbeitsbrauchtum, ebd. W. VOGEL, Die Bergbauallegorie d. Johannes Mathesius, ebd.

[9] C. SCHIFFNER (Übers. u. Hg.), Georg Agricola. Zwölf Bücher vom Berg- und Hüttenwesen ([3]1961). H. WILSDORF, Präludien zu Agricola (Freiberger Forschungshefte, Kultur u. Technik D 5, 1954). E. DARMSTÄDTER, Georg Agricola, Leben u. Werk (1926). Georgius Agricola, Dt. Akademie d. Wiss. zu Berlin (1955) mit grundleg. histor. Beiträgen über seine Bedeutung für Mineralogie, Erzaufbereitung, Markscheidewesen, Wasserhaltung, Hütten, Bergrecht in Dtld., Ungarn, Polen, Italien, England. Schwazer Bergbuch, hg. v. H. WINKELMANN (1956). Ders., Ein 8. Exemplar d. Schwazer Bergbuchs, Der Anschnitt 13 (1961). F. KIRNBAUER, 400 Jahre Schwazer Bergbuch (1956). E. DARMSTÄDTER, Berg-, Probier- u. Kunstbüchlein (1926). B. FARRINGTON, Francis Bacon, Philosopher of Industrial Science (1951).

[10] W. G. NEUKAM, Ein Gewerkenbuch von Goldkrona aus d. Jahren 1481 bis 1483, Mitteilg. d. Ver. f. d. Gesch. d. Stadt Nürnberg 44 (1953). F. M. RESS, Gesch. u. wirtschaftl. Bedeutung d. Oberpfälz. Eisenindustrie von d. Anfängen bis z. 30jähr. Krieg (Verhandl. d. Hist. Ver. v. Oberpfalz u. Regensburg 91, 1950). F. REDLICH, Der dt. fürstl. Unternehmer, eine typische Erscheinung d. 16. Jh., Tradition 3 (1958). R. DIETRICH (vgl. Anm. 3). M. THIER, Gesch. d. Schwäb. Hüttenwerke 1365–1802 (1965).

[11] F. R. HOFFMANN, Über die sächs. Berggerichtsbarkeit vom 15. Jh. bis zu ihrem Ende (1935). W. WESTHOFF u. W. SCHLÜTER, Gesch. d. dt. Bergrechts, Zs. f. Bergrecht 50 (1909). A. ZYCHA, Sammelberichte zur neuesten Lit. üb. Wirtschafts- u. Rechtsgesch. des dt. Bergbaues, VSWG 33/34 (1940/41). W. WEIZSÄCKER, Sächs. Bergrecht in Böhmen (1929). L. KAISER, Die oberste Bergverwaltung Kursachsens im 16. Jh., in: Forsch. aus mitteldt. Archiven (Festschr. f. H. Kretzschmar, 1953). G. SCHREIBER, Das Bergwerk in Recht, Liturgie, Sakralkultur, ZRG 70 KA 39 (1953). H. LÖSCHER, Gründung u. Ausstattung von Kirchen, Pfarren, Schulen u. Hospitälern im Verlaufe d. bergmänn. Besiedlung d. Erzgebirges, ZRG 69 KA 38 (1952).

[12] ST. LINDROTH, Hertig Karl och Silverbergsordningen 1572, Hist. Tidskr. 68 NF 11 (1948).

[13] A. ZYCHA, Über d. Anfänge d. kapitalist. Ständebildung in Dtld., VSWG 31 (1938).

[14] A. SALZ, Kulturtendenzen in d. Frühzeit d. Industriekapitalismus, Arch. f. Soz.-Wiss. u. Soz.-Pol. 33 (1911).

[15] H. LÖSCHER, Die erzgebirg. Knappschaften vor u. nach der Reformation, Bll. f. dt. Landesgesch. 92 (1956). Ders.,

Kerzenheller, Wochen- oder Büchsenpfennig der erzgebirg. Knappschaften, ZRG 73 KA 42 (1956). H. SCHUBERT, Gesch. d. Nassauischen Eisenindustrie (1937). S. SIEBER, Der Joachimsthaler Aufstand 1525 in s. Beziehungen zu Sachsen, Bohemia 4 (1963). In sozialist. Auffassung I. MITTENZWEI, Der Joachimsthaler Aufstand 1525 (1968). K. SCHWARZ, Untersuch. zur Gesch. d. dt. Bergleute im späteren MA (1958).

16 R. MELDAU u. K. WALDMANN, Dt. Erfinderfreiheiten an d. Schwelle d. Neuzeit u. ihre Wanderungen (Das Recht des schöpferischen Menschen, Festschr. d. Akad. f. dt. Recht, 1936). R. MELDAU, Dt. Erfinderfreiheiten an d. Schwelle d. Neuzeit, ebd. Ders., Hauptwurzeln des dt. Patentrechts, Technikgesch. 26 (1937). H. POHLMANN, Neue Materialien zur Frühentwicklung des dt. Erfinderschutzes im 16. Jh., Gewerbl. Rechtsschutz u. Urheberrecht 62 (1960). H. MÜLLER, Patentschutz im dt. MA, ebd. 44 (1939). F. HOFFMANN, Kursächs. Erfinderpatente, Zs. f. Industrierecht 8 (1913).

17 W. KUHN, Das SpätMA als techn. ZA, Ostdt. Wissenschaft, Jb. d. ostdt. Kulturrates 1 (1954).

Kapitel 7
Die Entwicklung der Technik im 16. Jahrhundert

Technische Entwicklungen, Neuerungen und Erfindungen im engeren Bereich von Landwirtschaft, Handwerk, Bergbau und Hüttenwesen (s. Kap. 4–6) sowie im Schiffbau (s. Kap. 1) lagen im Zuge einer allgemeinen Belebung des technischen Denkens und Handelns gegenüber früheren Zeiten. Dieser Prozeß stand im Zusammenhang mit Humanismus und Renaissance, mit Erinnerungen an die antike Technik (z. B. L. B. Alberti und Vitruv), mit dem Aufgreifen der Ergebnisse islamischer Technik und der arabischen Zahlen, mit der zunehmenden Bedeutung der militärischen Technik, in der auch viele italienische Künstler und Techniker wie Leonardo da Vinci tätig waren (Festungsbau, Feuerwaffen, Salpeter; deutsches Feuerwerksbuch von ca. 1420, gedruckt 1529). Dazu kam der Schiff- und Hafenbau – das Arsenal zu Venedig, schon von Dante im Inferno XXI, 7 ff. geschildert, war mit zeitweise 2000 Arbeitern die größte gewerbliche Anlage des 16. Jh. –, weiter die Erfindung der Buchdruckerkunst und die hohe Schätzung der praktischen Arbeit in den spätmittelalterlichen Städten, die Entstehung eines sowohl wissenschaftlich wie gewerblich-technisch interessierten Bürgertums, endlich auch konfessioneller Ansporn. Wenn man auch die Zusammenhänge zwischen Naturwissenschaft und Reformation kaum so eindeutig wird festlegen können wie es R. Hooykaas versucht (›Science and Reformation‹, zugleich Kritik und Wiederaufgreifen der Thesen

Max Webers), so wurde doch auf Erkenntnis gerichtetes naturwissenschaftliches und technisches Denken und auf den irdischen Fortschritt gerichtetes Handeln durch die Reformation entschieden angeregt oder ausgelöst und begünstigt[1]. Auch begannen die »pröbelnden« Mechaniker und Maschinenbauer, sich der Algebra und Geometrie zu bedienen (Meßinstrumente, Proportionalzirkel, 1495 von Leonardo da Vinci skizziert, von W. Jamnitzer 1560 gezeichnet); Regiomontan siedelte sich 1471 in Nürnberg an, weil die dort gebauten Instrumente die besten waren (wissenschaftliche Betrachtung von Erde und Himmel unter Vergleich mit der Heiligen Schrift; Kopernikus, Galilei). Auch zur Medizin (Paracelsus) bestand eine Beziehung.

Diesen Bereich der Technik- (und Naturwissenschafts-)geschichte, der noch durch viele Detailarbeiten erkannt und aufgeschlossen werden muß (spezielle Technikgeschichte), hat der Historiker in die Staaten-, Wirtschafts- und Sozialgeschichte zu integrieren (allgemeine Technikgeschichte), wenn er die historische Wirklichkeit erkennen will[2]. Bisher wurde auf diesem Gebiet nur wenig wissenschaftliche Arbeit geleistet.

Im 16. Jh. trennte sich der Maschinenbau von der Kriegstechnik (zuerst bei Biringuccio, 1540). J. Besson, Leonardos Nachfolger als Ingenieur des Königs von Frankreich, bietet in seinem ›Théâtre des instruments‹ (1578, dt. 1595) eine Fülle von meist in der Praxis verwendeten oder verwendbaren maschinellen Einrichtungen für viele Gewerbe. Das umfangreichste Kupfertafelwerk der Zeit, ›Le diverse e artificiose machine‹ des Kriegsingenieurs bei Heinrich III. von Frankreich, A. Ramelli (1588 Paris, dt. 1620) enthielt auf hohem Niveau mehr »mathematische Demonstrationen« für Liebhaber der Mechanik als ausführ- und brauchbare Konstruktionen. Das dritte große Maschinenbuch der Zeit stammte von Jacopo de Strada a Rossberg († 1588), einem Hofbaumeister und Antiquarius bei Maximilian II. und Rudolf II. in Wien und Prag (›Kunstlicher Abriß‹ ..., posthum 1617/82, entstanden um 1575). Für Deutschland sind neben dem Prager Hof Rudolfs II. in erster Linie Dürers mathematisch-technische Werke zu nennen, seine Verbindung nach Italien einerseits und die Schwierigkeiten, bei der Darstellung seiner Gedanken in der Nürnberger Kanzleisprache andererseits.

In der Zeit des Humanismus, in der das Recht des über Genossenschaften sich erhebenden Individuums stärker als früher beachtet wurde, entwickelte sich, zuerst in Venedig, ein regelrechtes *Patentsystem* zum Schutz der Erfinder von Maschinen: die Erfinderfreiheiten – zuerst in Kursachsen und im Reich –, die Neuheit, Ausführbarkeit und Nützlichkeit der Erfindung verlangen und die Interessen von Staat, Erfinder und Gesellschaft gemeinsam zu berücksichtigen versuchen[3].

Seit dem 12. Jh. erhielt der Begriff *ingenium* auch den Sinn von Kriegsgerät, insbesondere von Wurfgeschütz, erschienen engineors, ingegnerii, encignerii, ingeniarii, ingeniosi als Erbauer derartiger Kriegsmaschinen. Im 16. Jh. kam es in Italien allmählich zur Trennung der Zivil- von den Militäringenieuren: 1502 wurde Leonardo »Generalingenieur« von Cesare Borgia. Der »hoch und weit berühmte Ingenieur Gio Mormoni« wurde 1571 in einem Bericht über die Befestigung von Famagusta in deutscher Sprache genannt. Auf der Wende vom 16. zum 17. Jh. wurden an der Universität Leiden Zählkunst und Landmessen für diejenigen gelehrt, »die sich dem Ingenieurfach zuwenden wollen«; 1610 war die Rede von einem »niederländischen berühmten Ingenieur«[4]. Der Brabanter Ingenieur und Baumeister Willem de Raet (1537–1583) hatte in der Toskana große Ländereien trockengelegt und periodische Überschwemmungen zu beseitigen begonnen, sich auch verpflichtet, den Arno zwischen Florenz und dem Meer zu regulieren, um die toskanische Hauptstadt zu einem Seehafen zu machen; seit 1573 betrieb er im Auftrage des Herzogs Julius von Braunschweig die Regulierung von Harz-Flüssen durch den Julius-Stau sowie die Verbindung der Oder mit der Elbe nach Antwerpener Art und erweiterte die Verteidigungsanlagen von Braunschweig durch italienische und niederländische Elemente.

Unter den Metallen spielte im 16. Jh. das *Eisen*[5] die Hauptrolle. Deutschland war am Ausgang des Mittelalters das wichtigste Eisenland; es deckte seinen eigenen Bedarf und hatte insbesondere aus den eisenreichen österreichischen Alpenländern mit ihrem vorzüglichen Eisen und Stahl für Sensen und Waffen sowie aus den westdeutschen Eisengebieten, der Grafschaft Mark und dem Bergischen Land, eine bedeutende Ausfuhr nach fast allen Ländern Europas (Hanse). Am berühmtesten war das norische Eisen aus Steiermark (Erzberg bei Eisenerz), Kärnten und Krain. Zahlreiche Eisenordnungen und -kommissionen sowie Wald- und Kohlenordnungen bezeugen die wirtschaftliche und politische Bedeutung dieser Gebiete; erhebliche Störungen verursachten die Türken, in Kärnten die Ungarn. Wie in den meisten Bergbaugebieten, fand auch in Steiermark und Kärnten der Protestantismus schnell Eingang, was wiederum zu landesherrlichen Verboten, Abwanderung und Arbeitermangel führte. Die Besitzverhältnisse änderten sich im 16. Jh. meistens insofern, als die Bauern-Anteile an spekulierende Kaufleute übergingen, die aber auch investierten, technische Verbesserungen einführten (Hochofen statt Stückofen) und den Handel ausweiteten (Aufkommen der »Verleger« anstelle der »Bauerngewerke«). Die Feineisenerzeugung (Draht, Nägel usw.) wurde von italienischen Arbeitern aus Brescia, Lecco und Bergamo nach Kärnten verpflanzt (ital. Bezeichnungen). Den Krainer Eisenbergbau und -handel beherrschte Venedig. An der Blüte der Metallwirtschaft in Tirol (Silber, Kupfer) seit Anfang des 15. Jh. nahm in schnell steigendem Umfang auch das Eisen teil, wenngleich nicht so stark wie in Steiermark, Kärnten und Krain. Die Eisenverarbeitung war bedeutend in den österreichischen Stammlanden ob und unter der Enns (Steyr). Erschlossene Eisenerzvorkommen gab es in fast allen Gebieten – so in Böhmen und Mähren. Das Eisengewerbe Bayerns, besonders im Nordgau, war viel bedeutender als in späterer Zeit (Amberg, Sulzbach). »Während die bayerischen Herzöge die Eisengewinnung in ihren Landen mit Eifer und Umsicht unterstützten und in Schwung brachten, blühte in den Städten Nürnberg, Regensburg, Augsburg, München und Passau die Eisenschmiedekunst in einer Weise wie fast nirgendwo« (Beck). Der Bergbau im Schwarzwald übernahm im 16. Jh. Schmelzer, Hammerschmiede usw. aus Tirol sowie Öfen aus Kärnten.

Im nördlichen Deutschland war Nassau, insbesondere Nassau-Siegen und das Gebiet von Dillenburg das wichtigste Eisenland; hier bildete das Eisengewerbe die Grundlage des Wohlstandes. Aus dem Siegerland stammen die ältesten sicheren Nachrichten über den Betrieb von Hochöfen statt der alten »Rennfeuer«, doch entstanden bei der Versorgung mit Holzkohle und Wasser-Energie häufig Schwierigkeiten, so daß die Zahl der Hütten sei den 60er Jahren mehrfach eingeschränkt werden mußte. Bedeutend war die Eisenwirtschaft um Schmalkalden und Suhl (Stahl aus manganhaltigen Erzen, Waffen, Bleche). Durch spanische und italienische Truppen wurden in Deutschland die Musketen bekannt, die man seit 1530 in Suhl und Wasungen in großen Stückzahlen herstellte und über ganz Europa exportierte. Große Bedeutung hatten in der Eisenwirtschaft die Grafschaft Stolberg und die Herrschaft Blankenburg-Elbingerode, wo allerdings zur ausreichenden Wasserversorgung die Anlage von Hebevorrichtungen (»Künsten«) nötig war. Graf Wolfgang von Stolberg machte nach 1538 Ilsenburg zu einer bedeutenden Eisengewerbe-Stadt und legte 1544 die erste Messinghütte im Harz an, warb zur Messingverarbeitung Spezialisten aus Nürnberg, Aachen und Antwerpen an, überforderte aber damit seine finanziellen Möglichkeiten († 1552). Ähnlich, aber unter besonders starker Mitwirkung der Landesherren, hauptsächlich Julius' von Braunschweig-Lüneburg († 1589), war die Entwicklung im Oberharz (Rammelsberg bei Goslar, Metallgewerbe, begünstigt durch Waldreichtum), wo Joachimsthaler Bergleute anregend wirkten (Andreasberg, Wildemann, Zellerfeld, Gittelde, Grund z. B.). Herzog Julius war einer der ersten, der die Verwendbarkeit der Steinkohle erkannt hat und ständig nach dieser suchen ließ.

In Westdeutschland bildeten das Herzogtum Westfalen und die Grafschaft Mark die Hauptgebiete des Eisengewerbes. In der Grafschaft Mark hatten die Drahtherstellung und die Osemundschmieden (vom zähen schwedischen Osemund, einem wichtigen Handelsgut Lübecks und Danzigs), in Solingen die Erzeugung von Schwertern und Klingen (mit Hilfe von Wasserhämmern) und deren Handel über Köln und Dortmund große Bedeutung, während die Steinkohlenvorkommen noch bedeutungslos waren. In ganz Deutschland wegen ihres Eisenreichtums berühmt war die Eifel.

Das umfangreichste Eisengewerbe im östlichen Deutschland existierte in Sachsen (Erzgebirge, Meißen, Pirna) und Schlesien, wo seit dem Ende des 16. Jh. Wasserkraft und Steinkohle verwendet wurden. Der Raseneisenstein genügte lange Zeit zur Selbstversorgung der Mark Brandenburg mit Eisenwaren.

Wie im Montanwesen, gab es starke Fortschritte im *Schiffbau*[6]. An der Entwicklung des Linienschiffes im 16. Jh. waren alle westeuropäischen Nationen, nicht aber die Deutschen beteiligt. Die große Zahl niederländischer Schiffbauer im Dienst deutscher Staaten und Städte beruhte nicht allein auf der Überlegenheit ihrer Fähigkeiten, sondern ebenso darauf, daß die Gewässerverhältnisse einander sehr ähnlich waren. Aus diesem Grunde konnte man auch seit der Wende vom 16. zum 17. Jh. durchaus vorteilhaft die den Verhältnissen in der Zuider-See angepaßten Schiffstypen der Niederländer übernehmen: flachbodig, völlig und wenig tiefgehend, mit großer Ladefähigkeit und guten Stabilitätsverhältnissen, allerdings verhältnismäßig langsam (Fluite, Buise, Hoeker, Boeier), während die spanischen, französischen und englischen Schiffstypen nicht durch derartige Bedingungen bestimmt wurden. Die Eigenart der niederländischen Schiffe regierte auch die Seekriegstaktik, indem man mit solchen Schiffen versuchte, den Gegner auf küstennahe flache Gründe zu locken. Der deutsche Küstenschutz wurde fast ausschließlich von Holländern geschaffen.

[1] CH. SINGER u. andere, History of Technology 3 (1957). F. SCHNABEL, Der Aufsieg d. modernen Technik aus dem Geist d. abendländ. Völker (1951). F. KLEMM (s. Kap. 6, Anm. 8). R. HOOYKAAS, Science and Reformation, Cahiers d'Hist. Mondiale 3 (1956). S. F. MASON, The Scientific Revolution and the Protestant Reformation, Annals of Science 9 (1953). E. ZINNER, Nürnbergs wissenschaftl. Bedeutung am Ende d. MA, Mitteilg. d. Ver. f. Gesch. d. Stadt Nürnberg 50 (1960). ST. JACOB, Salpeter in Franken (1969).

[2] W. TREUE, Technikgeschichte u. Technik in d. Geschichte, Technikgesch. 32 (1965). K. BORCHART, Technikgesch. im Lichte d. Wirtschaftsgesch., ebd. 34 (1967). F. KLEMM, Die roten Zahlen von Prag, Die BASF 19 (1969). H. SCHIMANK, Naturwissenschaft u. Technik im 16. Jh., Technikgesch. 30 (1941). F. KLEMM (Hg.), Die Technik d. Neuzeit (3 Bde. 1941). L. WHITE, Medieval Technology and Social Change (1962). L. OLSCHKI, Gesch. der neusprachl. wissenschaftl. Literatur 1 (1919). B. GILLE, Les ingénieurs de la renaissance (1964).

[3] Vgl. Kap. 6, Anm. 16. M. SILBERSTEIN, Erfinderschutz u. merkantilist. Gewerbeprivilegien (1961). P. A. ZIMMERMANN, Frühe Beispiele aus d. Welt d. gewerbl. Eigentumsrechte. Gewerbl. Rechtsschutz u. Urheberrecht 69 (1967).

[4] H. SCHIMANK, Der Ingenieur, Entwicklungsweg eines Berufes (1961). W. TREUE, Ingenieur u. Erfinder, zwei sozial- u. technikgesch. Probleme, VSWG 54 (1967). O. DE SMEDT, Willem de Raet, Baumeister u. Ingenieur, Braunschweig. Jb. 46 (1965).

[5] Grundlegend L. BECK, Die Gesch. d. Eisens, 2. Abt. (1893/95); s. auch Kap. 6, Anm. 9 u. 10.

[6] G. TIMMERMANN, Niederländ. Einfluß auf d. Schiffsbau Schlesw.-Holsteins in der Vergangenheit, Schiff u. Hafen 12 (1960). Ders., Das Modell d. Convoyschiffes »Wapen von Hamburg« u. seine Bedeutung für die dt. Schiffsbaugesch.-forschung, Hamburg. Gesch.- u. Heimatbll. (1956). J. MORDAL, 25 Jahrhunderte Seekrieg (1963). R. MORTON NANCE, The Ship of the Renaissance, Mariners Mirror 41 (1955). F. JORBERG, Beitr. zum Studium d. Hanseschiffes, Zs. f. Lübeck. Gesch.- u. Altertumskunde (1955). K. HELM, Bremens Holzschiffbau vom MA bis z. Ausgang d. 19. Jh., Bremisches Jb. 44 (1955). S. auch Kap. 1, Anm. 18.

Kapitel 8
Der Frühkapitalismus und die Unternehmer

Abseits der Zünfte, doch z. T. aus ihnen hervorgewachsen, entwickelte sich vorwiegend in Süd-, West- und Nordwestdeutschland der vielschichtige »Frühkapitalismus« eines hauptsächlich bürgerlichen Unternehmertums, das, angeregt durch große italienische Vorbilder, zunächst allen Bindungen abgeneigt war, auf individueller Kraft und Tüchtigkeit und einer neuen, religiös und ethisch begründeten Wirtschaftsgesinnung beruhte. Freilich fehlte ihm nach einiger Zeit die Lebenskraft, um den Anforderungen des National- und Territorialstaates an seine Dienstbereitschaft zu entsprechen. Er vermochte sich daher im 17. Jh. vielerorts nicht zu behaupten.

Die »Genesis des modernen Kapitalismus« wurde lebhaft erörtert in Auseinandersetzung mit Sombarts einseitiger Theorie, daß die Akkumulation von Grundrente bei den nicht an gewerblich-kaufmännischen Unternehmungen beteiligten patrizischen Familien ausschlaggebend gewesen sei, und mit Oppenheimers Theorie von der »Bodensperre« für die bäuerliche Arbeitskraft. Dabei wurden verfeinerte Erkenntnisse gewonnen[1]. Ohne Zweifel haben zwischen 1450 und 1550 die großen Vermögen nach Anzahl und Größe, bes. in süddeutschen, mit dem Bergbau verbundenen Städten, erheblich zugenommen. Die Entstehung dieser bürgerlichen Kapitalvermögen war die eine, die des »kapitalistischen Geistes« die andere der »subjektiven Voraussetzungen« (Sombart)[2] für die Entwicklung des modernen städtischen Kapitalismus. Diese großen Vermögen bildeten sich in Augsburg, der wirtschaftlich bedeutendsten Stadt, aber auch in anderen Städten vorwiegend teils durch Gewinnansammlung nichtpatrizischer Gewerbetreibender, teils bei städtischen Geschlechtern, die in den Stand der Handel- und Gewerbetreibenden überglitten, weil sie die durch Akkumulation meist städtischer Grundrenten angesammelten Geldkapitalien, deren Realwert durch inflationistische Erscheinungen sank, in Gewerbe und Handel (»Handelsprofite«) vermehren und dadurch den wirtschaftlich-sozialen Standard ihrer Besitzer im Verhältnis zum Neureichtum behaupten sollten. Bei Geschlechtern, Handwerkern und Kaufleuten, die sich über interlokalen Güteraustausch und über die Lebensführung und Mentalität des Handwerks erhoben, beim landwirtschaftlichen Großgrundbesitz und beim modernen Staat entwickelte sich gleichzeitig der »kapitalistische Geist«.

Die Entstehung und Entwicklung des deutschen, mitteleuropäischen, häufiger protestantischen als katholischen gewerblichen und kaufmännischen Unternehmertums ist nicht vollständig zu erklären, ohne das Aufblühen der gewerblichen Tätigkeiten der größeren Städte im 15. Jh. sowohl im Hanseraum wie in Ober- und Westdeutschland zu bedenken. Die wirtschaftliche Berührung dieser Räume mit den Niederlanden, England, Frankreich und der iberischen Halbinsel, insbesondere aber mit der breiten, an Originalen reichen Unternehmerschicht Italiens, seit dem 14. Jh. mit der Unternehmer- und Herrscherdynastie der Medici, ist ein Höhepunkt von abendländischer Bedeutung, während die Schaffung und Bewirtschaftung des landwirtschaftlichen Großbetriebes einschließlich Entwicklung von gewerblichen Nebenbetrieben bis zu konzernähnlichen Erscheinungen eine Leistung vorwiegend des vielseitig privilegierten (Gerichtsbarkeit, Herrschaftsrechte), eximierten Adels, aber auch seiner bürgerlichen Mitarbeiter (Amtmann, Verwalter, Inspektor) darstellt.

Die berühmtesten Repräsentanten der aus Zünften aufsteigenden Emporkömmlinge mit großem Kapitalvermögen sind die mit den Medici vergleichbaren Fugger (1511 nobilitiert, 1514/30 gegraft, 1538 zum Patriziat gelangt)[3], während vom Patriziat u. a. die Gossembrot, Herwart, Paumgartner und Welser, die Nürnberger Tucher zum Handel übergingen und dort in ständiger Berührung mit den großen europäischen Messen und Hafenstädten aufstiegen. Gegen eine Typisierung der Individualität Jakob Fuggers im Sinne der Lehre vom »Frühkapitalismus« spricht die politische Funktion seiner Gesellschaft, ihr kulturelles, soziales Wirken, ihre vielseitige Stellung in der geistig bewegten Frühzeit der deutschen Renaissance (Pölnitz). In ihm sammelten sich alle Möglichkeiten des »modernen« Kapitalismus: echter Kaufmann alter Art hinüberwechselnd zum politischen Bereich, in den dieser aufgeschlossenste deutsche Unternehmer sich von Kaiser und Fürsten immer tiefer hineinverflechten ließ; aus römischen Geschäften wurde der italienische Fiskalismus in deutsches Handelsdenken übernommen; der Arbeitskreis dehnte sich von der Mittellinie Ostsee–Augsburg–Mittelmeer nach Ost und West über den ganzen Kontinent aus; das Schwergewicht verlagerte sich im Zuge der geographischen Entdeckungen und der politisch-wirtschaftlichen Entwicklung in Europa und Übersee von Ost nach West; Kupfer, Silber, Quecksilber und Alaunbergbau sowie kirchliche Geldgeschäfte wurden in die Firma einbezogen, Venedig, die Hanse, Antwerpen und London gegeneinander abgewogen, Kartelle und Monopole gebildet und mit staatlicher Stützung behauptet, die Technik wirtschaftlicher Beziehungen verfeinert und ein weitreichendes Nachrichten- und Verkehrsnetz unter Ausnutzung politischer Beziehungen aufgebaut. Die »Handelsmonarchie« dieser Familie mit einem Jahresgewinn von fünfzehn Prozent und entsprechender Lebensauffassung und -haltung entwickelte in ausgesprochenes Dynastiebewußtsein; sie verschwägerte sich mit dem Adel und ließ sich für die Finanzierung der Habsburger Politik, der Kaiser- und Königswahl (wie auch der Papstwähler) nobilitieren, bezeichnend für das Aufstreben des reichsstädtischen Bürgertums in die Aristokratie. Dazu kamen wie bei anderen Prominenten – etwa Mendel, Landauer, Tucher in Nürnberg – umfangreiche fromme Stiftungen, soziale Fürsorge (»Fuggerei« in Augsburg) und künstlerisches Mäzenatentum aus mittelalterlicher Stiftergesinnung und nach italienischen Vorbildern, bei schroffer Ablehnung spätmittelalterlicher Proteste gegen Zins und Monopol. Von Unternehmern westeuropäischer Handelszentren unterschied sich J. Fugger durch Selbstbeschränkung auf kontinentale Geschäfte. In seiner Person vereinigten sich die wesentlichen Züge des deutschen bürgerlichen Unternehmertums im 16. Jh., auch die gefährlich enge, durch hohe Kosten und Verluste verderbliche Verbindung mit dem Fürstentum, das freilich Protektion gewährte und Wirtschaftskonzentration förderte.

Gegenüber der »haute finance« von Augsburg und Nürnberg blieben die Gesellschaften alter Art ähnlich wie die Hanse aus Mangel an Persönlichkeiten mit Unternehmungslust, durch Beharren in mittelalterlichem Wirtschafts- und Gemeinschaftsdenken sowie aus anderen Ursachen weit zurück. Nordost- und Ostdeutschland, wo genossenschaftliches Denken länger und stärker wirksam war als im Süden (Calw, Ravensburg)[4], war arm an Unternehmern vom Format der großen Oberdeutschen. Die Kaufmannsfamilie tor Smeden[5] in Flensburg, gleich anderen aus dem Westen zugewandert, war wohl von Fuggers Art, gelangte jedoch nicht zu dessen politischer, grundsätzlicher Bedeutung. Neigung zu rationaler Wirtschaftsauffassung, Aufgeschlossenheit für Renaissance und Humanismus verbanden sie mit west- und süddeutschen Berufsgenossen. Daß mit dem Zusammenbruch des Handelshauses der Loitz in Stettin 1572 ein großangelegter, von keinem anderen fortgesetzter Versuch scheiterte, Stettin eine beherrschende Monopolstellung mindestens für das Odergebiet zu schaffen, zeigt, wie selten Unternehmer dieses Formats an der Ostsee waren[6]. Enge Beziehungen oberdeutscher Unternehmer bestanden insbesondere über den Bergbau Tirols und Kärntens zum österreichischen Kaufmann[7].

H. Rössler (Hg.), Dt. Patriziat 1430–1740 (1968). F. Blaich, Zur Wirtschaftsgesinnung d. frühkapital. Unternehmers in Oberdtld., Tradition 15 (1970).

[1] J. Strieder, Zur Genesis d. modernen Kapitalismus, Forsch. zur Entstehung d. großen bürgerl. Kapitalvermögen am Ausgange d. MA und zu Beginn d. Neuzeit, zunächst in Augsburg (²1935 mit Lit.). Ders., Studien zur Gesch. kapitalistisch. Organisationsformen (²1925). Ders., in: Das reiche Augsburg, hg. v. H. F. Deininger (1938). C. Bauer, Unternehmung u. Unternehmungsformen im Spät-MA u. in d. beginnenden Neuzeit (1936).

[2] W. Sombart, Der moderne Kapitalismus (2 Bde. 1902). Für Österreich vgl. F. Tremel, Der Frühkapitalismus in Innerösterreich (1954).

[3] R. Ehrenberg, ZA der Fugger (³1922). H. Kellenbenz, Die unternehmer. Betätigung d. verschied. Stände während d. Übergangs zur Neuzeit, VSWG 44 (1957), dort ältere Lit. Ders., Die Grimaldi u. das Haus Habsburg im frühen 16. Jh., ebd. 48 (1961). F. Redlich, Der Unternehmer (1964). Ders., Der dt. fürstl. Unternehmer, eine typ. Erscheinung d. 16. Jh., Tradition 3 (1958). Dazu wichtige Ergänzung für den kathol. Unternehmer im süddt. u. österr. Raum: F. F. Strauss, Hg. Ernst v. Bayern (1500–1560), ein süddt. fürstl. Unternehmer, Mitteil. d. Ges. f. Salzburger Landeskde. 101 (1961). A. Salz, Gesch. d. böhm. Industrie in d. Neuzeit (1913) mit Kapitel über den Grundherrn als Unternehmer. L. Grote, Die Tucher (1961). K. O. Müller, Quellen z. Handelsgesch. d. Paumgartner zu Augsburg 1480–1570 (1955). G. Frhr. v. Pölnitz, Jakob Fugger der Reiche; Kaiser, Kirche u. Kapital in d. Oberdt. Renaissance (1949) mit Quellen- u. Erläuterungs-Bd. (1950). Ders., Fugger und Hanse (1953). R. Carande, Carlos V. y sus banqueros (2 Bde. 1943/49). R. Hildebrandt, Die »Georg Fuggerischen Erben«, ihre kaufmänn. Tätigkeit u. soziale Position 1555 bis 1600 (1966). G. Frhr. v. Pölnitz, A. Fugger u. die Königswahl Ferdinands I., Zs. f. bayer. Landesgesch. 21 (1951). H. Frhr. v. Welser, Bartholomäus Welser, Scripta Mercaturae 1 (1967/68). W. Zorn, Unternehmertum u. Aristokratie in Dtld., Tradition 8 (1963). W. v. Stromer, Nürnberger Unternehmer im Karpatenraum, Kwartalnik Historii Kultury Materialnej 16 (1968).

[4] A. Schulte, Gesch. d. Großen Ravensburger Handelsgesellschaft 1380 bis 1530 (3 Bde. 1922/23). H. Kellenbenz, Unternehmertum in Südwestdtld., Tradition 10 (1965).

[5] A. Meyse, Tor Smeden, eine Flensburger Großkaufmannsfamilie des 16. Jh. (1939).

[6] W. Braun, Zur Stettiner Seehandelsgesch. 1572–1813, Balt. Studien NF 51 (1965).

[7] F. Tremel, Der österr. Kaufmann im 16. Jh., in: Festschrift K. Eder (1959).

Kapitel 9
Groß- und Fernhandel, Messe- und Seestädte im 16. und 17. Jahrhundert

Der deutsche Handel erlitt während des 16. Jh. starke Einbußen – in Nord- und Ostdeutschland durch die Abnahme des Italienhandels infolge der portugiesischen Entdeckungen, der türkischen Eroberungen und der spanischen Herrschaft über Italien sowie des Rückgangs der Hanse, im Rheingebiet durch Antwerpens Fall, die Sperrung des Rheins und die holländische Handelspolitik. Das Schwergewicht der oberdeutschen Wirtschaft verlagerte sich vom »rheinischen Randgürtel« ins »schwäbische Gewerbezentrum«[1]. Während das Wollgewerbe weniger an bestimmte Landschaften gebunden war, blieb die Leinenfabrikation boden- und rohstoff-, die Barchentherstellung noch stärker verkehrsständig (Baumwolleinfuhr). Die Leinenorte (»*Bodenseestädte*«) wurden von der Ravensburger Handelsgesellschaft mit den Mittelpunkten des Barchentgewirks im Nordosten (Memmingen, Ravensburg, Augsburg, Ulm) zusammengefaßt; dadurch erhielt diese Landschaft unter Einschluß des flachen Landes eine geographisch zentral, im übrigen kollegial geleitete Einigung; in ihr herrschte, wie in Augsburg[2], Einzel- und Gruppenverlag mit der Fortbildung zu einer Art Zunftkauf. Von dort wurde diese Verlagsform um die Jahrhundertmitte durch oberdeutsche Fernhändler in das Gebiet des ostmitteldeutschen Leinengewerbes[3] übertragen. *Nürnbergs*[4] landschaftliche Vorrangstellung war nach Regensburgs Zurückbleiben unumstritten. Ein »koordinierter Städtekranz« als bequem gelegenes Hinterland für den Nahverkehr fehlte der Stadt; andererseits war sie durch Fleiß und »Witz« weltbekannt, durch großen Territorialbesitz politisch stark, aber auch verwundbar, straßenbestimmend für den Fernverkehr zum Mittelrhein, nach den Niederlanden, nach Norddeutschland, zum Osten, Südosten, nach Italien und Spanien. Über die fränkische Nachbarschaft (Lebensmittel) bestanden Beziehungen zum Zinnbergbau im Fichtelgebirge, zu Hammerwerken der Oberpfalz, in der zweiten Jahrhunderthälfte zum sächsischen Leinwandhandel, bis sächsischer Merkantilismus, Umgestaltung des Welthandels und Vordringen Hamburger und englischer Häuser über die Leipziger Messen die Nürnberger aus Sachsen, der Oberlausitz und Nordböhmen verdrängten. Die wachsende Nachfrage führte zur Ausbildung eines starken, auf hochspezialisierten

Metallverarbeitungs-Gewerben (Messer, Nadeln, Waffen) beruhenden Fernhandels, der sich seit 1560 stärker nach Osten richtete, da die Unsicherheit auf der Niederrheinstraße und Philipps II. Steuer- und Zollsystem den Verkehr mit den Niederlanden sehr erschwerte. Auch neue Gewerbe wurden eingeführt, so die Bleistiftherstellung. Zu Erweiterung und Abrundung des oberdeutschen Wirtschaftsraumes kam es, als sich schwäbische Textilwirtschaft, Metallgewerbe von Nürnberg–Amberg, Augsburger Geld- und Nürnberger Warenhandel verbanden und der Kaiser 1507 gelegentlich eines Anleihegesuches für die großen Gesellschaften von Augsburg, Nürnberg, Memmingen und Ravensburg »eine gleichsam reichsunmittelbare, aus dem Stadtverband herausgehobene Stellung vorsah« (Kramer). In Nürnbergs Reichswäldern wurde um 1500 erstmals in der Geschichte der Forstkultur planmäßig in großem Umfang Wald angesät[4a].

Brücken vom ober- zum niederdeutschen Bereich bildeten *Thüringen*[5] (die »Waidstädte«, Erfurt als Hauptstapelstadt und Kreuzungspunkt großer Handelsstraßen, Mühlhausen als Zwischenhandelsplatz) als »West-Ost-Pfeiler«, der durch Leipzigs Aufstieg an unmittelbarer Bedeutung verlor, und der *Frankfurter* Raum[6] als »Nord-Süd-Pfosten«, geographisch Ausläufer, handelstechnisch Mittelpunkt einer Städtegruppe der Wetterau und des Lahntals mit lebhafter Wolltuch-Industrie. Suhl blühte seit der Wende zum 17. Jh. zum Mittelpunkt eines ganz Europa beliefernden Waffenhandels auf und behauptete über mehrere technologische Veränderungen diesen Rang bis ins 19. Jh. In Frankfurt schnitten sich die beiden Diagonalen Köln–Nürnberg und Lübeck–Straßburg, so daß die Stadt fernhändlerisch tätig war, Fremde anlockte, die Zugereisten durch Häuser- und Meßbuden-Miete für den Wohlstand der Einheimischen eine wichtige Rolle spielten.

In *Rheinland-Westfalen*[7] vollzog sich die Verschiebung der westfälischen Wirtschaftsgeltung von Soest (12.–13. Jh.), nach Dortmund (14.–15. Jh.), im 16. Jh. nach Münster in reicher Adelslandschaft. Köln wurde Zentrum des Kapitalhandels (Eisen im Bergischen Land, westfälische Landwirtschaftsbezirke), Frankfurt erster Wechsel- und Geldmarkt Westdeutschlands. Nürnberg behauptete eine ähnliche Stellung für die ganze ostdeutsche Wirtschaft, zumal Lübeck zurücktrat, wichtige Waren aus neuen Gebieten bezogen wurden (holländischer statt Schonen-Hering, östliche Pelze über Posen statt Lübeck) und so der ostdeutsche Markt den Oberdeutschen große Möglichkeiten bot. Das führte zu zahlreichen Verbindungen und Wanderungen von Nürnbergern nach Leipzig, hinterließ Spuren süddeutschen Unternehmergeistes über die Welser bis Zwickau, über die 1572 dort zusammengebrochenen Loitz bis Stettin, bis zu Berliner und Görlitzer Handelsfamilien (Zusammenarbeit der Nürnberger Veredelungsgewerbe mit dem Kleingewerbe des Lausitzer Sechsstädtebundes; Nürnberger Einflüsse in Schlesien; starker Verkehr Posen–Leipzig–Nürnberg–St. Gallen). Schlesien und das Gebiet bis Krakau und Ofen wurden der Hanse entzogen, der süddeutschen Wirtschaft geöffnet, auch von Auswanderern dieses Raumes statt aus Westfalen aufgefüllt. Überschußlandschaften mit gesteigerter Export- und Expansionskraft (Rheinland-Westfalen, Oberschwaben, Nürnberg) suchten über Frankfurt, Leipzig, Thüringen, Lübeck neue Absatz- und Kundenländer gewerblich, händlerisch, bevölkerungspolitisch in Ostdeutschland (Lausitz, Schlesien, Posen, Preußen), während sie im Westen (Lothringen-Metz) und Südwesten (Schweiz) Wirtschaftsräume einbüßten.

An der Entwicklung der europäischen Märkte und ihre Versorgung durch den *Fernhandel* der exportgerichteten »Gewerbelandschaften« (Textil-, Metallwaren-, Waffenproduktion) nahmen besonders oberdeutsche Großfirmen und Familienunternehmungen teil. Aber seit 1550 ging die private Unternehmertätigkeit zurück, als Landesfürsten und einzelne Städte sich der begrenzten, durch staatlichen Kredit- und Kriegsbedarf überbeanspruchten privaten Kapitaldecke überlegen zeigten. Der Fernhandel, »eigentlicher Motor und dynamikbestimmendes Element« dieser Zeit, wuchs zwar (Rohstoffversorgung für Europas wachsende Bevölkerung: Textilien, Farbstoffe; Verteilung der europäischen Produktion, Export nach Übersee, Import von Gewürzen, Drogen, Edelsteinen, Luxusgeweben); er stieß aber auf die Tendenz der Staaten, Staatsgrenzen und Grenzen der Wirtschaftseinheiten durch Staatsinitiative zur Deckung zu bringen. »Fast gleichzeitig verschwindet die führende Schicht großer italienischer und oberdeutscher Fernhandelsunternehmer vom wirtschaftlichen Schauplatz, die mit so viel Energie und Erfolg durch den Großteil der Epoche Träger und Gewinner am Aufstieg gewesen sind« (J. Strieder).

Lyon[8] wurde wichtigster wirtschaftlicher Mittelpunkt Südwesteuropas. Dort erlebte der oberdeutsche Handel seine höchste Blüte (1579 : 73 oberdeutsche Handels- und Geldhäuser).

Durch das Edikt von Nantes (1598) erhielt er neue Anreize. Antwerpen wurde für die oberdeutschen Groß- und Fernhändler wichtiger als Lübeck. Frankfurt, Nürnberg, Leipzig bildeten im Fern- und Großhandelsbereich unter den von Antwerpen geführten zentralen europäischen Märkten mit Größtumschlag die Zentren für das deutsche Wirtschaftsgebiet zur weiteren Verteilung auf engere Märkte. Diese dritte, unterste Stufe der Märkte für den letzten Absatz an den Verbraucher behielt im Gegensatz zum Fernhandel ihre alte straffe zünftige Ordnung und traditionelle Wirtschaftsmoral. Mit der Ausdehnung des Groß- und Fernhandels (Auslandskontore mit Faktoren, Ansätze des modernen Konsulatswesens zunächst bei der Hanse) war der Aufbau eines weiteren und schnelleren Nachrichtenwesens verbunden (geordneter Postverkehr[9] Augsburg–Venedig, bevorzugte Übermittlung von Markt- und Kursberichten) sowie die Entwicklung der modernen Warenspekulation besonders in Pfeffer (Welser, Rott), Safran, Farbstoffen (Waid, Krapp) und Immobilienspekulation[10].

Während also viele Städte der Hanse und Oberdeutschlands nach kurzer Blüte wieder zurücksanken, Köln[11] und Nürnberg ihre Zwischenhandelsstellung einbüßten oder durch Ansiedlung italienischer und portugiesischer Kaufleute eine Veränderung ihrer Oberschicht erfuhren, stiegen Frankfurt und Leipzig durch Messen, Hamburg und Emden durch Verbindung mit England und Holland schnell zu deutschen Haupthandelsstädten mit europäischem Rang auf. *Frankfurts Messen*[12] wurden Anfang des 16. Jh. verwandelt: Die Handwerksmesse auf breiter, kleingewerblicher Basis wurde zur kapitalistischen Großhändlermesse bei lebhaftem Aufschwung des deutschen Handels, Verstärkung der Verbindungen mit dem Ausland, Hebung der Bedürfnisse. Gleichzeitig wurde im Osten der Wettbewerb der jährlich drei *Leipziger Messen* fühlbar, strebten auch Mainz, Nürnberg und Worms nach eigenen Messen. Um 1600 lag der Höhepunkt des Ausländeranteils an den Frankfurter Messen. Aus Antwerpen und den französisch sprechenden Südniederlanden, aus den Industriegebieten von Valenciennes, Armentières, Lille, Tournai und Mons kamen Kaufleute mit Kolonialwaren und englischen Tuchen neben den altbekannten niederländischen Tuchhändlern. Der jüdische Anteil am Meßhandel stieg seit 1500, insbesondere seit 1540 der aus Frankfurt/O., Prag, Posen durch Aufleben des Osthandels (1462: 50, 1610: 2700). Juden waren nicht nur im Geld- und Pfandleihgeschäft tätig, sondern auch im Kupfer-, Tuch- und anderem Groß- und Kleinhandel, übernahmen oft Restbestände der Messegäste und hielten sich nicht an das Verbot des preissteigernden Handels mit Lebens- und Genußmitteln.

Von 1560 bis 1630 dauerte die zweite Blütezeit der Frankfurter Messen, stark gefördert durch vor den Spaniern flüchtende Niederländer, die sich in ihren ersten, katholischen Zufluchtstädten (Aachen, Köln) oft nicht hielten, in anderen, protestantischen Orten (Nürnberg, Augsburg, Ulm, Lübeck) infolge wachsender Fremdenfeindlichkeit der schwer ringenden Gewerbetreibenden nicht genügend Spielraum fanden und nach Frankfurt, Hamburg, Leipzig weiterzogen. Von dort bauten sie ähnlich wie Juden unter Ausnutzung alter Freundschafts- und Familienverbindungen ein weites Handelsnetz auf mit Amsterdam als niederländischem, Frankfurt als deutschem Mittelpunkt, während das deutsche Patriziat vielfach zur Vermögenssicherung Grundbesitz erwarb, unter dem Einfluß von Renaissance-Standesbegriffen Eingang in den Landadel sowie die landesherrliche Beamtenschaft suchte. Hauptbereiche der Frankfurter Messe wurden Buch-, Seiden-, Juwelenhandel und Geldgeschäft (1585 Festsetzung der Wechsel- und Geldkurse, Beginn regelmäßigen Börsenverkehrs). Die Vermögensschichtung der Stadt zeigte starkes Anwachsen der mittleren und großen jüdischen Kapitalisten, geringeres bei der Bürgerschaft, relatives Sinken des Mittelstandes: daher Angriffe und Haß der Zünfte und aller Zurückbleibenden hauptsächlich auf die Juden, die Geldleihe und Pfandhandel beherrschten (Fettmilchaufstand 1612[13], vorübergehend Vertreibung der Juden durch Handwerksgesellen und Manufakturarbeiter nach Aufwiegelung aus der Bürgerschaft). Der Messehandel Frankfurts, des wichtigsten Stapel- und Speditionsplatzes im Innern Deutschlands und für den Außenhandel, hat sich bis 1631 (schwed. Besatzung) gut behauptet, danach erst das allgemeine Schicksal Deutschlands geteilt. »Der Glanz der damals dahingegangenen Periode ist nie wiedergekehrt« (Dietz), da Leipzig eine bald übermächtige Konkurrenz bildete, die Zeit der Messen alten Stils vorüber war und der Schwerpunkt des nach 1648 wieder erwachenden Lebens nicht mehr in den alten Reichsstädten, sondern in den Landesherrschaften und -hauptstädten lag. Andererseits nahmen die modernen Messen, behindert freilich durch ständig wachsende Mengen von Wege- und Flußzöllen, um so schneller einen erstaunlichen Umfang an, als der Krieg unternehmenden, kapitalkräftigen Kaufleuten und Militärlieferanten große Verdienste gebracht hatte und Subsidien[14], Besuche und Käufe der Fürsten das Geschäft belebten, »dem ganzen Verkehr einen aristokratischen Anstrich gaben« (Dietz). Frankfurter Kapitalisten traten sogar als Kreditgeber großen Umfangs auf, ein Beweis für den Wohlstand der Stadt selbst in Kriegszeiten. Gustav Adolf machte Frankfurt als blühendste Handelsstadt zum Mittelpunkt seiner phantastischen schwedisch-deutschen Unionspläne[15]. Bei Kriegsende war der städtische Kredit unerschüttert. Bedeutsam war, daß seit 1674 neben meist wohlhabenden Kaufleuten und Handwerkern vom linken Rheinufer, aus Straßburg und Metz, die vor Krieg oder Protestantenverfolgung flohen und die Einfuhr französischer Manufakturwaren förderten[16], auch eine erhebliche Zahl italienischer und Schweizer Familien einwanderte. Solchem Zuzug verdankte es Frankfurt in erster Linie, daß es sich endgültig zu West- und Süddeutschlands erster Handelsstadt entwickelte.

Leipzig[17] erhielt für seine Messen 1458 das landesherrliche Privileg, 1464 das kaiserliche für die Neujahrsmesse, 1497 und 1507 Stapel- und Niederlassungsprivilegien mit Verbietungsrecht im Umkreis von 15 Meilen für alle drei Messen (»Reichsmessen«), 1514 auch ein päpstliches Messeprivileg; spätere Kaiser bestätigten diese Messe-Vorrechte. Es gab zwar Streitigkeiten mit benachbarten Marktorten: mit Halle, das durch seine Lage an Saale und Salzstraße begünstigt war, mit Magdeburg, das im Verbietungskreis lag, aber nach 1680 unter brandenburgischer Herrschaft nach »Reichsmessen« strebte, mit Erfurt, das das Verbietungsrecht nicht respektierte, auch mit Naumburg; aber die planvolle Handelspolitik der sächsischen Landesfürsten und des Leipziger Rates erwies sich dabei als überlegen. Mit Frankfurt bestanden bis Ende des 17. Jh. friedliche Beziehungen, obwohl Leipzig, gefördert durch die Kodifikation seines Handels- und Wechselrechts, bald nach 1500 bereits Frankfurts gefährlichste Konkurrenz bildete. Je weiter der deutsche Kultur-, Bevölkerungs- und Wirtschaftseinfluß nach Osten vordrang, um so stärker wurde Frankfurt von Leipzig überflügelt, vom östlichen Kundenkreis abgeschnitten. Frankfurts Pelzhandel für die rheinischen Kürschner wanderte zum standortgünstigeren Leipzig, das auch zum Schwerpunkt von Kölns Handel mit Mitteldeutschland, Böhmen, Schlesien wurde, je mehr Lübecks Position im Osten schrumpfte. Köln war andererseits Leipzigs wichtige Durchgangsstadt im Verkehr mit Antwerpen, bis nach 1585 die Linien Amsterdam–Bremen, Hamburg–Südostdeutschland stärker hervortraten. Nürnberger Kaufleute mit wichtigen Stützpunkten in Breslau, Posen, Danzig, Warschau, Krakau vermieden gern den Umweg über Frankfurt und zogen nach Leipzig mit seinen Ostverbindungen.

In kurzer Zeit siedelten sich zahlreiche oberdeutsche, meist Nürnberger Kaufleute in Leipzig an (Metallkäufer, Gewerke im Mansfeldischen und Erzgebirge, danach Woll- und Leinenhandel Ostmitteldeutschlands, das durch die oberdeutschen Kaufleute Anschluß an westliche und südwestliche Märkte erhielt). In den letzten Jahrzehnten des 16. und den ersten des 17. Jh. unterhielten Nürnberger Kaufleute in Leipzig so starke Vorräte an Leinen, Seide, Gewürz, daß die Einheimischen protestierten. Der reichste Leipziger war 1537 der 1506 aus Nürnberg als Habenichts zugewanderte Heinrich Schell; von dort kam auch Hieronymus Lotter, der Erbauer des Leipziger Rathauses. Leipzig und Nürnberg hatten gleiches Gewicht; Mailands und Venedigs Güter waren von Leipzig aus nur über Nürnberg zu erreichen. Aus Lübeck gelangten Waren vielfach durch früher dorthin gewanderte Nürnberger nach Leipzig. Sehr bedeutend war für Leipzigs Messen der sächsische und böhmische Bergbau mit seinem Silber- und Kupferreichtum. Damit wurde Leipzig für den deutschen Geldmarkt wichtig (Fugger-Vertreter seit 1498 in der Stadt, Welser-Vertreter seit 1516). Luther bezeichnete Leipzig als Sitz des Geizes und Wuchers. Seit etwa 1610 sank die Stadt durch Schuldenwirtschaft. Ihre Handelsausweitung nach Osten war auch deshalb von großer Bedeutung, weil seit dem Vordringen der Türken zum Schwarzen Meer dort die Genuesen ausblieben und Lembergs Kaufleute deren Waren aus Leipzig beziehen mußten, zumal der Rückgang der Hanse auch die Seeverbindung des Ostens mit Antwerpen und Westeuropa einschränkte.

Leipzig wurde wie Frankfurt bis 1631 vom Kriege verschont, seine Messe regelmäßig abgehalten. Durch seine Lage begünstigt, litt es in den Kriegen gegen Frankreich weniger als Frankfurt. Es blieb wichtigster Handelsplatz Mitteldeutschlands mit lebhaftem Verkehr nach Südosteuropa, Polen, Rußland bis zur Türkei. Die Zahl der Messegäste stieg bei starker ostjüdischer Beteiligung gegen Ende des Jahrhunderts auf über 1000. In der schönen Literatur des 17. Jh. spielten Messe-Leipzig und Kaufmannsstand eine beachtliche Rolle.

Über die Sozialgeschichte Leipzigs und kleinerer mitteldeutscher Städte im 16. Jh., über Besitz- und Bildungsschichten, Stadtarmut, ständische Schranken, die »Soziale Physiognomie« der Menschen wissen wir wenig; »sie sind in ihrer Doppeltheit, als Individualität und als Glieder einer Sozialschicht« (Kramm) bisher nur wenig untersucht[17a].

Hamburg[18] (um 1550: 20000, um 1600: 40000, um 1700: 50–60000 Einwohner) begann im 16. Jh. mit dem Aufstieg, der im 17. Jh. immer deutlicher wurde, kenntlich auch an dem die sozialen Reibungsmöglichkeiten verringernden Wachsen des Wohlstandes der Mittelschicht, die nach 1450 zurückgeblieben war. Lübecks Stärke hatte auf dem mittelalterlichen Vorrang der Ostwestverbindung beruht; Hamburg, seit 1510 als freie Reichsstadt anerkannt (1618 bestätigt), beherrschte außerdem mit Bremen und Danzig trotz mancher Blockierungsversuche (Braunschweig-Lüneburg) mehr und mehr abzweigende Stromlinien. Daher wuchs seine Bedeutung für den traditionellen wie für den neueren Handel (bes. Getreide) von Oberelbe und Ostseeprovinzen nach Holland und im Zwischenhandel von dort, für Holzexport und Schiffbau, seit 1648 für Holzeinfuhr aus Finnland und Schweden, zu den Küstengebieten von Schleswig-Holstein bis zur Rheinmündung. Da bei anfänglicher Kapitalarmut die Geldquellen den Ausgaben für Stadtbefestigung, Kriegswesen, Elbeschutz, Umfahrtverhinderung nicht gewachsen und Auslandsanleihen teuer waren, gründete man 1619 eine Girobank, nachdem schon 1558 die Börsengründung die Bedeutung des Geldgeschäftes unterstrichen hatte[19].

»An der Elbmündung lag einer der organisch wichtigsten und empfindlichsten Kristallisationspunkte der sich formenden Weltwirtschaft« (Wiskemann). Das wurde von Hamburgern und Niederländern (Sondervertrag von 1533) früher erkannt als von Engländern. Antwerpener und andere niederländische Emigrantenhandwerker siedelten sich mit neuen Gewerben schon vor 1570 an, auch eine lebhafte portugiesisch-sephardische Gruppe mit Beziehungen nach Portugal, weniger nach Spanien, sowie unternehmende Augsburger und Nürnberger kamen nach Hamburg.

Bei seinen Bemühungen um Ausdehnung der Handelssphäre zur Oberelbe[20] fand Hamburg die Unterstützung des Kaisers als Landesherrn von Böhmen und Schlesien gegen Lüneburg. Der Oder-Getreidehandel wanderte seit 1572 endgültig nach

Danzig und Hamburg ab, die nächst Amsterdam Europas größte Getreidehäfen wurden. Zugleich verlagerte sich das Schwergewicht des europäischen Handels überhaupt, Hamburg begünstigend, nach Westen (1567 Hamburgisches Privileg für die »Merchant Adventurers«, bei zunächst geringer wirtschaftlicher Bedeutung doch ein entscheidender Schritt zur Trennung der Stadt von der Hanse).

Hamburg, das »Tor Deutschlands von der Seeseite« (Priorato)[21], gehörte wie Bremen zu den Gebieten, die vom großen Krieg wenig Schaden litten, dagegen erhebliche Vorteile hatten; es trieb geschickte Neutralitätspolitik als ein militärisch unbedeutender, händlerisch-finanziell umworbener Stadtstaat, der nur wenig Territorium verlor. Mit Subsidien und Diplomatie konnte es die beiden für seine Unabhängigkeit und die Freiheit der Schiffahrt gefährlichsten Gegner Dänemark und Schweden zumeist mit Erfolg, auch England und den Kaiser mit seinem antiholländischen Admiralitätsplan, der sog. »septentrionalen Negoziation« der Jahre 1626/28, und selbst Brandenburg und Hannover gegeneinander ausspielen. Im Vordergrund seiner Schiffahrt stand beim Bündnis der Hansestädte mit den Generalstaaten von 1616 die Hollandfahrt[22] mit anfangs 30, später 60 Prozent des Gesamtverkehrs. Die erste Jahrhunderthälfte, als 25 Prozent aller Vermögen Hamburgs in holländischen Händen waren, war für Nordwestdeutschland »das holländische Zeitalter« (Beutin). Für die Niederlande war Hamburg ein ebenso unentbehrliches Glied in ihrem Wirtschaftsleben wie umgekehrt. Nach den Seekriegen verloren die Generalstaaten ihre Stellung in Hamburg, während Englands Macht wuchs.

An der Wende vom 16. zum 17. Jh. waren bedeutende Unternehmerkräfte Hamburgs mit mindestens 10–12 Prozent ihres Handels wichtigster Partner der iberischen Halbinsel bis zu den Kolonien. Hamburgs Spanien- und Portugalhandel umfaßte etwa 20 Prozent seines Gesamthandels und hatte deutliche Wirkungen auch auf die Politik der Stadt, während andererseits Juden und Neuchristen aus Spanien und Portugal nach Hamburg einzuwandern begannen, wo sie im 17. Jh. unter großem Vorteil für die Stadt ihre Blütezeit erlebten, dann aber eine so schwere Krise, daß im 18. Jh. ihr wirtschaftlicher und kultureller Glanz verblaßte[23].

Die *Girobank*[24], nach Amsterdamer Vorbild mit Hilfe zugewanderter Holländer gegründet, diente der Valuta-Stabilisierung, der Überwindung des Münzwirrwarrs zum Vorteil des Kaufmannes, als Leihbank z. B. für die vor den Toren aufblühenden Hämmer und Mühlen gegen Gold, Silber und Juwelen (später auch Getreide) als Sicherheit und als Kreditquelle der Stadt, die Pufendorf für die reichste des Reiches hielt. An Geldreichtum stand sie zwar weit hinter Amsterdam und London zurück, wurde aber »wichtigster Geldmarkt Nordwestdeutschlands« (Schramm). 1621 und 1628 erhielt Hamburg sein Elbstapelrecht bestätigt, litt allerdings während des großen Krieges unter dem Glückstadter Stapel. Seit der Jahrhundertmitte wandte es sich der Seefischerei, der Gold- und Silberwarenerzeugung, der Textilwirtschaft und vor allem dem Kolonialwarenhandel zu, während der Kornhandel unter dem Einfluß der ständig wachsenden Elbzölle, der Verwahrlosung des Elbstromes, der Münzverwirrung trotz der Bemühungen von Elbeschiffahrtskongressen verfiel. Ein neues gewinnreiches Arbeitsfeld bildete seit 1643 die zuweilen von Konvoyschiffen[25] geschützte Grönlandfahrt[26], die, von Holländern begonnen, von Mennoniten am stärksten betrieben, mit 40 bis 80 Schiffen um 1675 bereits große Gewinne abwarf. Vergebens versuchte Hamburg, in Hollands Barbaresken-Vertrag aufgenommen zu werden; es schuf daher 1641 eine Sklavenkasse, 1662 zum Schutz seiner mehr als 200 eigenen Seeschiffe, die durch nationale Protektionspolitik der Großmächte und Seeraub (bis in den Kanal vordringende Türken) gefährdet waren, schnell wachsende Konvoyen oder Admiralschaften.

Die 1665 errichtete Commerzdeputation[27], Vorläuferin der Handelskammer, bildete als Vertretung der seefahrenden Kaufleute im städtischen Leben und in der Handelspolitik – neben dem Rat, der die Regierung behauptete, zu Kliquen- und Vetternwirtschaft neigte und damit die Stadt, das »Packhaus und Magazin für ganz Deutschland«, gefährdete – einen »Fortschritt im Sinne der organischen Entwicklung dieses hauptsächlich handelspolitisch interessierten Stadtstaates« (Wiskemann). Neben diesen Neuerungen und dem Aufschwung des indirekten Kolonialhandels, aber auch der direkten Brasilienfahrt innerhalb der sonst allerdings ganz intraeuropäisch betriebenen hamburgischen Schiffahrt mit einem freilich tiefen, gewerbereichen Hinterland zeigten sich auch im Ausbau des Hafens, im Aufblühen des Schiffbaues, in der Errichtung neuer Magazine, in der Entwicklung des Makler- und Versicherungswesens und bei den ersten Schritten zum »porto franco« seit 1692 Unternehmungslust und Fortschrittsgeist in der Elbestadt lebendig, die 1675–1712 eine Zeit der »bürgerlichen Unruhen« erlebte. Sie konnte nach 1648 als »einzige Luftröhre des Heiligen Reiches« bezeichnet werden, da alle anderen Mündungen deutscher Flüsse unter fremde Kontrolle geraten waren[28]. Schon im 17. Jh. hat man den amphibischen Charakter als Hauptelement der Schönheit Hamburgs erkannt und dieses mit Venedig und Amsterdam verglichen.

Bremen[29], im Inlandverkehr durch zahlreiche Weserzölle behindert, folgte langsam der Hamburger Entwicklung. Es litt 1554 durch den Verlust Ostfrieslands, stärkte jedoch unter Lösung von der Hanse seine Verbindungen mit dem Westen, besonders mit Holland und England, um so leichter, als es als einzige norddeutsche Stadt vom Luthertum zum Kalvinismus überging. Im Laufe des 16. Jh. bildete Bremen sich – neben dem aufblühenden Weserhandel, der Island- und Shetlandfahrt und lebhaftem Heringshandel – immer stärker zu einem bedeutenden Umschlaghafen für Holz aus, das aus dem Harz, Thüringen, dem hessischen Bergland, Südschweden und Norwegen kam und nach Friesland, Holland und England verteilt wurde. Bremens Stapelzwang wurde 1541 zu einer allgemeinen Anbietungspflicht gemildert. Noch vor 1618 wurde der Vegesacker Hafen für bessere Unterkunft und Winterschutz gebaut, während Rathaus, Essighaus und Gewandschneiderhaus Selbstbewußtsein und soliden Wohlstand in frühbarocker Pracht bezeugten.

Doch fehlte der Stadt, die nach dem Dreißigjährigen Krieg fast ihr ganzes Landgebiet hergeben mußte, im Gegensatz zu Hamburg Stärke und Breite des Unternehmungsgeistes. Weder die Bevölkerung noch der Reichtum wuchsen im 17. Jh.; »niemals ist das Dasein in Bremen so friedlich und still, so beschaulich und unbedeutend gewesen, wie jetzt in der Kaiserlichen Freien Reichsstadt« (Bessell). Aber während sich einerseits nach 1608 noch das im Grunde mittelalterliche Handwerksamt der Baumseidenmacher bildete, zeichnete sich doch auch schon im Rahmen der Abhängigkeit der Weber, Scherer und Tuchbereiter von den Tuchhändlern Ansätze des Verlegertums ab, das in die Zeit der Frühindustrialisierung bei Tabak, Zuckerraffinerie, Seifensiederei und Textilmanufaktur – diese unter hugenottischem Einfluß – führte. Auch hob sich seit 1653 langsam der Walfang bei Spitzbergen, was die Tranbrennerei förderte; Heringsfang und -handel warfen steigende Gewinne ab. »Große Bedeutung kann der Schiffbau Bremens im 17. Jh. nicht besessen haben« (Harms); er mußte sogar 1688 »allhier wieder eingeführt werden«. Bis ins 18. Jh. gab es wohl einen verhältnismäßig breitverteilten mittleren Besitz, aber kaum große Vermögen. Während die großen süddeutschen Vermögen ihre außerordentliche Höhe der Verbindung mit den Montangewerben verdankten, fehlte in den Seestädten solches Großgewerbe und damit die wichtigste Grundlage für den Kapitalismus in so früher Zeit. Allerdings gab es auch weniger Krisen. 1682 wurde eine Börse gegründet, deren Leben jedoch einen sehr ruhigen Gang nahm. Da eine Bank fehlte, zog sich das Geldgeschäft ganz nach Hamburg. Als gegen Jahrhundertende die deutsche Auswanderung nach Nordamerika einsetzte, wurde Bremen sogleich Einschiffungshafen und begann damit seine kaufmännischen Beziehungen zur Neuen Welt[30].

Emdens[31] großer Aufschwung setzte durch Ausbau der Stadt und Verbesserung der Hafenanlagen in der kurzen Regierungszeit des umsichtigen Grafen Enno ein und hob den Ort von einem Handelsplatz lokaler Bedeutung zur Teilnahme am Warenaustausch zwischen Ostsee und Westeuropa: 1536 fing die Reederei mit großen Schiffen an. Sie begann mit Salzfahrt zwischen Brouage und den Niederlanden sowie mit der von Kapern und anderen Gefahren bedrohten Getreideversorgung Lissabons; es folgten Ostseefahrt und Verbindung nach Frankreich in wachsendem Wettbewerb mit holländischen Häfen, die besonders an Emdens Auftauchen beim Heringsfang Anstoß nahmen. Während des Krieges bis zum Frieden von 1556 verdoppelte sich Emdens Handel; es stand zwar hinter Antwerpen, Amsterdam und Deventer zurück, überholte aber Enkhuizen, Hoorn und Medemblik, behauptete fortan diese Stellung und gewann auch für andere als wirtschaftlicher und politischer Stützpunkt Bedeutung. Dazu trugen wiedertäuferische Einwanderer aus Holland bei, bedeutender in einer zweiten Welle niederländische Reformierte, die Emden zur zweiten Stadt Calvins machten; unter ihnen ragten die Getreidehändler durch ihre Verbindung mit Antwerpen und Amsterdam hervor, so daß z. B. Danzig einen Getreidestapel in Emden unterhielt; auch Handelsbeziehungen zu England wurden dadurch gefördert (Niederlassung der »Merchant Adventurers« 1564, 1580, 1599). 1569 war Emden Europas erste Reedereistadt, sein Schiffsraum größer als der Englands, sein Ostseegetreidemarkt bedeutender als der von Amsterdam. Es behauptete diesen Platz jedoch nur bis zur »Pazificatie« von Gent und »Unie« von Brüssel 1576/77. Nach der Jahrhundertwende sank Emden wieder auf den Stand einer »friesisch-westfälischen Stadt mit einer kleinen französisch-wallonisch-flämischen Kolonie in ihren Mauern, die aber nicht die wirtschaftliche Bedeutung der früheren welschen Gemeinde hatte« (Hagedorn); doch übertraf es auch weiterhin als Seehandelsplatz alle niederländischen Städte außer Amsterdam, mit seiner Reederei und einem florierenden Schiffbau die meisten kontinentalen Häfen, während Kapitalkraft und binnenländische Beziehungen beträchtlich angestiegen waren.

Lübeck[32], das im Dreißigjährigen Krieg seine starke Territorialstellung im Lauenburgischen verlor, spielte trotz mancher Erfolge und Fortschritte (Schiffbau) keine wirtschaftlich bedeutende Rolle mehr. Die personelle Zusammensetzung der Lübecker Handelskreise war die des MA geblieben; deutlich hob sich eine führende Schicht von Angehörigen oder Versippten der Ratsfamilien hervor, die Kaufmannshandel und Machtstellung im Staate vereinte. Bemerkenswert war das Eindringen von Hamburger Kräften in Lübecks Ostseehandel, der für Westwaren, einschließlich Salz, noch immer bedeutend war. Thomas Fredenhagen (1627–1709) erscheint wie eine späte Nachblüte oberdeutschen Kapitalistentums, »ein neuer Typus des wirtschaftlichen Menschen in Norddeutschland«, der vom Kaufmanns- und Partenreeder den risikoreichen Schritt zur selbständigen Alleinreederei neben kaufmännischer Betätigung vollzog und damit, vom Glück begünstigt, der reichste Mann Lübecks wurde, noch ehe in den Nordseehäfen dieser neue Berufstyp auftrat.

Danzig[33] – um 1600: 40000 Einwohner – vermochte trotz schlechter Fahrwasserverhältnisse auf der Weichsel infolge starker Waldverminderung (Holzausfuhr; 4000 Baumstämme für ein normales seegehendes Schiff) seinen Getreideexport 1649, während in Mitteleuropa die Landwirtschaft darniederlag, auf 250000 Tonnen zu steigern. Er sank nach 1650 schnell ab, da die deutsche Landwirtschaft sich erholte, die niederländische auf Getreide umgestellt wurde, Frankreichs Merkantilpolitik zur Selbstversorgung trieb und Kriege im Ostseeraum Getreideanbau und -handel erschwerten. Jetzt erst bekam Danzig, wo es eine so starke englische und schottische Einwanderung gab, daß man die Stadt nebst Elbing, Königsberg und Memel »das Australien und Kanada des 17. und 18. Jh.« nennen konnte (über 1000 Familien), deutlich zu spüren, was westlichere Häfen schon früher hatten empfinden müssen: daß es in einem Winkel des neuen Weltwirtschaftsraumes lag.

In dem zur Hanse gehörenden, aber unmittelbar unter dänischem Druck sowie Lübecks und Hamburgs Konkurrenz leidenden *Kiel*[34] stagnierte im 16. Jh. der Handel; einen gewissen Ersatz dafür bot der »Umschlag«, ein Geld- und Warenmarkt im Januar, der in ganz Norddeutschland und Teilen Skandinaviens bekannt und Zahlungstermin für Immobilien- und Geldgeschäfte vorwiegend des schleswig-holsteinischen Adels und des Lübecker Großkapitals war.

Zwar war insgesamt der deutsche Schiffsbestand[35] um 1670 kaum geringer als 1590; aber Hamburgs und Emdens Aufstieg, Bremens und Lübecks Selbstbehauptung verschleierten den Niedergang Ostfrieslands, Pommerns und Preußens. Gleichzeitig wuchsen Englands, Hollands und Frankreichs Flotten gewaltig an.

Den potentiellen Reichtum und die internationale Bedeutung Deutschlands, insbesondere Frankfurts und der Küstengebiete, beleuchteten während des großen Krieges die habsburgisch-spanischen Handels-, Kompanie- und Kolonialpläne wie auch die des in Schweden ansässigen Holländers Usselinx: Darin spielten Macht- und Expansionspolitik, Reichtumsstreben und religiöse Rivalitäten ihre Rolle; Deutschland aber geriet in Gefahr, durch wirtschaftliche Verbindungen auch politisch von Schweden oder Spanien abhängig zu werden.

Beeinflußt wurde die Handelsintensität in Deutschland stark dadurch, daß die Städte im Süden meist vier, im Norden acht Wegstunden auseinanderlagen, in vielen Gebieten 1618–1648 ein Drittel und mehr der Bevölkerung umkam, die meisten Mittelstädte seit dem Großen Krieg stagnierten und die unternehmenderen Einwohner zu den großen dynamischen Messe- und Hafenstädten abwanderten.

[1] H. Kramm, Landschaftlicher Aufbau u. Verschiebungen d. dt. Großhandels am Beginn d. Neuzeit, gemessen an den Familienverbindungen d. Großbürgertums, VSWG 29 (1936).

[2] F. J. Schöningh, Die Rehlinger von Augsburg (Diss. München 1927).

[3] H. Kramm, Sozialgeschichtl. Zusammenhänge in der städt. Besiedlung d. Westerzgebirges im 16. Jh., in: Festgabe H. Aubin (1950). G. Aubin u. A. Kunze, Leinenerzeugung u. Leinenabsatz im östl. Mitteldtld. z. Zt. der Zunftkäufe (1940). G. Jahn, Der Verlag als Unter-

nehmungsform u. Betriebssystem im ostmitteldt. Leinengewerbe d. 16. u. 17. Jh., VSWG 34 (1941). A. KUNZE, Die nordböhm.-sächs. Leinwand u. der Nürnberger Großhandel (1926).

[4] W. SCHULTHEISS, Die Einrichtung d. Herrentrinkstube 1497/97 u. deren Ordnung von 1561–1597, Mitt. d. Ver. f. Gesch. d. Stadt Nürnberg 44 (1953). P. DIRR, Der Handelsvorstand Nürnbergs 1560–1610 (1910). C. L. SACHS, Metzgergewerbe u. Fleischversorgung d. Reichsstadt Nürnberg bis z. Ende d. 30jähr. Krieges (1922). H. H. HOFMANN, Friedrich Staedtler, Bleistiftverleger in Nürnberg 1662, Tradition 12 (1967). E. WIEST, Die Entwicklung des Nürnberger Gewerbes zw. 1648 u. 1806 (1968).

[4a] L. SPORHAN u. W. v. STROMER, Die Nadelholzsaat in den Nürnberger Reichswäldern 1469–1600, Zs. f. Agrargesch. u. Agrarsoz. 17 (1969).

[5] Th. NEUBAUER, Wirtschaftsleben im spätmittelalterlichen Erfurt, VSWG 11/12 (1914–1916). H. KÜHNERT, Aus der Gesch. des Suhler Eisen- und Stahlhüttenwesens, Tradition 12 (1967).

[6] I. MEILINGER, Die Nassauische Wollindustrie im 16. Jh., Annalen d. Ver. f. Nass. Altertumskde. 41 (1950).

[7] B. KUSKE, Wirtschaftsentwicklung Westfalens (1943). U. LEWALD, Die Entwicklung d. ländl. Textilindustrie in Rheinland u. Schlesien, Zs. f. Ostforsch. 10 (1961).

[8] K. VER HEES, Die oberdt. Kaufleute in Lyon im letzten Viertel d. 16. Jh., VSWG 27 (1934). J. BOOG, Oberdt. Kaufleute zu Lyon 1650–1700, Jb. f. fränk. Landesforsch. 22 (1962).

[9] F. RAUERS, Zur Gesch. d. alten Handelsstraßen, Petermanns Mitteil. (1908). Ders., Kulturgesch. der Gaststätte (2 Teile 1942) mit ausführl. Bibliographie u. instruktiven Abbildungen.

[10] K. MOHR, Die Anfänge d. modernen Warenspekulation im 15. u. 16. Jh. (Diss. München 1927). K. O. MÜLLER, Welthandelsbräuche 1480–1540 (1934).

[11] H. THIMME, Der Handel Kölns am Ende d. 16. Jh. u. die internat. Zusammensetzung d. Kölner Kaufmannschaft, Westdt. Zs. f. Gesch. u. Kunst 31 (1913). Ders., Quellen z. Gesch. d. italien. Kaufmannschaft in Köln um die Wende d. 16. Jh., Mitteil. aus d. Stadtarchiv Köln (1914). E. v. RANKE, Die wirtschaftl. Beziehungen Kölns zu Frankfurt a. M., Süddtld. u. Italien im 16. u. 17. Jh., VSWG 17 (1924). Köln u. der Nordwesten, Beitr. z. Gesch., Wirtschaft u. Kultur d. Rhein-, Maas- u. Scheldeгaumes (1941). A. BOERNER, Kölner Tabakhandel u. Tabakgewerbe 1628–1910 (1912).

[12] A. DIETZ, Frankfurter Handelsgesch. (5 Bde. 1910 ff.). F. BOTHE, Beitr. z. Wirtschafts- u. Sozialgesch. d. Reichsstadt Frankfurt (1906). E. THIEME, Der wirtschaftliche Aufbau der Hanauer Edelmetallindustrie (1920). F. LERNER, Die Frankfurter Pfeffersäcke (1969).

[13] J. KRAKAUER, Die Juden Frankfurts im Fettmilchschen Aufstand 1612 bis 1618, Zs. f. Gesch. d. Juden in Dtld. 5 (1890).

[14] M. BRAUBACH, Die Bedeutung der Subsidien im spanischen Erbfolgekrieg (1923).

[15] F. BOTHE, Gustav Adolfs und seines Kanzlers wirtschaftspolitische Absichten auf Dtld. (1910).

[16] M. BRAUBACH, Eine Wirtschaftsenquête am Rhein im 17. Jh., Rhein. Vjbll. 13 (1948).

[17] E. KROKER, Handelsgesch. d. Stadt Leipzig (1925). G. NETTA, Die Handelsbez. zw. Leipzig u. Ost- u. Südosteuropa bis z. Verfall d. Warenmessen (Diss. Zürich 1920). M. FREUDENTHAL, Leipziger Meßgäste (1928). G. FISCHER, Aus zwei Jahrhunderten Leipziger Handelsgesch. 1470–1650, die kaufmännische Einwanderung u. ihre Auswirkung (1929). E. HASSE, Gesch. d. Leipziger Messen (1885). K. STEINMÜLLER, Die Gesellschaft d. Kaufleute in Leipzig. (Forsch. aus mitteldt. Archiven. Festschrift f. H. Kretzschmar, 1953).

[17a] H. KRAMM, Besitzschichten u. Bildungsschichten der mitteldt. Städte im 16. Jh., VSWG 51 (1964). A. HIRSCH, Bürgertum u. Barock im dt. Roman ([2]1957).

18 Neue Lit. in: Hamburger Wirtschaftschronik (seit 1952). E. v. LEHE, Quellen u. Schrifttum zur Hamburg. Gesch., Heimatchronik d. Freien u. Hansestadt Hamburg (1956). P. E. SCHRAMM, Hamburg, Ein Sonderfall in d. Gesch. Dtlds. (1964). H. REINCKE, Hamburg (1925). Ders., Forschungen u. Skizzen zur Hamb. Gesch. (1951). P. E. SCHRAMM, Hamburg, Dtld. u. die Welt (1943) mit umfangr. Bibliogr. E. WISKEMANN, Hamburg u. die Welthandelspolitik von d. Anfängen bis z. Gegenwart (1929). Sommer & Strebel, Hamburg. Skizzen z. Gesch. des dt. Holzimports (1967).

19 K. ZEIGER, Hamburgs Finanzen 1563–1650 (1936). F. WITT, Hamburgs Straßen u. ihre Gesch. (1954). R. VAN ROOSBROECK, Die Niederlassung von Flamen u. Wallonen in Hamburg, Zs. d. Ver. f. Hamburg. Gesch. 49/50 (1964).

20 A. WIESKE, Der Elbhandel u. die Elbhandelspolitik bis z. Beginn d. 19. Jh. (1927).

21 H. KELLENBENZ, Hamburg u. die französ.-schwed. Zusammenarbeit im 30jähr. Krieg, Zs. d. Ver. f. Hamburg. Gesch. 49/50 (1964). H. REINCKE, Hamburg. Territorialpolitik, ebd. 38 (1939).

22 E. BAASCH, Hamburg u. Holland im 17. u. 18. Jh., Hans. GBll. 16 (1910). L. BEUTIN, Nordwestdtld. u. die Niederlande seit d. 30jähr. Krieg, VSWG 32 (1939). E. WEISE, Stader Fernhandelspläne seit d. Zeiten der Merchant Adventurers u. ihre Beziehungen zu Hamburg, Hamburger Wirtschaftschronik 1 (1950).

23 H. KELLENBENZ, Unternehmerkräfte im Hamburger Portugal- u. Spanienhandel 1590–1625 (1954). Ders., Oberdt. Portugal- u. Spanienhändler in Hamburg um 1600, in: Städtewesen u. Bürgertum als geschichtl. Kräfte (Gedächtnisschr. f. F. Rörig, 1953). Ders., Spanien, die nördl. Niederlande u. der skandinav.-balt. Raum in d. Weltwirtschaft u. Politik um 1600, VSWG 41 (1954). Ders., Sephardim an der unteren Elbe (1958). Ders., Diego u. Manoel Teixeira u. ihr Hamburger Unternehmen, VSWG 42 (1955).

24 E. LEVY V. HALLE, Die Hamburger Girobank (1891).

25 E. BAASCH, Hamburgs Convoyschiffahrt u. Convoywesen (1896).

26 W. OESAU, Hamburgs Grönlandfahrt auf Walfischfang u. Robbenschlag 17.–19. Jh. (1955).

27 E. BAASCH, Die Handelskammer zu Hamburg 1665–1915, Bd. 1 (1915). Dokumente zur Gesch. d. Handelskammer Hamburg (1965).

28 P. E. SCHRAMM, Neun Generationen 1 (1964). H. KELLENBENZ, Phasen des hanseat.-nordeurop. Südamerikahandels, Hans. GBll. 78 (1960). J. C. WOLTERS u. C. J. POLLOCK, Assekuranzmakler, Hamburg (1954). REINCKE (s. Anm. 18).

29 H. J. v. WITZENDORF, Bremens Handel im 16. u. 17. Jh., Bremer Jb. 44 (1955). R. PRANGE, Die Brem. Kaufmannschaft des 16. u. 17. Jh. in sozialgesch. Betrachtung (1963). G. BESSELL, Bremen (1935). H. ENTHOLT u. L. BEUTIN, Bremen u. Nordeuropa (1937). L. BEUTIN, Bremen u. die Niederlande (1939). Ders., Die brem. Ostseefahrt in den neueren Jahrhunderten, Brem. Jb. 35 (1935). Ders., Der dt. Seehandel im Mittelmeergebiet (1933). Ders., Zur Entstehung des dt. Konsulatswesens im 16. u. 17. Jh., VSWG 21 (1929). K. LÖBE, Bremens Holzwirtschaft (1943). A. BIÉLER, La pensée économ. et sociale de Calvin (1959).

30 L. BEUTIN, Brem. Bank- u. Börsenwesen seit d. 17. Jh. (1937). H. ALBERS, Die Anleihen d. Stadt Bremen vom 14. bis z. 18. Jh. (1930). H. R. MEYER, Die Bremer Grönlandfahrten u. ihr Einfluß auf die Bremer Wirtschaft, Brem. Jb. 50 (1965). D. HERMS, Die Anfänge der Bremer Industrie (1952). R. ENGELSING, Bremen als Auswandererhafen 1683 bis 1880 (1961).

31 B. HAGEDORN, Ostfrieslands Handel u. Schiffahrt im 16. Jh. (1910). Ders., Ostfrieslands Handel u. Schiffahrt vom Ausgang d. 16. Jh. bis z. Westfäl. Frieden (1912). W. KOHTE, Westfalen u. der Emsmündungsraum (1960).

32 W. S. HUNGER, Trade through the

Sound in the 17th and 18th C., Econ. Hist. Rev. 12 (1959). F. Bruns, Das Frachtherrenbuch d. Lübecker Bergenfahrer, Schr. d. Hanseat. Mus. in Bergen 17 (1953). A. v. Brandt, Waren- u. Geldhandel um 1560, Zs. d. Ver. f. Lüb. Gesch. u. Altertumskde. 34 (1954). Ders., Thomas Fredenhagen, ein Lübecker Großkaufmann u. s. Zeit, Hans. GBll. 63 (1938). Ders., Der Seehandel zw. Schweden u. Lübeck gegen Ende d. 17. Jh., Skandia 18 (1947).

[33] R. Winkel, Die Weichsel (1953). K.-H. Ruffmann, Engländer u. Schotten in d. Seestädten Ost- u. Westpreußens, Zs. f. Ostforschung 7 (1958).

[34] H. Landgraf, Bevölkerung u. Wirtschaft Kiels im 15. Jh. (1959).

[35] E. Baasch, Beiträge zur Gesch. des dt. Seeschiffbaues u. d. Schiffbaupolitik (1899). L. Beutin, Die brit. Navigationsakte von 1651, WaG 12 (1952).

Kapitel 10
Hof- und Handelsjuden

Zwischen dem Niedergang der christlich-bürgerlichen Großkaufleute und Unternehmer des 16. und frühen 17. Jh., die sowohl der kapitalistischen Entwicklung wie den Fürsten gedient, aber bereits nach wenigen Jahrzehnten ihre einzigartige Stellung eingebüßt hatten, und dem Aufstieg des wieder zumeist christlich-bürgerlichen Großkaufmannes, -industriellen, -bankiers, -reeders im 19. Jh. entsprachen den Anforderungen der fürstlichen Friedens- und Kriegswirtschaft in Mitteleuropa und besonders in Deutschland mit seinen vielen Territorien die *Hofjuden*, offiziell Hoffaktoren genannt. Als Finanziers und Heereslieferanten spielten sie in der »klassischen Zeit der Hoffaktoren« vom Dreißigjährigen Krieg bis zur Französischen Revolution bei der Begründung und Entwicklung des modernen Staates, wenig behindert durch christliche Moral- und Rechtssätze, eine wichtige Rolle: »Es gibt schlechterdings keinen deutschen Staat, der in jenen Jahrhunderten nicht Hofjuden in seinem Dienste hatte« (Schnee). »Alle Juden sind Kommissare, und alle Kommissare sind Juden«, meinte Moscherosch. Bezeichnend war, daß gewöhnlich mehrere Funktionen in ihrer Person vereinigt waren: Sowohl Finanziers wie Händler und Fabrikanten, liehen sie geistlichen und weltlichen Fürsten und deren Hofkreisen Geld, beschafften und verkauften Luxusgüter, Gebrauchswaren, Heeresausrüstungen, Soldaten, betrieben Münzmanipulationen auch in kleinsten Staaten, vermittelten Subsidien gegen hohe Provisionen, Zinsen, Verzugszinsen und Pfänder, erhielten Kredite von Juden und arbeiteten mit dem Gelde. Sie bauten Schlösser, bezahlten diplomatische Agenten und halfen bei politischen Vorhaben (z. B. Erwerb der hannoverschen Kur)[1]. Beim Spionieren über soziale, territoriale, nationale Grenzen hinweg kamen ihnen ihre engen Familien-, Sippen- und Glaubensverbindungen auch mit nicht wirtschaftlich Tätigen (Rabbinern, Gelehrten) und ihre gleichzeitige Arbeit für mehrere Höfe zustatten, denen sie Informationen zukommen ließen. Den Schutz, den sie von ihren Herren genossen, nutzten sie häufig übertreibend zur Einschüchterung aus. Ihre Ausnahmestellung, die sie aus der Masse jüdischer Händler und Hausierer heraushob zu Reichtum, Vorrechten und Macht, ließ sie hochmütig und anmaßend werden, undurchsichtig und rücksichtslos als Wucherer beim Umtausch von schlechtem Geld gegen gutes, beim Eintreiben von Schulden, bei Konkursen und Versteigerungen. Dazu kamen die alten christlichen Gefühle gegen die Kreuziger Christi, abergläubische Vorstellungen über gottesdienstliche Bräuche der Juden, unklare rassische Empfindungen, übertreibender Konkurrenzneid christlicher Kaufleute und Handwerker, Abneigung gegen neue Wirtschaftsmethoden, Haß gegen höfische Verschwendung und Korruption. Kein Wunder, daß die Hoffaktoren, der armen Masse der Bevölkerung zumeist unheimlich und verdächtig, gehaßt und gefürchtet wurden. Manche Fürsten machten sich das zunutze gegen mißliebige, allzu einflußreiche oder als Gläubiger lästig gewordene Hofjuden. Gegen Ende des 17. Jh. bildete das Hoffaktorentum bereits kapitalistisch-großunternehmerisch eine wirtschaftliche und gesellschaftliche Aristokratie des Judentums, die zu christlicher Gesittung und westeuropäischer Bildung aufzustreben begann. Bedeutung und Ansehen der wichtigsten der Tausende von Hofjuden haben vieles zu Schutz und Förderung der meist armseligen Judengemeinden in Dörfern und Kleinstädten fern von der relativen Rechtssicherheit der Haupt- und Residenzstädte getan. »Nicht die Aufklärung, nicht die Botschaft von 1789 war entscheidend für die Judenemanzipation, sondern die Institution des Hoffaktorentums« (nach der kaum übertriebenen Auffassung von H. Schnee).

In den hansischen Stadtstaaten hatten Juden eine andere Stellung als an den Höfen. In Hamburg[2] gab es seit Anfang des 17. Jh. eine anerkannte, von Lübeck kritisierte Gemeinde meist portugiesischer Juden, die bei intoleranter Politik der Stadt nach Altona ausgewandert wäre und von dort Konkurrenz gemacht hätte. In Lübeck dagegen »wirkte der Geist der alten hansischen Fremdenpolitik, der sonst in der Frage der Durchfuhr, des Kommissionshandels, der Spedition zum Ausdruck kam, am längsten in der Haltung gegenüber den Juden fort«[3], die man mehr als fremde Konkurrenten denn aus konfessionellen Gründen seit ihrem Auftreten um die Jahrhundertmitte aus dem Lokalgewerbe und -handel als »Schacherjuden« verdrängte, aber als fremde, zur See handelnde Juden akzeptierte. Seit der Austreibung der lokalen Juden 1699 fehlte in Lübeck der Schutzjude, so daß die Wechselgeschäfte, der städtischen Kontrolle entzogen, in die Hand fremder Juden gerieten, bis 1701/02 ein neuer Schutzjude konzessioniert wurde. In wirtschaftsgeographisch günstig gelegene Gebiete und Städte in der Nähe mehrerer Landesgrenzen und Messen, z. B. in Halberstadt, wanderten im Zusammenhang mit osteuropäischen Judenverfolgungen auch aus wirtschaftlich zurückbleibenden deutschen Städten (wie Goslar), aus weniger judenfreundlichen oder vom Krieg heimgesuchten Gebieten seit der Jahrhundertmitte viele Juden ein, die deren wirtschaftlich-sozialen Charakter häufig erheblich beeinflußten[4]. In Südwestdeutschland[5] hatten um 1675 die Juden »bereits allenthalben wie den Viehhandel so auch den Handel mit Häuten und Wolle an sich gebracht«[6]; sie flohen im Kriege, kehrten danach bald zurück und machten sich bei zunehmendem Geldverkehr auch in der Landwirtschaft unentbehrlich[7], solange sie nicht durch staatliche und genossenschaftliche Kredit- und Handelsorganisationen auf diesem Tätigkeitsfeld die Existenz verloren oder ihre Methoden ändern mußten (gewöhnlich erst nach 1850/60).

German Jewry, The Wiener Library Catalogue Series No. 3 (1958). E. G. Lowenthal in: The Shadow of Doom, Postwar Publications on Jewish Communal History in Germany, Leo Baeck Inst. Year Book 11 (1966). H. Schnee, Die Hoffinanz u. der moderne Staat, Gesch. u. System d. Hoffaktoren an dt. Fürstenhöfen im ZA d. Absolutismus (5 Bde. 1953–1965), dazu: F. L. Carsten, The Court Jews, Leo Baeck Inst. Year Book 3 (1958). J. Katz, Between Jews and Gentiles (1960). H. Rachel u. P. Wallich, Berliner Großkaufleute u. Kapitalisten, Bd. 2 (²1967). J. Strieder, Staatl. Finanznot u. Genesis d. modernen Großunternehmertums, Schmollers Jb. 49 (1925). P. Baumgart, Absoluter Staat u. Judenemanzipation in Brandenburg-Preußen, Jb. f. d. Gesch. Mittel- u. Ostdtlds. 13/14 (1965). Monumenta Judaica, 2000 Jahre Gesch. u. Kultur d. Juden am Rhein (3 Bde. 1963/64). W. Kampmann, Deutsche u. Juden (1963). R. Straus, Die Juden in Wirtschaft u. Gesellschaft (1964). H. Gold, Gesch. d. Juden in Wien (1968).

1 G. Schnath, Gesch. Hannovers im ZA der 9. Kur u. der engl. Sukzession 1 (1938).

2 E. Baasch, Die Handelskammer zu Hamburg 1 (1915).

3 E. Baasch, Die Juden u. der Handel in Lübeck, VSWG 16 (1922).

4 M. Köhler, Beiträge zur neueren jüdischen Wirtschaftsgesch. Die Juden in Halberstadt und Umgebung bis z.

Emanzipation (1927). H. SCHNEE, Die Familie Seligmann-Eichthal als Hoffinanziers an süddt. Fürstenhöfen, Zs. f. bayer. Landesgesch. 25 (1962).

[5] E. STROBEL, Neuaufbau d. Verwaltung u. Wirtschaft d. Mgfsch. Baden-Durlach nach d. 30jähr. Krieg (1935). A. SCHAHL, Der Münzfund von Heilbronn, Zs. f. württ. Landesgesch. 5 (1941). H. SCHNEE, Baruch Simon, Ludwig Börnes Großvater als Hoffaktor an d. Fürstenhöfen von Mergentheim u. Bonn, HJb 84 (1964).

[6] J. A. ZEHNTER, Zur Gesch. d. Juden in d. Mgfsch. Baden-Durlach, ZGORh NF 12 (1897).

[7] B. ROSENTHAL, Eine Wucherenquête in der Pfalz, Monats-Zs. f. Gesch. u. Wissensch. d. Judentums 79 (1935). H. SCHNEE (s. Anm. 4). Leben u. Schicksal, Zur Einweihung d. Synagoge in Hannover (1963). H. SELIGER, Origin and Growth of the Berlin Jewish Community, Leo Baeck Institute Year Book 3 (1958).

Kapitel 11
Niederländische Flüchtlinge, Hugenotten und andere Einwanderer

Bei der niederländischen Einwanderung im 16. Jh. wiederholten sich »auf einer reiferen sozialen und technischen Entwicklungsstufe« Vorgänge der mittelalterlichen Ostsiedlung[1]. Hauptvehikel der Einwanderung war der Getreidehandel aus dem Ostseeraum, der dort wesentlich zur niederländischen Vormachtstellung beitrug. Danzig wurde Wohnsitz zahlreicher niederländischer Kaufleute (neben Engländern und Schotten), Wegbereiter der niederländischen Wanderung. Niederländische Glaubensflüchtlinge erschienen in Danzig 1529, in Lübeck 1532, in Königsberg vor 1540. Zünftischer Widerstand regte sich in den alten Städten, daher erfolgte die Ansiedlung in Vororten. Seit 1540–1544 drang der Kalvinismus vom Süden her ein. Eine neue Einwanderungswelle begann 1544 in Ostfriesland, Emden, Aachen, Köln, Wesel und strahlte bis in die Pfalz aus; seit 1567 reichte eine dritte Welle in weitem Schwung bis England, zur Ostsee und nach Mitteldeutschland, gefolgt von Rückwanderungen, konfessionellen Entmischungswanderungen (1572/79) und neuer starker Auswanderung infolge Antwerpens Fall (1585). Die Stärke der Siedlungen betrug in Frankfurt 1561 übei 2000 ($^1/_7$ der Bevölkerung), in Wesel 1570 über 5000, in Hamburg, wo seit 1567 Flamen und Wallonen eintrafen, 1600 etwa 2000, sonst vielfach um 1000 Personen. Das Hauptkontingent stellten zunächst Textilhandwerker, nach 1567 häufig Seidenweber (Frankfurt, Frankenthal, Wesel, Hamburg), Gold-

und Silberschmiede (Neu-Hanau 1597), Diamantschleifer (Frankfurt). Zahlreiche Städte wurden für religiöse Emigranten bzw. Einwanderer gegründet, z. B. 1599 Freudenstadt für protestantische Bergleute aus Kärnten und Steiermark. Die Kaufleute konzentrierten sich stärker auf einige besonders günstige Orte: Emdens Aufblühen war wesentlich durch den von Einwanderern hergestellten Anschluß an den Welthandel bedingt, Hamburgs Handel lag 1600 fast ausschließlich in ihrer Hand, Frankfurt wurde vorwiegend durch sie Geldhandelsplatz.

»Die Überlegenheit auf landwirtschaftlichem Gebiete, die den holländischen Bauern den Weg nach dem Osten bahnte, hat ihre geographischen Wurzeln in den Besonderheiten der niederländischen Marsch, ihre sozialen in der hohen Bevölkerungs- und Stadtdichte des Landes« (W. Kuhn). Gruppen- und Einzelsiedler zogen mit dem Ostseehandel 1519 nach Kopenhagen, seit 1527 nach Preußisch-Holland, seit 1547 in den Weichselwerder und die Niederung (meist Mennoniten), 1599 zur Nordküste Westpreußens, um 1606 zur Netzeniederung und vom Osten her in die brandenburgische Neumark. Sie hatten Erfolge mit der Einführung heimischer Wirtschaftsweisen, wirkten als Vorbild für Einheimische und deutsche Einwanderer. In den Nordseemarschen legten sie zumeist nicht mehr geschlossene Dörfer an; sie machten neue wirtschaftliche und technische Formen (Milchwirtschaft, seitdem starker Käseexport) bekannt, gründeten neue Handelsstädte (Garding, Tönning, Friedrichsstadt 1617), traten als Wasserbauingenieure in fürstliche, als Schiffbauer in städtische Dienste und drangen im 17. Jh. aus dem Marschgebiet ins Landesinnere vor.

Nach der Einwanderungserlaubnis für *Hugenotten*[2] nach Lüneburg (6. 8. 1684) und der »Freiheitskonzession und -begnadigung« des Landgrafen von Hessen-Kassel (18. 4. 1685) erließ Friedrich Wilhelm von Brandenburg, der schon 1664 gegen schlechte Behandlung der Reformierten bei Ludwig XIV. protestiert hatte, in Anlehnung an die auch in Hessen-Darmstadt und Württemberg vorbildliche Kasseler Konzession am 29. 10. 1685, drei Wochen nach Aufhebung des Edikts von Nantes, das zweisprachige ›*Potsdamer Edikt*‹, dessen vierzehn Leitsätze maßgebend für das siedlerische Wirken der Hohenzollern wurden. Die Einwanderer kamen meist aus dem »fernsten Süden«, die Landwirte gewöhnlich aus Dauphiné und Champagne, die nach Berlin etwa zur Hälfte aus Metz. Deutsche

Haupteinwanderungsterritorien, zumeist über die Durchgangsorte Frankfurt, Marburg, Kassel, Hamburg, waren Brandenburg-Preußen, dessen Herrscherhaus seit 1613 reformiert war, Brandenburg-Ansbach (Schwabach), Brandenburg-Bayreuth (Erlangen)[3], Braunschweig-Lüneburg (mit hugenottischen Herzögen), Hessen-Kassel[4] (bes. Kassel), Hessen-Homburg (Homburg, Friedrichsdorf), Hessen-Darmstadt, nach einigen Bedenken das lutherische Württemberg, die konfessionell wechselnde Pfalz (Mannheim) und Hamburg. In Sachsen erhielten sie weder Bürgerrecht noch Grundbesitz. Von Werbern und Werbeschriften gefördert, begann die Einwanderung im wesentlichen 1685; die der Waldenser fand 1687/90, vor allem 1698/99 statt. Die meisten Einwanderer kamen aus Städten und strebten in Städte, wobei es zu Gründungen von »Neustädten« (Oberneustadt in Kassel) und neuen Städten wie 1699/1717 Sieburg/Karlshafen, in gewisser Weise auch Mannheim kam. In Brandenburg verdächtigte man ohne Grund den Landgrafen von Hessen, Kapitalkräftige und Handwerker im Lande gehalten, andere weitergeschoben zu haben. Ihr Anteil an der Landwirtschaft war gering – abgesehen von den Waldensern, in deren Reihen sich kaum Handwerker befanden, die auch arm waren und von ihrer Heimat her Pflug und Zugtier nicht kannten, die Wiesendrainage aber beherrschten. Befaßten die Hugenotten sich mit der Bodenkultur, dann bevorzugten sie Kunst-, Blumen- und Küchengärtnerei, Gemüse-, Obst- und Weinbau, Waid- und Krappbau, Tabak- und Maulbeerpflanzungen. Nur langsam wurden die Einwanderer wirklich seßhaft. Insgesamt kamen, nachdem die Auswanderung bereits um 1540 begonnen hatte, von möglicherweise 200000 Auswanderern zwischen 1680 und 1720 nach Deutschland etwa 30000 Franzosen (ebensoviele in die evangelischen Orte der Schweiz), davon 20000 nach Brandenburg-Preußen (4000 nach Berlin mit 11000 Einwohnern; 6000 nach Hessen), außerdem 6000 Wallonen, 3000 Waldenser – aber: »Il faut renoncer a établir les chiffres, même approximatifs, aussi bien du nombre des protestants en France à l'époque de la Révocation et pourtout le XVIIIe siècle, que pour le nombre de ceux qui ont émigré« (Lüthy). Die Auswanderung endete um 1752/53. Die ihnen teils allgemein (Potsdamer Edikt), teils individuell verliehenen Freiheiten und Privilegien waren einerseits religiöser Natur, hielten sich andererseits im Rahmen der Peuplierungs-, Handels- und Manufakturpolitik der Zeit. Gewöhnlich war »die einzige auch für Hugenotten verbindliche Steuer« die Verbrauchssteuer (H. Erbe). Verhältnismäßig am ungünstigsten war die Stellung der Einwanderer in den Hansestädten und Frankfurt. Die Haltung der Einheimischen wurde zumeist durch Glauben, Wirtschafts- und Sozialordnung (Zunft) bestimmt. Da die Ankömmlinge vielfach fortschrittlichere, geschicktere Handwerker waren, die mit Fleiß, Unternehmungslust, Privileg und bisher unbekannten Erzeugnissen die Produktion, Märkte und Preise in Unruhe versetzten, sperrten die Zünfte sich durchweg gegen sie – wodurch die Einbürgerung behindert wurde – und lehnten hugenottische Lehrlinge und Gesellen ab. Siedler erhielten schlechte, verkehrsungünstig gelegene Ländereien; das ließ z. B. in Ansbach die Subventionsanträge der Eingewanderten ansteigen, machte diese dadurch wieder unbeliebt und belastete die Staatskassen. Umsiedlung wurde nötig, die Einordnung der Eingewanderten erschwert und verzögert. Nicht ohne Einfluß waren die Temperamentsunterschiede zwischen Norddeutschen und Südfranzosen sowie die Schwierigkeiten sprachlicher Verständigung. Sie alle strebten in Deutschland meist erfolgreich in die erlernten Berufe. Unternehmer und Geldleute, nur vier Prozent der Zuwanderer, spielten wirkungsmäßig jedoch eine viel größere Rolle und wurden für die moderne Unternehmung in Deutschland bedeutsam. Etwa drei Viertel der einwandernden Männer waren 20–50 Jahre alt; der Einfluß ihrer billigen Arbeitskräfte und der gesteigerten Kaufkraft war um so günstiger, je rückständiger die Entwicklung der neuen Heimat. Für manche preußischen Städte (Berlin, Magdeburg) bedeutet die Hugenottenaufnahme den Beginn einer neuen Entwicklungsperiode. Sie brachten neue Produktionsverfahren, lockerten mit weitgetriebener Arbeitsteilung die Gewerbe auf, belebten den seit langem rückläufigen Fern- und Auslandshandel durch ihre Familien- und Glaubens-Beziehungen (ähnlich wie die Hofjuden); sie förderten Geldwirtschaft und Großhandel (Frankfurt) und änderten den bis dahin ganz agrarischen Charakter Brandenburg-Preußens, indem sie Mode- und Luxusgewerbe und neue Landwirtschaftszweige schufen, allerdings auch die Seidenraupenzucht in klimatisch ungünstige Gebiete trugen, wo die Versuche erst nach hohem, merkantilpolitisch begründetem Aufwand wieder eingestellt wurden. Häufig gewährte hohe Subventionen führten über fürstliches Interesse nicht selten zu staatlicher Beteiligung und Anstellung von Gewerbeaufsehern. »Die Ketzerei befördert den Handelsgeist«, urteilten die Spanier über die niederländische Diaspora in Deutschland; das traf auch auf die Hugenotten zu. Die Einschmelzung großer Gruppen und Gemeinden gelang in größeren Städten wie Berlin langsamer als in Landstädten und Dörfern, aus denen andererseits häufig der »Aufstieg« in jene versucht wurde. Durch die Einführung von Manufaktur und Verlag, Prinzip der Arbeitsteilung, Akkord- statt Stücklohn brachten die Hugenotten den Gastländern große Vorteile. In Berlin, dem »chef-lieu de refuge«, unterschied man nach 1750, also in der Zeit von Friedrichs d. Gr. unglücklichen Regieversuchen, scharf die Français-Français, die Akzise-Franzosen, von den hugenottischen Français-Allemands. Friedrich selbst bemerkte 1770, »un peu dragonner les Huguenots« in Frankreich brächte für Preußen große neue Vorteile.

Daß nicht etwa nur protestantische, sondern ganz allgemein Einwanderung, d. h. neuer Anfang in ungewohntem Milieu, wirtschaftlich starke Anregung ausüben kann, zeigt ebenso wie die Zuwanderung von Juden nach Hamburg und anderen Städten z. B. auch das Schicksal Freiburgs i. Br.: 1677–98 von Franzosen militärisch besetzt, bekam es einen starken Zustrom von Soldatenfamilien, Marketendern, Wirten, Handwerkern, Händlern, Beamten, so daß der Ort mit über 50 Prozent französischer Einwohner »bald das Ansehen einer französischen Stadt« annahm; sein Wirtschaftsleben aber erhielt dadurch einen kräftigen Antrieb, der durch zahlreiche seßhaft Gewordene von Dauer blieb[5]. Sehr wertvoll für Landwirtschaft, Bergbau und andere Gewerbe war schließlich auch die Ansiedlung einer großen Zahl lutherischer Exulanten aus Böhmen in 150 Orten Sachsens seit 1623 (Gründung von Johanngeorgenstadt 1654).

Bei der Einwanderung der Hugenotten gab es bereits seit etwa 1600 Salzburger Exulanten in Württemberg (Freudenstadt). Aber erst nach der Vertreibung der Salzburger am Reformationstage des Jahres 1731 setzte die große Welle der 20000 aus Pinzgau und Pongau ein, die zunächst nach Württemberg und Franken, dann aber, der Einladung Friedrich Wilhelms I. vom 2. 2. 1732 folgend, fast alle in 32 Transporten nach Berlin, von dort zu Lande und zur See über Königsberg in die litauischen Gebiete um Gumbinnen zogen. Einige (›Hermann und Dorothea‹) blieben in Ober- und Mitteldeutschland, der 32. Transport wurde in der Friedrichsstadt

Berlins angesiedelt. 700 Berchtesgadener zogen nach Hannover, 360 nach Holland, andere 1733 nach Nordamerika, die letzte Gruppe – 437 Zillertaler – 1837 nach Schlesien und regte dort von Erdmannsdorf aus Gartenbau und Milchwirtschaft an[6]. Von den seit 1532 reformierten, seit 1545 verfolgten Waldensern zogen 1688 etwa 800 nach Brandenburg; sie kehrten zwei Jahre später wieder zurück, gerieten in neue Verfolgungen und wanderten, 1698 ausgewiesen, endgültig nach Württemberg, Baden und Hessen.

Gleichzeitig fand auch eine jüdische Einwanderung nach Deutschland statt – in erster Linie nach Brandenburg-Preußen, wo seit der liberalen Haltung des Großen Kurfürsten ein starker Zuzug von Juden zu verzeichnen war, hauptsächlich zu den größeren Städten mit wachsender wirtschaftlicher Bedeutung, wie Königsberg, zur wichtigen Messestadt Frankfurt/Oder, zur aufstrebenden Handels-, Manufaktur- und Universitätsstadt Halle, wo 1699 639 jüdische Bewohner lebten (in Berlin über 1000 bei 20000 Einwohnern insgesamt)[7].

Schließlich gab es auch unerwünschte Einwanderer, wie auf der Wende vom 17. zum 18. Jh. die »Zigeunerplage« in Schlesien, Sachsen, Schwaben und am Oberrhein, die teils vor dem energischen Polizeichef Ludwigs XIV. flüchteten (Zigeunergesetze seit 1539, u. a. 1612, 1660, zuletzt 1682), teils aus dem Donauraum kamen, in West- und Süddeutschland gelegentlich mit anderen großen Vagantengruppen bei der infolge der Kriege allgemeinen Armut und geringen Produktivität in diesen Gebieten eine schwere Last wurden. Eine starke Gruppe hielt sich, durch die Bekämpfungsmaßnahmen der Regierungen zusammengedrängt, das ganze 18. Jh. hindurch im südlichen Teil des Pfälzer Waldes[8].

[1] W. Kuhn, Die niederländisch-nordwestdt. Siedlungsbewegungen d. 16. u. 17. Jh., in: Geschichtl. Ldskde. u. Universalgesch. (Festgabe f. H. Aubin 1950); dort das wichtigste Schrifttum. Im übrigen auch W. Wermke, Bibliographie d. Gesch. von Ost- u. Westpreußen (1933). R. Kuschert, Landesherrschaft und Selbstverwaltung in der Landschaft Eiderstedt, Zs. d. Ges. für schlesw.-holst. Geschichte 78 (1954). R. v. Roosbroeck, Die Niederlassung von Flamen u. Wallonen in Hamburg, Zs. d. Ver. f. Hamburg. Gesch. 49/50 (1964).

[2] H. Cellarius, Die Bedeutung d. Hugenotten für Dtld., bes. für Hessen u. Nassau, Nass. Annalen 77 (1966) mit vorzügl. Bibliographie. H. Lüthy, La banque protestante en France de la révocation de l'édit de Nantes à la révolution 1 (1959). Über den Namen: H. Naef, »Huguenot« ou le procès d'un mot, Bull. d'Humanisme et Renaissance 12 (1950). H. Erbe, Die Hugenotten in Dtld. (1937) mit Statistiken u. älterer Lit. Zs. ›Der deutsche Hugenott‹ (1930ff.). F. W. Hussong, Literatur u. Quellen z. Gesch. d. Hugenotten u. Réfugiés, Der dt. Hu-

genott 7 (1935). G. Aubin, Der Einfluß d. Reformation in der Gesch. d. dt. Wirtschaft (1929). W. Beuleke, Die Hugenotten in Niedersachsen (1960).

[3] G. Schanz, Zur Gesch. der Kolonisation u. Industrie in Franken (1884). H. Liermann, Der Erlanger Hugenottenbrunnen als Rechtsdenkmal, Jb. f. fränk. Landesforsch. 11/12 (1953).

[4] W. Beuleke, Die Hugenottengemeinde Braunschweig, Braunschw. Jb. 42/46 (1961/65). R. Schmidmann, Die Kolonien d. Réfugiés in Hessen-Kassel u. ihre wirtschaftl. Entwicklung im 17. u. 18. Jh., Zs. d. Ver. f. hess. Gesch. u. Ldskde. 57 (1929). K. Scharlau, Landeskulturgesetzgebung u. Landeskulturentwicklung im ehem. Kurhessen, Zs. f. Agrargesch. u. Agrarsoz. 1 (1953).

[5] F. Noack, Die französ. Einwanderung in Freiburg i. Br. 1677–1698, VSWG 23 (1930).

[6] C. F. Arnold, Die Vertreibung d. Salzburger Protestanten u. ihre Aufnahme bei den Glaubensgenossen (2 Bde. 1900/01). H. Gollup, Stammbuch d. ostpreuß. Salzburger (1934). W. Menger, Die Salzburger Emigration nach Ostpreußen, ein medizingesch. Beitrag zum Umsiedlungsproblem, Mitt. d. Ges. f. Salzburg. Landeskde. 98 (1958).

[7] P. Baumgart (s. Lit. zu Kap. 10).

[8] H. Arnold, Vaganten, Komödianten, Fieranten und Briganten (1958). Ders., Das Vagantenunwesen in der Pfalz währ. d. 18. Jh., Mitt. d. Hist. Ver. d. Pfalz 55 (1957). R. Stamm, Th. K. Hartleben (1770–1827) u. seine Allg. dt. Justiz- u. Polizey-Fama, eine Untersuch. über Aufgabe u. Wirksamkeit einer Zs. im Kampf gegen das Gauner- u. Bettelwesen, ZGORh 113 (1965).

Kapitel 12
Wirtschaftsethos, gerechter Preis, Zinsverbot, Kartelle und Monopole

Der »moderne« kapitalistische Unternehmer wuchs über das mittelalterliche Wirtschaftsethos hinaus, das, am vollkommensten von *Thomas v. Aquino* formuliert, auf der Idee auskömmlicher Nahrung und angemessenen Preises (justum pretium) beruhte, das »Standesprinzip als Bestimmungselement des Arbeitslohnes« und die »Standespyramide als Lohnpyramide« hatte und sich in der katholischen Sozialpolitik bis zu Leos XIII. Encyclica ›Rerum Novarum‹ und zur Klassenauffassung neuerer katholischer Sozialpolitiker (Pesch, Renz u. a.) auswirkte[1].

Das Problem des *»gerechten Preises«* wurde akut, als große Gesellschaften und Handelshäuser mit stark preisregulierendem Einfluß die mittelalterliche Preisbildung und -stabilität gefährdeten. Bereits in der Zeit des Aquinaten war die Wirtschaft der bedeutenden Handelsstädte Italiens, Flanderns, West- und Süddeutschlands und der Hanse über das thomistische Ideal hinaus in die kapitalistische Erwerbs- und Wettbewerbsauffassung hineingewachsen.

Der Ausbreitung der Kreditwirtschaft stand das kirchlich-kanonistische *Zinsverbot* entgegen, nach dem jeder Gewinn an Geld oder Waren aus reinem, mit keiner Arbeit verbundenem Geldgeschäft als Wucher galt[2]; Kauf, Pacht, Tausch konnten demnach genauso wucherisch erscheinen wie Zinsdarlehen. »Auf Thomas von Aquin stützt sich noch im 17. Jh. beinahe jeder Schriftsteller, der die Wucherlehre behandelt« (Hagenauer). Die kanonistische Doktrin kannte aber »Zinstitel«, die als juristische Interpretations-Spitzfindigkeiten die tägliche Zinspraxis ermöglichten (»damnum emergens«, »lucrum cessans«, »id quod interest« u. a.); der allmählich sich ausbildende formenreiche Rentenkauf bis zum reinen Darlehns- und Spekulationsgeschäft trat mit der Folge der Bankgründungen, öffentlich-rechtlicher Kreditanstalten, hinzu. Die kanonistische Doktrin löst sich dabei weithin in »reine Wortinterpretationen« auf, zumal die Kirche selbst Kreditgeschäfte usw. betrieb und der Zins sich als ökonomische Kategorie bei der Verbotsmacht selbst durchsetzte. Die Kirche mußte endlich das Zinsverbot aufgeben, nachdem das Alltagsleben sich längst darüber hinweggesetzt hatte. Die Juden waren vom Verbot nicht betroffen, fanden hier also ihre unentbehrliche Position, eine auf lange Sicht für sie nicht eben glückliche Einordnung in die mitteleuropäische Wirtschaft. Jakob Fugger, dessen »Fühlen und Trachten wesensmäßig vorbehaltlos zum Spätmittelalter« gehörte (v. Pölnitz), und andere Träger großer Vermögen suchten ihr Verhalten in Zins-, Preis- und Monopolfragen mit Stiftungen u. dgl. gegen volkstümliche Prediger (Geiler v. Kaisersberg, Sebastian Brant), auch mit wissenschaftlichen Schriften und Disputationen (Joh. Eck, 1515 für mäßigen Zins) gegen den kirchlichen Widerstand moralisch zu rechtfertigen.

War schon die Haltung des katholischen Klerus gegen solche vermittelnden Bemühungen uneinheitlich, so erst recht die der Reformatoren. *Luther*[3], der 1505 Mönch geworden war und noch zur Zeit des Thesenanschlags das »wahre« mit dem »christlichen und monastischen« Leben gleichsetzte, wandte sich mit reformatorisch-sittlicher Verwerfung des Eigennutzes unter Bevorzugung bäuerlich-landwirtschaftlicher Gesichtspunkte bis 1523 gegen das Zinsnehmen der Kirche und forderte staatliche Richtpreise; seitdem wechselte er schwankend, unter stärkerer Anpassung an den Wirtschaftsalltag, zur Ordnungsauffassung der in Geldgeschäfte verwickelten Obrigkeit über, forderte jedoch Festsetzung von Höchstzinsen und gab grundsätzlich den gesellschafts- und monopolfeindlichen, anti-augsburgischen Standpunkt nicht auf. Im Zusammenhang mit Wirtschaftskrisis, Preisrevolution und Verschlechterung des Gold-Silber-Verhältnisses wandte er sich (1539/40 an die Pfarrherren, auch in Briefen und Tischgesprächen) erneut »wider den Wucher« und fand fünf bis sechs Prozent, beim Zinskauf acht Prozent eine noch erträgliche Zinshöhe. »Aber es wäre müßig, bei ihm eine zusammenhängende, durchgebildete Lehre zu suchen« (Tawney). *Melanchthon*, von Luther ursprünglich abhängig, war später kompromißbereiter. Allgemein erschien den Reformatoren der Ackerbau als »die des Christen würdigste Arbeit«, eine Auffassung, die ihre Wurzel bei den Scholastikern hatte und den Weg für die Physiokraten bereitete. Auch die Haltung der weltlichen Obrigkeiten war uneinheitlich; die Reichspolizeiordnungen von 1530, 1548, 1577 und ebenso Brandenburg gestatteten Rentenkauf; in Bayern erklärte die Landesordnung von 1553 Zins für ungültig, aber nicht mehr für strafbar, das Toleranzedikt von 1583 resignierte. Das Geldbedürfnis von Staat und Kirche für verwaltungs-, kriegs- und machtpolitische Zwecke zwang beiden den Kapitalismus mit allen seinen Erscheinungen auf. Überall brach sich zugleich die Auffassung Bahn, daß mehr als bisher (Feste, Wallfahrten, Klöster, Bettler, Vagabunden) gearbeitet werden sollte: bete *und* arbeite!

Die wirtschaftsethisch, nicht nationalökonomisch betonten Fragen nach der Zulässigkeit kapitalistischer Organisationsformen, wie *Syndikat*, *Kartell*, *Monopol*[4], längst auch an der Kurie bekannt und erörtert, nun aber im Gewürz- und Erzgroßhandel, bei Salz, Alaun, Bernstein und Metallen stärker als je akut, berührten sich nicht weniger eng mit den Bedürfnissen des modernen Staates. Ihre Bildung war den Handwerkern, Händlern, Bauern und Adligen (Hutten!) verhaßt, wurde von den Scholastikern auf Grund ihrer Preislehre abgelehnt, von den Humanisten übersehen, vom Staat aber erleichtert, da die geldbedürftigen Fürsten gegen hohe, z. T. nie zurückzahlbare Darlehen den Geldgebern Alleinhandels- und -förderrechte überließen: Die Darlehen der Kaufleute konnten »überhaupt nur noch mit Hilfe von so außerordentlichen Maßregeln wie Monopolen getilgt werden. Nichts ist verkehrter, als die Monopolbewegung des 16 Jh. nur aus einer exorbitanten Gewinnbegierde der Kaufleute erklären zu wollen. Das lebendige Interesse, das z. B. die deutsche königliche und kaiserliche Finanzpolitik hier hatte, zeigt sich deutlich an dem Eifer, mit dem sie die monopolistischen Kaufleute gegen eine Belästigung durch das Reichsregiment schützte« (J. Strieder). Nach Vorgeplänkel Maximilians I. mit den Handelsgesellschaften seit 1507, wurden im Köln-Trierer Reichsabschied 1512 die ins Blickfeld der Reichspolitik gerückten Gesellschaften aus kleinstaatlich-ständischen Interessen als »Monopolisten« heftig, aber vergeblich angegriffen. Volksprediger riefen zum Kampf gegen die sündhaften Wucherer auf, Gelehrte begannen, sich mit der Frage des Zinsverbotes zu beschäftigen. Von dem Reichstagsabschied machte der Fiskal im Anschluß an weitere Verhandlungen 1522/23 Gebrauch und lud sechs Augsburger Handelsherren vor Gericht; der Reichstag selbst befragte die Stadt über die Gefährlichkeit der in ihr beheimateten Gesellschaften, die Peutinger als »Repräsentanten des neuen Wirtschaftsdenkens« (Bauer) zum Anwalt nahmen und auf Karl V. bauen konnten. Gegen den fürstlich-kleinbürgerlich-zünftischen Widerstand entzog Karl V. angesichts des Geldbedarfs für den Türkenkrieg nach J. Fuggers Appell dem Reichsregiment, das selbst finanziell von den Reichsstädten abhängig war, die Unterlagen für ein Monopolprozeßverfahren. Der Nürnberger Reichsabschied von 1523 vertagte den Monopolstreit; kaiserliche Edikte von Madrid und Toledo (10. 3. und 13. 5. 1525) sicherten die Entwicklung über die »gebundenen Formen mittelalterlichen Innungsgeistes zu dem individualistischen Freiheitsprinzip neuzeitlichen Unternehmertums« (v. Pölnitz). Als der Bauernkrieg zum Fürstenkrieg wurde, entschied also Karl V. in einem benachbarten Bereich grundsätzlich im gleichen Sinne gegen die traditionalistischen für die (auch finanz-)stärkeren Mächte der Zukunft. Damit war das bis zum Tode J. Fuggers akute Problem der großen Handelsgesellschaften und Monopole (und somit auch des »gerechten Preises«) praktisch gelöst. Im Bereich der Theorie war man ihm noch nicht gewachsen, wie die höchst umständlichen, oft unklaren Erörterungen zeigen. Der Kernpunkt der kaiserlichen Finanznot, die zur Aufgabe der alten Auffassung zwang, wurde dabei gar nicht erwähnt. Spätere monopolgegnerische Beschlüsse und Verordnungen (Reichstagsabschied 1530, Reichspolizeiordnung 1548) konnten die Entwicklung nicht mehr aufhalten. Das Problem ist aber über die privilegierten Kolonialgesellschaften des

17./18. Jh. bis zur Bewegung und Gesetzgebung des 19./20. Jh. gegen Trusts, Monopole und Kartelle (vor allem im kalvinistischen Bereich) lebendig geblieben. Bei den Auseinandersetzungen spielte auf der Seite der oberdeutschen Kaufleute der Augsburger Jurist und Stadtschreiber Conrad Peutinger, der jahrelang italienisches Wirtschaftsdenken und -handeln kennengelernt hatte, mit Gutachten zugunsten der Augsburger Handelsgesellschaften und des städtischen Großhandels überhaupt, durch sein Auftreten gegen Eck in der Frage des kanonischen Zinsverbotes bei den Verhandlungen um Karls V. Handelsgesetz von 1525 sowie bei politischen Schwierigkeiten eine nach Gründlichkeit des Denkens und Gewandtheit des Auftretens im 16. Jh. einzigartige Rolle.

Die Bedeutung der Reformation für die Entwicklung der Wirtschaft[5] und vor allem des Kapitalismus gehört seit Beginn des 20. Jh. zu den umstrittensten wirtschaftsgeschichtlichen Problemen. Mit der *Reformation* fielen in den Ländern des neuen Glaubens viele Bindungen politischen und wirtschaftlichen »Stils« (Müller-Armack), während in den katholisch bleibenden Staaten diese Veränderungen entweder ganz ausblieben oder sich verzögerten und abwandelten. Zu beachten ist, daß sich gegenüber dem Bereich des Katholizismus nicht der Protestantismus als geschlossenes Ganzes, sondern in den beiden Formen des Reformierten- und des Luthertums entwickelte, die im Glauben, in politischer Überzeugung und auch in wirtschaftlicher Haltung stark voneinander abwichen[6]. »Die radikalere Kraft im Aufbau einer neuen Weltordnung beweist dabei der *Kalvinismus*« (Müller-Armack). Seine Gebiete vollzogen den Übergang zum neuen Wirtschaftsdenken und -handeln am frühesten, am sichtbarsten, am menschlich tiefgreifendsten, indem sie wirtschaftliches Fortschritts- und Erfolgsstreben, wenigstens nach der Mitte des 17. Jh. (so Tawneys Korrektur an Max Webers sehr stark im protestantischen Germanismus und im Finanzkapitalismus auf der Wende vom 19. zum 20. Jh. wurzelnder, gefühlsbetonter Auffassung), über die Prädestinationslehre unmittelbar mit der Religiosität des Individuums verkoppelten. Zugleich vollzog sich hier eine Distanzierung des Menschen von der Lebensordnung und -gemeinschaft des als Befehlsmacht sehr entwerteten Staates, die zur Gegnerschaft gegen den Absolutismus und bis ins Anarchische führen konnte. Das hatte zur Folge, daß in den politisch vom Kalvinismus bestimmten Gebieten staatliche Wirtschaftspolitik und öffentliche Unternehmungsform nur sehr schwach entwickelt wurden; vielmehr stand bei zunehmender Liberalisierung des Staates unter Abbau ständischer Privilegien und Monopole die private Unternehmung in Bergbau, Versicherung, Finanz, Kolonialentwicklung usw. ganz im Vordergrund. Der Gehorsam gegenüber dem göttlichen Willen zeigte sich einzig in der »Askese der Arbeit« im Irdischen. Im Vergleich zum Luthertum war der Kalvinismus kämpferischer, aggressiver, was die Menschen auch im täglichen Leben prägte. Die gleichzeitig sich vollziehende Wendung von der Kunst zur Skepsis der Wissenschaft im kalvinistischen Bereich kam sehr stark der naturwissenschaftlich begründeten Technik zugute. *Luthertum*, Staatsautorität, Staatskirchentum und staatlich gelenkte Wirtschaft gingen von vornherein eine starke, wechselseitige, einander stützende und fördernde Verbindung ein – am stärksten und natürlichsten im absolutistisch regierten deutschen Fürstenterritorium. An der Stelle des kalvinistischen Arbeitsethos stand im lutherisch bestimmten Staat das Berufsethos, die staatstreue Berufserfüllung (Max Webers Hinweis auf die Doppelbedeutung des Wortes »Beruf« in Religion und Wirtschaft), anstelle des staatsgegnerischen Individualegoismus das ein- und untergeordnete Staatsdienerdenken. Die Arbeit, nicht der Arbeitserfolg trug den religiösen Akzent. Dieses im buchstäblichen Sinne reformatorische Verhalten schloß die Entwicklung neuen wirtschaftlichen Denkens vom Einzelnen her im Gegensatz zum Kalvinismus aus und hatte eine starke Wendung zur staatlich veranlaßten, geförderten, kontrollierten, schließlich zur Staats-Unternehmung zur Folge. Große Wirtschaftspersönlichkeiten traten in diesem System naturgemäß seltener, und dann mehr gegen die Gesellschaft als in ihr hervor. Die unternehmerähnlichen Funktionen übernahmen unternehmerähnliche, dem Fürsten fast beamtengleich verpflichtete, beamtlicher Kontrolle unterstehende Männer. Der Beitrag des Luthertums zur Bildung einer neuen Wirtschaftsgesinnung lag also in einer Vertiefung der Auffassung von Beruf und Arbeit im Rahmen der Gemeinschaft, der des Kalvinismus in der Intensivierung des asketischen Arbeitseifers des Einzelnen für sich selbst. Hofjuden gab es im lutherischen und katholischen, kaum dagegen im kalvinistischen Raum.

Während in den meisten deutschen Territorien eine klare konfessionelle Haltung von einer entsprechenden wirtschaftlichen Entwicklung begleitet war, führte in Preußen der Übertritt des Herrscherhauses zum Kalvinismus 1613 allmählich zu einer Durchdringung beider Schichten und zu spezifisch »preußischen« Auffassungen und Formen von Staat, Wirtschaft, Gemeinschaft, Individuum[7]. Otto Hintze betont weiter, daß Staatsräson und Wirtschaftsräson durch kalvinistische Berufsethik eng miteinander verbunden waren: »Die vermehrte Aktivität des wirtschaftlichen und politischen Unternehmers (so kann man ja die modernen Staatsgründer wohl nennen), die gesteigerte Intensität und Rationalität des wirtschaftlichen Betriebes [Domänen] und der staatlichen Verwaltung und Politik, die Unterordnung der individuellen Willkür der Leiter in Politik und Wirtschaft unter die Interessen der ›Firma‹ oder des ›Staats‹ neuer Prägung – das alles entspricht sich vollkommen.« Im Wuppertal, in dem eine bäuerliche Gemeinschaft sich seit dem 16. Jh. industrialisierte und eine protestantische Bevölkerung sich gegen die katholische Landesherrschaft durchzusetzen vermochte, vollzog sich »wie auf dem Experimentiertisch« eine Entwicklung, die für den Religionssoziologen überaus aufschlußreich ist.

Bei Luthers Einstellung zu Wirtschaftsfragen[8] ist seine bäuerlich-kleinunternehmerische Herkunft und seine religiöse Grundhaltung zu beachten, die sich in ihrer Unbedingtheit mit vielen der kasuistischen Auskunftsmittel der Kirche seiner Zeit nicht begnügen konnte und hinter diese wieder auf die strengere Lehre des Hochmittelalters zurückgriff, die ihm in ihrer Fassung der Wirtschaftsethik allein der christlichen Moral zu entsprechen schien. So »decken sich die Forderungen Luthers für die Gestaltung des wirtschaftlichen Lebens der Christen in weitem Maße mit denen des Thomismus« (G. Aubin). In der Lehre vom »Beruf« verwirft er den Mönchsstand und befreit damit die Einschätzung der weltlichen Berufe vom traditionellen Druck. Pflichtgemäße, gehorsame Erfüllung des Berufes als Gottesdienst steht im Vordergrund einer Auffassung, nach der der arbeitende Mensch mehr für andere als für sich selbst schafft. Das hatte große ethische und praktisch-wirtschaftliche Folgen; es wandte sich gegen das Bettelwesen der spätmittelalterlichen Sozialordnung, führte zu den Armenordnungen der protestantischen Länder und zur Vermehrung der Zahl der beruflich Tätigen. Trotzdem haben sich die lutherischen Gebiete relativ langsam entwickelt, da hier starke traditionalistisch-konservative Tendenzen entgegenstanden, schon beim älteren Luther selbst, mehr noch in den folgenden Generationen. Der

Appell zur Arbeit fand seine Begrenzung in den Zielen, die das Luthertum ebenso wie das Hochmittelalter in standesgemäßer Bedarfsdeckung innerhalb des von Gott gegebenen Berufes sah. Die lutherische Kirche verzichtete auf Kontrolle der Berufsarbeit durch strenge Kirchenzucht; sie zeigte damit den gleichen Zug zu Passivität und leidendem Gehorsam gegenüber der Welt, wie sie auch zunehmend die Leitung des wirtschaftlichen Lebens ihrer Bekenner dem Staat überließ. »Sie ist so zu einer festen Stütze der Wirtschaftspolitik des absolutistischen Territorialstaates des 17. und 18. Jh. geworden, hat aber zusehen müssen, wie dieser dort, wo er auf seine Wirtschaft einen starken Impuls ausüben wollte, vielfach auf kalvinistische Elemente zurückgriff« (G. Aubin). Diese wurden von ihrer kirchlichen Lehre weit stärker mit wirtschaftlichen Energien erfüllt, als es dem Luthertum möglich war.

[1] Vgl. Bd. 7, Kap. 36. X. Schreiber, Die volkswirtschaftl. Anschauungen d. Scholastik (1913). S. Hagenauer, Das »justum pretium« bei Thomas v. Aquino, VSWG Beiheft 24 (1931). E. Wege, Die Zünfte als Träger wirtschaftl. Kollektivmaßnahmen, ebd. 20 (1930).

[2] W. Weber, Wirtschaftsethik am Vorabend d. Liberalismus, Höhepunkt u. Abschluß d. scholast. Wirtschaftsbetrachtung (1959). B. N. Nelson, The Idea of Usury (1949) mit reichen Quellen- u. Lit.-Angaben.

[3] B. Lohse, Mönchtum u. Reformation, Luthers Auseinandersetzung mit d. Mönchsideal d. MA (1963). R. Leuenberger, Reformator. Glaube u. mönch. Ideal, Reformatio 13 (1964). W. Hohoff, War Luther in wirtschaftl. Fragen rückständig?, VSWG 14 (1918). H. Barge, Luther u. der Frühkapitalismus (1951). G. Aubin, Der Einfluß d. Reformation in d. Gesch. der dt. Wirtschaft (1929).

[4] J. Höffner, Wirtschaftsethik u. Monopole im 15. u. 16. Jh. (1941). J. Strieder, Studien zur Gesch. kapitalistischer Organisationsformen (1925). K. Vontobel, Das Arbeitsethos d. dt. Protestantismus (1946). C. Bauer, Conrad Peutingers Gutachten zur Monopolfrage, ARG 45 (1954). H. Lutz, Conrad Peutinger (1958).

[5] Angeregt von W. Sombart, Der moderne Kapitalismus (1902, [2]1916), brachte M. Weber die Entstehung u. Wirkung d. kapitalistischen Geistes in engste Verbindung mit der Ethik u. Wirtschaftsgesinnung d. Protestanten, insbes. d. Kalvinisten u. Puritaner: Die protestant. Ethik u. der Geist d. Kapitalismus, zuerst im Arch. f. Sozialwiss. 20/21 (1905), dann in: Ges. Aufsätze zur Religionssoziologie 1 (1920), Sonderausgabe 1934; s. a. Webers Auseinandersetzung mit der Kritik: Arch. f. Sozialwiss. 30/1 (1910/1). Daran schloß sich eine äußerst umfangr. Diskussion an, die noch im Gange ist. Jüngste Äußerung: H. Lüthy, Nochmals »Calvinismus u. Kapitalismus«, über die Irrwege einer sozialhistor. Diskussion, Schweizer Zs. f. Gesch. 11 (1961) mit histor. Bibliographie. Ders., Protestantismus u. Kapitalismus, die These M. Webers u. die Folgen, Merkur 19 (1965). Umgekehrt sucht P. C. C. Walker, Capitalism and the Reformation, Econ. Hist. Rev. (1937), die Reformation nicht als Ursache, sondern als Folge des Frühkapitalismus zu erklären, als Auswirkung zweier Phasen d. Preisrevolution (1520–1540/50 bzw. 1545–1580) auf die verschied. europ. Länder (im Anschluß an Earl J. Hamilton, American Treasure and the Price Revolution in Spain 1501–1640 [1934]).

[6] A. MÜLLER-ARMACK, Genealogie d. Wirtschaftsstile (²1949).

[7] O. HINTZE, Kalvinismus u. Staatsräson in Brandenburg zu Beginn d. 17. Jh., HZ 143 (1931), jetzt Ges. Abhandlungen 3 (1943). G. OESTREICH, Calvinismus, Neustoizismus u. Preußentum, Jb. f. d. Gesch. Mittel- u. Ostdtlds. 5 (1956).

[8] R. STUPPERICH, Die soziale Verantwortung d. Christen nach Luthers Lehre, in: Festgabe O. Dibelius (1950). P. H. SCHIFFERDECKER, Der Berufsgedanke bei Luther (Diss. Heidelberg 1932). W. ELLIGER, Luthers Stellung zu Staat, Gesellschaft u. Wirtschaft in der Frühzeit seines Wirkens (450 Jahre Martin-Luther-Universität, 1952). P. BEMS, Die Gesellschafts- u. Wirtschaftsauffassung bei M. L. (1938). Über Zwinglis sozial- u. wirtschaftspolit. Bedeutung in d. Schweiz: P. GUYER, Die soz. Schichtung der Bürgerschaft Zürichs (1952). W. JACOB, Polit. Führungsschicht u. Reformation 1519–1528 (1968). Über Melanchthon s. Kap. 3, Anm. 6a.

Kapitel 13
Reichswirtschaftspolitik und territorialstaatliche Wirtschaft des Merkantilismus

Landfrieden, Reichsabschiede und Reichsgesetze des 16. und 17. Jh., die Wirtschaftsfragen betrafen, erwecken zunächst nicht den Eindruck der Schwäche der Reichsgewalt gegenüber Territorialstaaten. Aber die bereits seit dem 16. Jh. ständig wiederholten Klagen und Bestimmungen über Unsicherheit auf öffentlichen Staßen zeigen deren Erfolglosigkeit, obgleich schon 1442 der Reichstag Kauf- und Fuhrleute unter den gleichen Schutz stellte wie Geistliche, Wöchnerinnen, Schwerkranke und Pilger. Der Gedanke eines Reichszolles tauchte zu Jahrhundertanfang auf, wurde aber schon 1524 in Nürnberg fallen gelassen. Wo wirtschaftspolitische Maßnahmen vorbereitet und eingeleitet wurden, betrafen sie in einem Land, das seinen Reichtum hauptsächlich dem Kaufmann als Händler und Verleger verdankte, vorwiegend Handelsrecht und Straßensicherheit, daneben Gewerbegesetzgebung. Gelegentliche Handelsverbote hatten politische Hintergründe, die Ausfuhrverbote für gemünztes Gold und Silber – schon 1524 aus merkantilistischem Geist – wurden 1555, 1570 und durch verschiedene Münzmandate und -ordnungen wiederholt, entsprechend der nationalen Edelmetallpolitik des Auslandes. Gleichwohl nahm die Ausfuhr guter deutscher und die Einfuhr schlechter ausländischer Münzen beträchtlich zu.

Dem gleichen Geist entstammten die vom Reich mehrfach wiederholten, in den Territorien unter Entwicklung einer freilich noch sehr groben, die Maßstäbe häufig wechselnden Handelsstatistik aufgegriffenen Wollausfuhrverbote zur Rohstoffsicherung und Erhaltung der Konkurrenzfähigkeit gegen ausländische Tuche, sowie die Getreidepolitik. Mit dem Wucher beschäftigten sich Reichstage seit 1453; der von 1500 bestimmte, daß Schuldkontrakte mit wucherischen Bestimmungen nicht einklagbar sein sollten; der von 1530 bildete die Grundlage aller späteren Wucherbekämpfung (wörtliche Wiederholung in den Polizeiordnungen 1548, 1577). Die Marktbeherrschung und Preissteigerung durch wenige mächtige Kaufleute und Handelsgesellschaften wurden von städtischen, staatlichen und Reichsbestimmungen bekämpft, die Bildung von Monopolgesellschaften verboten, deren Kaufleuten das Geleit versagt. Klagen über Monopol- und Fürkauf enthielten zahlreiche Reichsabschiede zwischen 1521 und 1548, auch die Polizeiordnung von 1577; sie verschafften sich so wenig Geltung wie die Maßnahmen gegen betrügerische Kaufleute, waren aber vielleicht auch nur als Rahmengesetze gemeint, deren genaue Formulierung und Anwendung auch hier den territorialen und reichsstädtischen Gesetzgebern überlassen wurde[1]. Eine allgemeine Notariatsordnung suchte bereits Maximilian I. 1512 zu schaffen[2]. Die Zersplitterung des Maß- und Gewichtswesens, seit dem Mittelalter um sich greifend, konnte weder 1521 noch 1530 oder 1548 vom Reich aufgehalten werden, während manche Territorien sich mit Erfolg um Vereinheitlichung von Maß und Münze, Stabilisierung des Geldes und Sicherheit der Wege bemühten. Die ›Ordnung und Reformation guter Policey‹ griff 1530 zugunsten der Handwerksmeister ein (Aufhebung der Gesellengerichtsbarkeit), ohne daß die starken interlokalen und interterritorialen Gesellenorganisationen getroffen wurden. Einheitliches Vorgehen von Reichs wegen wurde nicht erreicht, dauernder Erfolg nicht erzielt. Ein Mandat Maximilians II. beklagte 1570 ausdrücklich die Erfolglosigkeit aller Bestimmungen und veranlaßte die Städte zum Einlenken. Dennoch wuchs die Macht der Gesellen, soweit nicht territoriales Gewerberecht sich als überlegen erwies – selten genug angesichts der Interterritorialität der Gesellenverbände.

Versuche der Einflußnahme auf Preis- und Lohnbildung blieben gleichfalls auf städtische und landesherrliche Wirtschaftspolitik beschränkt, da das Reich, das mehr Bewahrungs- als Förderungspolitik und mehr Handwerks- als Großbetriebspolitik trieb, viele Aufgaben auf Grund von Rahmengesetzen den Kreisen in einer Art Auftragsverwaltung überließ und so selbst dazu beitrug, daß die Exekution der Reichsgesetze von den Territorialstaaten verzögert, modifiziert oder verhindert wurde. Wohl wurde der Ruf nach nationaler Wirtschaftspolitik laut, gelegentlich in Verbindung mit dem vielerorts auflebenden Haß gegen das »überseeische Volk«, die Juden, und, mit der Behauptung, Zins sei ein italienisch-päpstliches Laster, ebenso der Ruf nach finanziellem Schutz gegen Rom, nach Schutz des Edelmetallbestandes und Eindämmung des Luxus. Aber der »wirtschaftspolitische Wille« des Reiches wirkte »nicht in der Ausprägung des späteren Merkantilismus und des machtbewußten Beamtenstaates, sondern als Ausfluß der mittelalterlichen Auffassung, die nur da eingreift, wo die einmal bestehende Wirtschaftsordnung ins Wanken geraten ist«[3]. Nicht die Zuständigkeit der Reichsgesetzgebung fehlte, sondern Exekutionskraft, Autorität und Respekt; andererseits beschränkte sich das Reich auf Rahmen- und Prinzipiengesetze und überließ deren Ausführung den »Obrigkeiten«. So kehrten die wirkungsarmen Reichsgewerbegesetze in der kräftigeren Territorialgesetzgebung häufig wörtlich wieder und kamen einer merkantilistischen Wirtschaftspolitik der Territorien, nicht des Gesamtreiches zugute.

»Obwohl es seit Schmoller und Sombart an Versuchen nicht gefehlt hat, Wesen und Begriff des Merkantilismus sowohl wirtschaftshistorisch als auch theoriegeschichtlich zu analysieren, ist es bis heute nicht gelungen, zu einer einhelligen Auffassung darüber zu gelangen, was denn nun unter Merkantilismus eigentlich zu verstehen sei« (Klein).

1667 erschien S. Pufendorfs ›De statu imperii Germanici‹, worin es hieß, Deutschland sei »ein unregelmäßiges Gebilde und einem Monstrum ähnlich ... wenn man es nach den Regeln der Staatslehre einordnen will.«

Von Anfang an war das »Reich« in der Neuzeit nicht nur ein »Reich ohne Hauptstadt« (Berges), sondern darüber hinaus ein Reich mit vielen Hauptstädten. Das war ein wichtiger Grund dafür, daß es eine Reichsgewalt mit Reichspolitik und -verwaltung im modernen Sinne kaum geben konnte.

»Merkantilistische Wirtschaftspolitik des Reiches« hat es (nach Bog) vom Reichsedikt vom 7. 5. 1676 über das zweite Reichsgesetz vom 23. 9. 1689 (im Anschluß an die Aufhebung des Edikts von Nantes) bis zum dritten Reichsgesetz und zur »kaiserlichen Commerzienordnung« von 1705 gegeben, wobei

»das Bewußtsein des Reiches, nicht nur ein politischer, sondern auch ein Wirtschaftskörper zu sein«, sowie »das eindeutige Bestreben, die einheimische Wirtschaft durch die vom Gesetzgeber beliebten Maßnahmen nachhaltig zu fördern und nicht nur den Feind zu schwächen«, als entscheidende Kriterien bezeichnet werden. »Dreißig Jahre lang haben die deutschen Länder und Städte unter den Wirtschaftsgesetzen des Reiches gelebt, immer dann, und solange die Einheit genug gefestigt war für diese Einheit heischende Politik. Die Pausen sind ausgefüllt mit vielfältigen, z.T. sehr bedeutenden Plänen im gleichen Geiste.« Diese umstrittene Auffassung übersieht, daß die großen Seestädte sowie Brandenburg und andere Territorien gerade in dieser Zeit ausschließlich eigene Politik getrieben und ihre Staatsindividualität auch im Bereich der Außen-Wirtschaftspolitik entschieden gestärkt haben. Andererseits hat auch z. B. die hessische Wirtschaftsgesetzgebung 1622 bei der Lösung des Monopolproblems eindeutig auf die Vorlagen der Antimonopolpolitik des Reiches von 1512/22/24 zurückgegriffen, die freilich als solche wenig Erfolg gehabt hatte[4]. So ist es berechtigt, wenn vielfach »der Beginn der Neuzeit« als die »Geburtsstunde« des *territorialstaatlichen Merkantilismus* bezeichnet wird (Zielenziger). Die Fürsten begannen, im Sinne des »gemeinen Besten«[5] ihr Land auch gewerblich als Einheit anzusehen, und übernahmen die Führung seiner Wirtschaft. Sie verwandelten die Zünfte alter Art gegen den Widerstand der Handwerker in Landeszünfte mit Polizei-Funktionen, oft einander nacheifernd, wie z. B. die badische Markgrafschaft, ihrerseits Württemberg nachahmend, zum Vorbild solcher Gewerbepolitik für die Nachbarn wurde. Sie reformierten das Münzwesen, Maß und Gewicht in Auseinandersetzung mit den Städten (Württemberg-Reichsstädte), deren Erfahrungen sie aufgriffen, und mit den Ständen (Brandenburg-Ritterschaft). Sie begannen, mit Hilfe von Landrecht, Zöllen, Finanzpolitik und Verwaltung territoriale Wirtschaftsorganisationen zu formen analog der mittelalterlichen Stadtwirtschaft. Die merkantilistische Praxis existierte vor der Doktrin (wie der »Colbertisme« vor Colbert). Württemberg etwa und andere Territorien strebten nach der Bildung scharf abgegrenzter Wirtschaftsgebiete, bevor solche Ziele grundsätzlich formuliert wurden. Freilich war der Geist, der hinter dieser scheinbar merkantilistischen Praxis stand, häufig noch in traditionalistischer Handels- und Luxusfeindlichkeit befangen. Man wird dabei weniger von einer neuen Periode der »Territorialwirtschaft« zwischen Stadt- und Volkswirtschaft sprechen dürfen (so G. Schmoller) als von einer »Periode der Stadtwirtschaft unter landesherrlicher Leitung« (v. Below)[6]. Es handelt sich um wirtschaftliche Territorial*politik*, gutswirtschaftlich-staatlich beherrscht von der Auffassung der Territoriums als einer Einheit, der sich der Einzelne, auch die einzelne Stadt, zu fügen hat. Hierin liegen die unsystematischen, in den politischen Testamenten noch kaum spürbaren Anfänge und in sich widerspruchsvollen Frühformen des spezifisch kleinstaatlichen deutschen Merkantilismus, während die neue Wirtschaftsform des Kapitalismus zunächst intensiver in den Reichsstädten als von den Territorialfürsten und deren Räten entwickelt wurde.

Grundlage der wirtschaftlichen wie politischen Konzentration der Territorien war die reorganisierte *Verwaltung*. Dazu gehört der moderne *Beamte*[7], der studierte und dadurch sozial aufgestiegene Jurist, überwiegend bürgerlicher, oft »ausländischer« Herkunft, dem das Amt zum Lebensberuf wurde und dessen Wohl und Wehe sich mit dem seines Fürsten eng verband, unabhängig vom Landadel, dem stärksten Gegner der fürstlichen Staatsgewalt. Aus ihrer Schar stiegen einige durch Fleiß, Zuverlässigkeit und Herrschaftsneigung auf zu leitender Stellung in besonderem Verhältnis zum Fürsten, »im kleinen dasselbe, was Colbert und Cromwell im großen waren« (Zielenziger). Der Merkantilismus war die Zeitbewegung, der diese sogenannten »Kameralisten« huldigten, von der sie getragen wurden. Sie waren Volks- und Privatwirte zugleich, beamtete Berater der Fürsten, Lehrer künftiger Beamter, Verfasser von frühen, im Vokabular armen, im Ausdruck unbeholfenen Technologien und anderen Schriften, Polizeiwissenschaftler, erste Systematik anstrebende Land- und Forstwirte in einer von der unsystematischen und kleinräumigen »Hausväterliteratur« beherrschten Zeit. Ihr Ziel war die Wohlfahrt des Fürsten, des Staates, das »allgemeine Beste«, wobei im älteren deutschen Kameralismus des 16. Jh. neben territorialstaatlichen Ideen noch gewisse privatwirtschaftliche Anschauungen mitwirkten. Ihr Milieu war der Kleinstaat, ihre Stellung zugleich volks- und privatwirtschaftlich, mit der entschiedenen Tendenz zur Trennung von Person und Staat, Fürsten- und Landesvermögen, Hof- und Landeshaushalt[8]. Die Verfasser der drei Sächsischen Münzschriften waren gewissermaßen Vorläufer. Melchior von Osse[9] und Georg Obrecht bilden die erste Gruppe der »Kameralisten«; beide, insbesondere der erstere, von dessen ›Testament‹ noch Thomasius eine kommentierte Neuausgabe veranstaltete, traten bei Konflikten zögernd für die stärkere Betonung des souveränen Fürstenstaates gegenüber den Reichsinteressen ein. Nach dem Dreißigjährigen Krieg, der den Aufbau territorialstaatlicher Wirtschaftskörper meist erschwerte und verzögerte, in einigen Fällen (Wallenstein; Hamburg; Brandenburg) aber auch förderte, folgte die bedeutendere Gruppe J. J. Becher, der voraussetzte, daß die Kaufleute von der Handlungsfreiheit rechten Gebrauch machten[10], Ph. W. v. Hornigk, der den Kaufleuten mit großem Mißtrauen begegnete[11], W. Schröder, der den Kaufmann sehr hoch schätzte[12]. Bürgerlicher Herkunft, gelangten sie über das Studium in den Staatsdienst und versuchten vornehmlich in Österreich, in beamtenähnlicher Stellung holländische und englische Seewirtschafts-Erfahrungen für den Kontinentalstaat nutzbar zu machen. In der merkantilistischen Literatur kommt eine »Ambivalenz« insofern zum Ausdruck, als »ihre Verfasser, vielfach selbst Kaufleute, ihre eigene Zielsetzung mit der nationalen Machtsteigerung identifizieren«. Was bei den Merkantilisten noch zumeist Empirie und Phantasie war, erhob in der Übergangszeit zum Physiokratismus E. L. Carl (1682–1743)[13] zur Volkswirtschaftslehre. Der Weg führte dann weiter über J. G. v. Justi zu J. v. Sonnenfels. An deutschen Universitäten wurde der Merkantilismus erst seit Beginn des 18. Jh. wissenschaftlich formuliert und gelehrt, zuerst in Halle und Frankfurt/O. (1727). In Halle, wo nach großen Verlusten durch Pest und Feuer 1681/83 durch Zuzug von Hugenotten, Pfälzern und Schweizern, die Gründung von Manufakturen und der Franckeschen Anstalten sowie durch die Schiffbarmachung der Saale (1697) ein lebhafter Wirtschaftsaufschwung einsetzte, verwirklichte sich die durch Uneigennützigkeit und später »sozialistisch« genannte Tendenzen geprägte Wirtschaftsauffassung des Pietismus am reinsten, die eindeutig kapitalistischen Unternehmungsgeist mit altlutherischer Ethik zu verbinden suchte. Nach sozialistischer Auffassung hatten die Lehren der hallischen Pietisten »eine ungleich größere Bedeutung für die Entstehung kapitalistischer Produktionsformen« als die der Kameralisten: »Während diese nur literarisch, als Lehrer und Berater tätig gewesen sind, waren Kanzeln und Beamtenstühle, auch junkerliche Güter zu Pflanzstätten pietistischer Lehren geworden« (Bondi)[14].

Der deutsche Merkantilismus war – abgesehen von der Pfalz und einigen Erscheinungen in Brandenburg – grundsätzlich binnenländisch-kontinental gerichtet, wenngleich er um des Prinzips willen literarisch-imitatorisch einige maritime und koloniale Elemente enthielt. Auch die deutschen Merkantilisten erkannten, daß keine Volkswirtschaft über alles Nötige für eine volle, endgültige Autarkie verfügt[15], daß gegenseitige Ergänzung die Produktivität und den Wert für alle steigert. Sie wollten nicht jede Einfuhr verbieten, sondern unterschieden zwischen schädlichem, entbehrlichem und notwendigem Import, wie auch die einfache Handelsbilanz sowohl als Organ der Volks- wie auch der Weltwirtschaft erkannt wurde. In dieser Übergangszeit von der Stadt- zur Staats- und Volkswirtschaft gehörte der Merkantilismus zugleich aufs engste zum Absolutismus mit seinem Streben nach »Independenz«; doch mußte diese in den deutschen Staaten, wie Hornigk richtig erkannte, nur eine geringere Unabhängigkeit sein als die westeuropäischer Nationen. Becher und andere hoben die Bedeutung der Landwirtschaft und des Bauernstandes als »Axis« (Schröder) und als »Grundlage der Größe einer Nation wie der Stamm und die Wurzel des Baumes« (Leibniz)[16] hervor, der im Wirtschaftsleben Manufakturen, erweiterte Produktion der Gewerbe und Vergrößerung des Marktes erst folgten. Ähnlich wurde in den agrarischen Territorien und von den Großgrundbesitzern die menschliche Arbeitskraft in Verbindung mit der Landwirtschaft stärker als Reichtumsquelle beachtet als das Geldkapital, an dem deutsche Fürsten wie Gutsbesitzer verhältnismäßig arm waren[17]. Diese Betonung des agrarischen Elements im binnendeutschen Merkantilismus war eine wesentliche Ursache dafür, daß es später in Deutschland weniger als in Frankreich zur Ausbildung einer spezifisch-physiokratischen Theorie kam. Deren Hauptteil existierte zu allen Zeiten und blieb bis ins 20. Jh. erhalten.

Gegen Ende des 17. Jh. mag infolge des zunehmend republikanischen Charakters des niederländischen Staatswesens und durch den Einfluß der Hugenotten das staatskapitalistische französische Vorbild Colberts für das monarchische Brandenburg wirksamer geworden sein als das holländische. Aber auch dann war der Merkantilismus in Deutschland eine Wirtschaftstheorie und -politik der Zurückgebliebenen und von der Natur Benachteiligten sowohl bei Handelsbeziehungen wie bei handwerklicher und manufakturmäßiger Produktion. Während er grundsätzlich und bei den Großmächten einer Wirtschaftsgesinnung der Aggressivität und Expansion entsprach, trug er in Deutschland defensive Züge der Selbstbehauptung, mehr der Marktverteidigung als der Markteroberung, stärker der Abwehr – vor allem der westlichen Nachbarn – als des Strebens nach Herrschaft über andere.

Der an Domänen reiche brandenburgische Kurstaat ordnete die gewerbliche Wirtschaft dem militär- und finanzpolitischen Ausbau der Landesgewalt ein. Für Territorien von der Art und Größe etwa von Jülich und Berg war dieser Dirigismus in räumlich beschränkter, militärisch empfindlicher Lage im 17. Jh. nicht möglich. Vielmehr mußte man sich dort um sozialen Ausgleich und den gemeinen Nutzen zwischen Handwerkern, Unternehmern und Kaufleuten, zwischen bergischem Handwerker-Unternehmen und Jülicher Unternehmen aus der Aachener Handelstradition mit Anschluß an die ländlich-territoriale Überlieferung des Eisen- und Messinggewerbes bemühen (Stolberg). Im Königreich Preußen hat Friedrich d. Gr. trotz seiner Neigung zur französischen Bildung und Philosophie für Ansätze und Entwicklungen neuer Wirtschaftstheorien in der Art der Physiokraten und vollends der Liberalen auf Grund seiner Staats- und Herrschaftsauffassung kein Interesse aufbringen können[18]. Ihm waren Heer und Finanzen die Richtpunkte, auf die hier die Wirtschaft, entsprechend der Auffassung vom Wirtschaftskrieg als einem Teil der politisch-militärischen Auseinandersetzung, extrem merkantilistisch reglementierend geordnet und gelenkt wurde. Deren Dauerbedürfnissen diente auch seine Sozialpolitik, die nur wenig Humanitäres an sich hatte. Den Theorien der Kameralisten und Merkantilisten im 17. Jh. entsprachen Friedrichs große Instruktionen von 1748, die Denkschrift von 1749 und das Politische Testament von 1752, in denen der König sich selbst und seinen Beamten seine Auffassung präzisierte. Allgemeine, seit langem befolgte merkantilistische Grundsätze wurden dabei vielfach verfeinert und auf Preußens besondere Bedingungen abgewandelt. Vorsichtig wurde der Handel stärker als von dem rein landwirtschaftlich denkenden Friedrich Wilhelm I. beachtet, Schutz und Förderung großzügiger, langfristiger gehandhabt. Straffere Staatsführung oberhalb der Provinzialministerien, verwaltungsorganisatorische Intensivierung, Zusammenfassung wirtschaftlicher Einzelanordnungen aus mehreren Jahrzehnten, Entwicklung einer ständig verbesserten Wirtschaftsstatistik führten zur Vereinheitlichung der Politik und Verschärfung der Handelskontrolle. Die Reaktion auf diesen scharfen Zentralismus waren Kritik an dem – gemessen an Westeuropa – rückständigen Staat sowie zunehmender Schmuggel, der den Staat um Einnahmen brachte und seine Autorität verringerte. Beides trug zur Bildung einer vom König nicht mehr erkannten, nicht in den Dienst am Staate eingebauten physiokratisch-liberalen Opposition bei, die an den späteren Reformen führend beteiligt war, wenn sie auch die Berechtigung und Notwendigkeit der staatlichen Industrieförderung und -protektion angesichts der Industriellen Revolution in England anerkennen mußte.

In kleineren Staaten wie Weimar[19], Baden[20] und der Pfalz[21] unter Karl Theodor kam es zu lebhaften, zeitweise hitzigen Auseinandersetzungen zwischen merkantilistischer und physiokratischer Auffassung[22]. Sie setzten in dem »Garten Deutschlands« nahe der Heimat der modernen Lehre naturgemäß früher ein als in den östlichen, stärker machtpolitisch charakterisierten Staaten, wo man sich obendrein weniger als in der Kameral-Hochschule in Lautern[23] und ähnlichen Lehranstalten in Tübingen, Braunschweig, Hanau, Marburg mit der theoretischen »Aufstellung des wirtschaftlichen Seinsollens«[24] als mit der wirtschaftlichen und wirtschaftspolitischen Praxis beschäftigte. Gleichwohl hat Friedrich d. Gr. die Sozialordnung seines Staates mit einem philosophischen System verglichen. Den auch hier wie in England sich erstmals regenden Gegensatz zwischen Landwirtschaft und Industrialismus, Getreideproduzenten und -konsumenten, zwischen den Forderungen nach hohen Getreidepreisen und billigem Brot hat er erkannt und in dem Preußen eigentümlichen System der politisch-ökonomischen Arbeitsteilung von Adel, Bürgern und Bauern im höheren Interesse des absolutistischen Machtstaates einzudämmen versucht. Eine verfassungsmäßige Regulierung dieser Verhältnisse existierte nicht. Ob das erst acht Jahre nach Friedrichs Tod in Kraft getretene Allgemeine Landrecht »mit seinen Garantien für die Privatrechtssphäre schon gewissermaßen ein Stück von einer Verfassung« darstellen sollte und in praxi dargestellt hat, erscheint zweifelhaft[25].

Die physiokratischen Theorien Mirabeaus, Quesnays, besonders Schlettweins[26], die die agrarischen Probleme der merkantilistischen Industrialisierung erstmals intensiver als die Hohenzollern in ihrer soziologischen Bedeutung durchdachten, spielten in Westdeutschland bereits eine Rolle, als Friedrich noch im Rahmen des »Retablissements« spät der Höhe des Merkantilismus zustrebte, als die bayerische Wirtschaftsliteratur (abgesehen von Westenrieder, dem »Volkslehrer des Vaterlandes«) nochmals an Ideen Bechers anknüpfte[27] und im Bereich der Landwirtschaft mit Ausnahme von Rottmanner fast gänzlich den Charakter der Hausväterliteratur alter Art bewahrte. Die physiokratische Bewegung, die auch, angeregt aus Toskana[28], nach Ablösung des Absolutismus und Aufbau der Selbstverwaltung strebte, erreichte in Deutschland ihren Höhepunkt im letzten Viertel des 18. Jh. in Baden, wo Carl Friedrich 1769 mit Schlettweins Hilfe und gegen widerstrebende Beamte ein physiokratisches Experiment im eigenen Lande begann.

Vgl. Bd. 9, Kap. 16 u. Bd. 11, Kap. 12. Einordnung in die europ. Verhältnisse: H. KELLENBENZ, Der Merkantilismus in Europa (1965). K. ZIELENZIGER, Die alten dt. Kameralisten (1914). A. NIELSEN, Die Entstehung der dt. Kameralwissenschaft im 17. Jh. (1911). F. HARTUNG, Dt. Verfassungsgesch. vom 15. Jh. bis z. Gegenwart (⁶1954). Über Begriff u. Begriffsgeschichte: J. G. VAN DILLEN, Betekenis van het begrif mercantilisme in de economische en politieke geschieds-schrijving, Tijdschrift voor Geschiedenis (1960). J. VAN KLAVEREN, Das »Zeitalter d. Merkantilismus«, VSWG 50 (1963). Z. BÖHLE, Die Idee d. Wirtschaftsverfassung im dt. Merkantilismus (1940). H. RACHEL, Der Merkantilismus in Brandenburg-Preußen, FBPG 40 (1927). Ders., Gesch. der Handels-, Zoll- u. Akzisepolitik Brandenburg-Preußens im 17. u. 18. Jh., Acta Borussica, 3 Bde. (1911/28). G. SCHMOLLER, Das Merkantilsystem in s. Bedeutung (1898). J. P. KÖHLER, Staat u. Gesellschaft in der dt. Theorie d. auswärt. Wirtschaftspolitik u. d. internat. Handels von Schlettwein bis auf Fr. List u. Prince-Smith, VSWG Beiheft 7 (1926). F. BLAICH, Die Reichsmonopolgesetzgebung im Zeitalter Karls V. (1967).

[1] J. BOG, Reichsmerkantilismus (1959). Ders., Reichsverfassung u. reichsstädt. Gesellschaft, Jb. f. fränk. Landesforsch. 18 (1958). F. BLAICH, Die hess. Antimonopolpolitik unter Lgf. Moritz, Hess. Jb. f. Landesgesch. 16 (1966). G. JAHN, Zur Gewerbepolitik d. dt. Landesfürsten vom 16. bis 18. Jh. (Diss. Leipzig 1909).

[2] H. HAACKE, Wirtschaftspolizeil. Bestimmungen in den Reichsabschieden, Jbb. f. Nat.ök. u. Stat. 116 (1921). H. GRADL, Die dt. Zoll- u. Steuerpolitik im Spiegel der Reichsgesetzgebung 1524 bis 1806 (1948). K.-O. KONOW, Zur ältesten Gesch. d. Notariats in Pommern, Balt. Studien NF 51 (1965).

[3] R. HÄPKE, Der nationalwirtschaftl. Gedanke in Dtld. zur Reformationszeit, HZ 134 (1926).

[4] F. HARTUNG, Der dt. Territorialstaat d. 16. u. 17. Jh. nach den fürstl. Testamenten, Dt. Geschbll. 13 (1912). E. GOTHEIN, Die badischen Markgrafschaften im 16. Jh. (1910). K. WEIDNER, Die Anfänge einer staatl. Wirtschaftspolitik in Württemberg (1931). L. ZIMMERMANN, Der hess. Territorialstaat im Jh. der Reformation (1933). E. ZIEHEN, Kurrhein. Wirtschaftspolitik u. Reich dt. Nation, VSWG 34 (1941). E. KLEIN, Staatsdirigismus u. Handelsfreiheit in der merkantilist. Wirtschaftstheorie, Jbb. f. Nat. ök. u. Stat. 180 (1967). F. BLAICH (s. Anm. 1). F. LÜTGE, Reich u. Wirtschaft, Ges. f. westfäl. Wirtschaftsgesch. 8 (1961).

[5] Das Reich ohne Hauptstadt, in: Festschrift F. Meinecke (1952). W. MERK, Der Gedanke des gemeinen Be-

sten in der dt. Staats- u. Rechtsentwicklung, in: Festschrift A. Schultze (1934).

[6] G. v. BELOW, Der Untergang d. mittelalterl. Stadtwirtschaft, Jbb. f. Nat.ök. u. Stat. (1901).

[7] F. HARTUNG, Berufsbeamtentum u. Staat, Zs. f. Rechtsphilos. 5 (1930/31). I. LANGE-KOHTE, Zur Sozialgesch. d. fürstl. Rates in Württemberg im 15. u. 16. Jh., VSWG 34 (1941).

[8] P. STEINMANN, Finanz-, Verwaltungs-, Wirtschafts- u. Regierungspolitik d. mecklenburg. Herzöge im Übergange vom MA zur Neuzeit, Jbb. d. V. f. mecklbg. Gesch. u. Ldskde. 86 (1922).

[9] Über Melchior von Osse s. Bd. 9, Kap. 16, Anm. 11.

[10] H. HASSINGER, Joh. Joachim Becher 1635–1682 (1951).

[11] H. GERSTENBERG, Philipp Wilh. v. Hornigk, Jbb. f. Nat.ök. u. Stat. 133 (1930).

[12] A. BÜRGIN, Art. ›Merkantilismus‹, Hwb. d. Soz.wiss. 7 (1961). H. v. SRBIK, Wilh. v. Schröder, SB Wien 164 (1910).

[13] A. TAUTSCHER, Ernst Ludwig Carl, der Begründer der Volkswirtschaftslehre (1939). F. HOFFMANN, Die Leistung von E. L. Carl für die Entwicklung d. Volkswirtschaftslehre u. seine Einordnung in d. wissensch. Ablauf, Weltwirtsch. Archiv 58 (1943).

[14] J. BÖHME, H. J. Elers u. die wirtschaftl. Projekte d. halleschen Pietismus, Jb. f. d. Gesch. Mittel- u. Ostdtlds. 8 (1959). G. BONDI, Der Beitrag d. halleschen Pietismus zur Entwicklung des ökonom. Denkens in Dtld., Jb. f. Wirtschaftsgesch. (1964).

[15] A. TAUTSCHER, Volkswirtschaft u. Weltwirtschaft im dt. Merkantilismus, VSWG 30 (1937). B. KIRCHGÄSSNER, Merkantilist. Wirtschaftspolitik u. fürstl. Unternehmertum d. 3. kurpfälz. Hauptstadt Frankenthal, in: Festschr. d. IHK f. d. Pfalz, Beitr. z. pfälz. Wirtschaftsgesch. (1968).

[16] A. SALZ, Leibniz als Volkswirt, Schmollers Jb. 34 (1910).

[17] W. DREISSIG, Die Geld- u. Kreditlehre des dt. Merkantilismus (Diss. Berlin 1939). C. G. MUSCHWECK, Das Problem des Reichtums in d. vorwirtschaftswiss. Zeit, insbes. im Merkantilismus (Diss. Nürnberg 1935).

[18] H. v. ASTEN, Wolfgang Wilh. u. Philipp Wilh. von Pfalz-Neuburg u. der Aufbau d. Montangewerbes in den Herzogtümern Jülich u. Berg 1614–1679, AnnHVNiederrh. 161 (1959). G. SCHMOLLER, Studien über die wirtschaftl. Politik Friedrichs d. Gr. u. Preußens überhaupt 1680–1786, Schmollers Jb. 8 (1884), 10/11 (1886/87). R. KOSER, Gesch. Kg. Friedrichs II. (2 Bde. 1900/01). TH. MOMMSEN, Über die volkswirtschaftl. Politik Friedrichs d. Gr., Schmollers Jb. 15 (1891).

[19] F. HARTUNG, Das Großherzogtum Sachsen unter der Regierung Carl Augusts 1775–1828 (1923).

[20] R. G. HAEBLER, Ein Staat wird aufgebaut, Badische Gesch. 1789–1818 (1948).

[21] L. ZIEHEN, Zur Gesch. d. kurpfälz. Wollgewerbes im 17. u. 18. Jh., VSWG Beiheft 22 (1931).

[22] A. ONCKEN, Zur Gesch. d. Physiokratie, Schmollers Jb. 17 (1893). H. HOLLDACK, Der Physiokratismus u. die Absolute Monarchie, HZ 145 (1932).

[23] W. STIEDA, Das Projekt z. Errichtung einer »Kameral-Hohenschule« in München 1777, Forsch. z. Gesch. Bayerns 16 (1908).

[24] M. J. FUNK, Der Kampf der merkantilist. mit der physiokrat. Doktrin in der Pfalz, Neue Heidelbg. Jbb. 18 (1914).

[25] O. HINTZE, Geist u. Epochen der preuß. Gesch., Hohenzollern-Jb. 7 (1903).

[26] C. KNIES, Carl Friedrichs von Baden briefl. Verkehr mit Mirabeau u. du Pont (1892). A. EMMINGHAUS, Carl Friedrichs von Baden physiokrat. Verbindungen, Bestrebungen u. Versuche, Jbb. f. Nat.ök. u. Stat. 19 (1872). A. H. SPECHT, Das Leben u. die volkswirtschaftl. Theorien Joh. Aug. Schlettweins (1929).

[27] K. EINHORN, Wirtschaftl. Reformliteratur in Bayern vor Montgelas, Forsch. z. Gesch. Bayerns 16 (1908).

[28] A. WANDRUSZKA, Leopold II. (2 Bde. 1964).

Kapitel 14
Die Wirtschaft und der Dreißigjährige Krieg

Ob Deutschlands Wirtschaft zwischen 1550 und dem großen Krieg im ganzen eine Schrumpfung erfahren hatte, ist eine viel umstrittene, kaum generell lösbare Frage. Während die Gesamtbevölkerung erheblich zunahm, schrumpften zweifellos infolge der Verlagerung der Handelsschwergewichte durch die Entdeckung neuer Erdteile das Handelsvolumen, auch die Produktion und das Volksvermögen wie die großen Einzelvermögen in gewissen Gebieten, besonders Oberdeutschlands und im Ostseeraum. Auch führte die Goldzufuhr zu Anfang des 16. Jh. und die spätere Silberschwemme aus Amerika zu inflatorischen Erscheinungen, Minderung der allgemeinen Kaufkraft bei Bereicherung einer kleinen Schicht, wie überhaupt zur Erweiterung der Kluft zwischen arm und reich. Die Stadtarmut dürfte häufig sehr angewachsen und vielfach sehr groß gewesen sein. Die großen Geldvermögen in Handel, Bergbau und anderen Gewerben hatten meist kurzen Bestand, im ganzen vielleicht weniger durch deutsche Wirtschaftsschrumpfung als durch fremdstaatliche Bankerotte, faule fürstliche Schuldner und großen Landerwerb, der Verluste durch Krieg, Krisen usw. verhüten sollte. Dem raschen Niedergang der Fugger seit 1562, der Welser 1587/1614 durch einen »in seinem Ausmaß schier überschätzten Konkurs« (Zorn), 1627 der Rehlinger[1] standen in Stettin innerhalb von drei Jahrzehnten der Konkurs der Loitz 1572, der die Handelsposition der Stadt und Pommerns Wirtschaft insgesamt auf lange Zeit beeinträchtigte, in Berlin Zusammenbrüche seit 1569 gegenüber – im wesentlichen infolge fürstlich-staatlicher Kreditüberspannung. Dieses erste neuzeitliche Kreditsystem versagte in allen deutschen Ländern während des Dreißigjährigen Krieges[2]. Zahlreiche Städte litten bereits seit dem ausgehenden 16. Jh. an wachsender öffentlicher Verschuldung[3], während Lübeck, Danzig, Hamburg, Bremen, Emden damals z. T. mit Hilfe niederländischen und englischen Kapitals einen lebhaften Aufschwung von Handel, Schiffbau und Reederei erlebten. Augsburgs Wohlstand stieg bis 1618 an, sein Goldschmiedehandwerk erlebte 1680 bis 1730/80 durch den Bedarf der »kulturauslösenden Schicht« von Adel und Kirche »seine höchste Blüte und breiteste Entfaltung« (Rathke-Köhl). Nürnberg erhielt um 1600 Prunkhäuser[4], Frankfurt und Leipzig wurden durch ihre Messen schnell reich an Menschen und Geld. Der »Niedergang« anderer Städte erklärt sich zumeist aus dem Übergang auch der wirtschaftlichen Führung und Stärke auf die Territorien, die trotz vielfach hoher Verschuldung ihre Mittel mehrten: Ohne das hätte sich die neue Beamtenschaft und ihre kameralistische Wirtschaftsweise kaum behaupten können. Und was die bäuerliche Landwirtschaft seit dem Bauernkrieg einbüßte, fand einen Ausgleich im Aufschwung adliger Gutsherrschaft mit blühendem Getreideexport. Man sollte also wohl eher von einer Verlagerung des Schwergewichts unter den Wirtschaftszweigen, von einer Verschiebung ihrer sozialen und geographischen Schwerpunkte sprechen als von einer Schrumpfung der deutschen Wirtschaft insgesamt vor 1618.

»Über nichts ist so oft gestritten worden und so schwer ein reines Urteil zu gewinnen, wie über die wirtschaftlichen *Folgen des großen Krieges*. Früher weit überschätzt, wurde es eine Zeitlang zur Mode, sie erheblich zu unterschätzen« (K. Brandi). Landschaftlich und örtlich infolge der sehr unterschiedlichen Härte und Dauer der Kriegsereignisse und ihrer Nachwirkungen sehr verschieden, auch ungleichmäßig überliefert und erforscht, sind die wirtschaftlichen Kriegsschäden und -auswirkungen nicht leicht zu erfassen.

Gebiete, die durch längere Zeit von Truppen des Landesherrn, seiner Verbündeten oder Gegner besetzt waren, litten unmittelbar am stärksten und oft nachhaltig durch Kontributionen, Anleihen und illegale Eintreibungen, Quartierlasten, übliche oder erzwungene Geschenke an Heerführer, Staatsmänner und deren Anhang. Die Chronisten übertreiben freilich oft unbewußt oder absichtlich (Hoffnung auf Subventionen, Steuererleichterungen usw.) die Summen. Beträchtliche Teile der Kontributionen wurden am zahlenden Ort selbst wieder ausgegeben für Löhnungen, Getreide-, Mehl-, Viehkäufe und beim Gastwirt. Neben wirklichen Verlusten ist also die Besitzverschiebung zu beachten, auch die Unterbrechung der Kriegs- und Besatzungsperioden durch lange annähernd friedliche Zeiten und die überdurchschnittlich starke Heranziehung Wohlhabender zu den Lasten (Vermögenssteuer); schließlich gerieten die bedeutendsten niederrheinischen Handelsstädte, durch die gemeinsame kalvinistische Wirtschaftsethik ohnehin mit den Kaufmannsrepubliken der Staaten verbunden, durch die staatische Besetzung in engen Kontakt mit dem aufblühenden nordniederländischen Wirtschaftsraum und dessen Überseehandel. Nur so erklärt sich die fast unerschöpflich erscheinende Finanzkraft vieler Städte und Territorien. Sparmaßnahmen beim Unterhalt öffentlicher Gebäude, Straßen, Beamten usw. traten hinzu[5].

Tiefe und meist nachhaltige Spuren hinterließ der Krieg – zumal längs der Durchzugsstraßen – auf dem Lande[6], wo der Schutz von Mauern und Miliz fehlte, die Bevölkerung sich Übergriffen der Truppen und Banden höchstens durch Flucht mit wenig Hab und Gut entziehen konnte. Viele fruchtbare Landstriche glichen bald Einöden, und ihre wirtschaftliche Wiedereinbeziehung wurde durch Mangel an Pflügen, Zugtieren, Saatgut, selbst an Menschen erschwert und lange verzögert. Wo, wie im Solling, die Wälder von Schweden abgeholzt, nach Bremen geflößt und an niederländische Schiffbauer verkauft wurden, mangelte es an Holz. Viehverluste konnten nach dem Kriege nur sehr langsam aufgeholt werden, am ehesten bei der Pferdezucht (für Artillerie und Transport) durch kapitalkräftig gebliebene Adlige in weniger betroffenen Landstrichen. Die Leutenot hatte Lohnsteigerungen zur Folge, steigende Steuern führten zu hoher Verschuldung, Getreidepreisstürze beeinträchtigten die Rentabilität und ließen die Bodenpreise sinken. Nicht alle »Wüstungen« gehen freilich auf Kriegseinwirkung zurück; viele stammen aus früherer Zeit oder wurden durch den Krieg nur beschleunigt. Die im Krieg eingeäscherten Dörfer wurden zumeist, wenn auch zögernd und spät, wiederaufgebaut. In *Nordwestdeutschland*, wo die Entwicklung des Meierrechtes gerade zum Abschluß gekommen war[7], trugen die Meier die größte Steuerlast und gerieten dadurch in Zahlungsschwierigkeiten, Landverkäufe, Abmeierung und Konkurs. Die verlassenen Höfe wurden zwar wüst, die Ländereien jedoch nicht brach, sondern meist vom Grundherrn eingezogen und stückweise in Zeitpacht wieder ausgegeben, nicht selten an die früheren Meier. Dadurch wurden diese bei der Steuerverwaltung als wüst geführten Meiergüter steuerfrei, die Lasten der übrigbleibenden Meier gesteigert. Dagegen wandten sich die Redintegrierungs-Gesetze seit 1647, wobei die Bauern zuweilen mit Gewalt, unter Androhung zwangsweisen Kriegsdienstes, zur Annahme von Höfen gepreßt wurden, damit die alte Steuer- und Produktionskraft wiederhergestellt würde. Nirgends ging die staatliche Agrarpolitik nach dem Kriege so zielbewußt und erfolgreich vor wie in Niedersachsen: In diesem vom Kriege wenig getroffenen, von großen Bevölkerungsverlusten verschonten Lande kam es zur Neubildung eines starken Bauernstandes. Um 1685 waren die Einbußen an Hofstellen und Ackerfläche »bereits« wieder überwunden (Saalfeld). In *Brandenburg*[8], in der Oberlausitz und anderen Gebieten litten Kossäten und Bauern weit schwerer als der Adel, der wüst gewordene Höfe einzog und zu den Rittergütern schlug, deren Umfang bis 1700 um etwa 30 Prozent stieg; Aufstände und Abwanderung waren zuweilen die Folge. Nach dem Krieg nahm in *Mecklenburg*, *Brandenburg*, *Pommern* das Bauernlegen durch die Gutsherren großen Umfang an; eine abnehmende Zahl von Bauern mußte wachsende Gutsländereien bestellen. Der Menschenmangel schob die Gesindeordnungen (in Ansätzen in Holstein schon 1614, Brandenburg 1651, Mecklenburg 1645/54)[9] mit zuweilen zeitlich unbegrenztem Gesindezwangsdienst in den Mittelpunkt der Agrargesetzgebung und drückte den Bauern bis zur Erbuntertänigkeit und Leibeigenschaft hinab (Fürstl. Sächs. revid. Landesordnung im Markgrafentum Niederlausitz von 1669 als Beispiel)[10]. An die Stelle des Bauerndorfes trat der Gutsweiler, in Ostmitteldeutschland, wo das Bauerndorf durch das Gut nicht zerstört wurde, erweiterten es die Häusler und wandelten seinen sozialen Charakter. In *Holstein*, wo die allgemeine Preissteigerung und zunehmende Kapitalisierung den Adel schon im 16. Jh. begünstigt und in der Entwicklung der Gutswirtschaft gefördert hatten, die Mitte des 18. Jh. den Höhepunkt überschritt und mit ersten Aufsässigkeiten in die Krise führte, leitete diese erfolgreiche Gutswirtschaft den Adel wie in anderen Ländern häufig ins gewerbliche Unternehmertum[11].

Häufig verwischten sich die ständischen Grenzen im Bauerntum. Unternehmungslustige, arbeitswillige Häusler, Dreschgärtner, Hirten, Schafmeister, selbst Landsknechte stiegen im Westen nicht selten angesichts des Menschenmangels zu Hintersassenstellen und Bauernhöfen auf, während Bauern ins Tagelöhner- und Arbeiterdasein absanken. In Ostdeutschland stand freilich die Erhaltung billiger Arbeitskräfte für die Gutswirtschaft im Vordergrund. In Pommern, Mecklenburg, Brandenburg, Böhmen, Niedersachsen und Westfalen drangen manche als Regiments- und Heeresunternehmer reich gewordene Oberste und Generale[12] durch Landkäufe vom verschuldeten Adel in die Gutsbesitzerschicht ein. In Bayern[13] mit seinen ausgeglichenen sozialen Verhältnissen auf dem Lande und mit seiner Mittelstellung zwischen Ost- und Südwestdeutschland, verlor der alte Grundbesitzeradel, wirtschaftlich rückständig und im Kriege verarmt, trotz Versteigerungsschutz (1650) und Fideikommiß (1672) noch mehr Land durch Verschuldung an die kapitalkräftiger gebliebenen Klöster mit geordneter Finanzverwaltung und festen wirtschaftlichen Traditionen als an den neuen, im Krieg reichgewordenen Beamten- und Militäradel. Bei dieser Neuverteilung und Neuordnung des Besitzes kam es zu einer für die spätere Zeit wichtigen Entwicklung des Feldmeßwesens.

Die agrarwirtschaftliche und agrarsoziale Betrachtung muß davon ausgehen, daß im allgemeinen dem Aufschwung der Produktion im 16. Jh. ein Niedergang im 17. folgte, wobei der große Krieg einschneidende Wirkungen auf die wirtschaftliche Entwicklung hatte[13a].

Die bebaute Fläche ging infolge der hohen Bevölkerungsverluste vorübergehend erheblich zurück, wie auch früher und später nach großen Seuchen und Kriegen.

Auf die Dauer aber wurde die landwirtschaftlich nutzbare und genutzte Fläche durch den Krieg nicht merklich verringert. Vielfach erholte sich der Boden durch lange Brache, so daß seine Ertragsfähigkeit stieg. Hatte das 16. Jh. Rode- und Holzschlagbeschränkungen gekannt, so gab es seit 1650 landesfürstliche Anregungen zu Rodung und Kolonisation. Die Betriebsweise änderte sich im allgemeinen nicht, wenn auch Einwanderer in kleineren Gebieten durch Kartoffel (1623 Elsaß, 1640 Westfalen, 1651 Berlin, 1702 Nürnberg), Tabak, Obst und Gemüse neue Kulturen einführten (Hugenotten), Umsiedler sie verbreiteten. Wichtig wurden die Forstkultur in Verbindung mit den viel Holzkohle verbrauchenden Eisenhämmern und Glashütten sowie Bierbrauerei und Branntweinbrennerei für die gutsherrliche Wirtschaft, über die der Adel Zugang zu gewerblicher Wirtschaft und Kapitalismus parallel zum staatlichen Merkantilismus fand. Die hessische Holzordnung von 1659 befahl nach zu starker Waldweide, Raubbau und großen Holzdiebstählen, Kiefern auszusäen. Bedeutsam war, daß nun stärker als früher, z. T. nach französischen, englischen, italienischen Vorbildern ein landwirtschaftliches Schrifttum aufkam[14], die »Hausväterliteratur«, die, von vorwiegend protestantischen Autoren – nicht selten Pastoren – geschrieben, nach Johann Colers ›Oeconomia‹ (1592/1604) über Schlesien und Brandenburg in W. H. Frhr. v. Hohbergs ›Georgica curiosa‹ 1687 einen Höhepunkt erreichte[15]. Dieser niederösterreichische Landedelmann, der die Werke der bürgerlich-beamteten Kameralisten nicht schätzte, war, vom großen Krieg wenig berührt, ein Wegbereiter der Physiokraten; vielen Agrarschriftstellern des 18. Jh. galt er als Vorbild. Bei ihm zeigt sich, daß in seinem Beobachtungsraum die Landwirtschaft nach 1650 fortschrittlicher war als die städtischen Gewerbe, gefördert durch die Verbreitung von Kenntnissen infolge der Kriegszüge. Das rasche Anwachsen der Hausväterliteratur läßt darauf schließen, daß sie wirklichen Einfluß auf die Verbesserung der Wirtschaftsweise gewann. – Der *Getreide-Export*[16] und damit der Warenimport über die Oder verfielen, als die Verwüstungen Pommern und Brandenburg trafen. Gustav Adolfs »Defensionsgeld« (seit 1631, nach 1648 als »Licenten« beibehalten) belastete den Warenverkehr; vor allem fehlten während des Krieges und noch lange nachher Ernteüberschüsse, mit deren Export Kolonialwaren hätten bezahlt werden können. Auch begann der Große Kurfürst, nach schwedischem und russischem Vorbild Getreide zu magazinieren. Gegen Ende des Jahrhunderts nahm die Versorgung des Amsterdamer Marktes mit deutschem Getreide weiter zu, da die genutzte Fläche und der Hektarertrag stiegen.

Unter der Verarmung der Bevölkerung, der Verringerung und damit Verteuerung der Produktion, der Unsicherheit der Straßen litten auch *Handel und Gewerbe*. Doch galten die Klagen über völlige Unterbrechung des Handels meist nur für kurze Zeit. Oft wandten sich die Städte erfolgreich durch Subventionen und Zollfreiheiten gegen die Gefahr des Ausfalls regelmäßiger Märkte. Gewöhnlich führte der Rückgang von Handel und Gewerbe nicht zu tiefgreifenden, dauernden Schädigungen des Wirtschaftslebens. Um 1670 war allgemein der Vorkriegsproduktionsstand wieder erreicht.

Schwierig ist die Beurteilung der *Schäden an Häusern und Mobiliar*, die aus naheliegenden Ursachen (Unterstützungen, Steuernachlaß) bisweilen übertrieben wurden, nicht immer auf Kriegseinwirkung beruhten und beim üblichen Lehm- oder Fachwerkbau schneller ersetzbar waren als bei Steinbauten. Reichsstädte wie Rothenburg o. T.[17], deren politische Selbständigkeit den Krieg nicht überstand, konnten doch wirtschaftlich wieder aufblühen. Am schwersten und längsten wurde die Pfalz[18] vom Kriege heimgesucht. Im Rheingebiet sowie in Württemberg folgten schon seit 1677 wieder umfangreiche, planmäßige, zur »Entfestigung« dienende Verwüstungen des Landes und Zerstörung der Städte durch französische Heere, wodurch man nach der strategischen Konzeption von Louvois wie später im amerikanischen Bürger- und in Hitlers Rußlandkrieg weithin jede kriegerische Operation unmöglich machen wollte. Andere Gebiete konnten, vom Durchzug und Kampf verschont, in den Kriegsjahren durchaus florieren. Oldenburg[19] wurde am wenigsten berührt, verstand sich geschickt neutral zu halten und notfalls mit großen Zahlungen an schwedische Adlige und Feldherrn loszukaufen – seine Pferdeschenkungen waren bis Wien und London berühmt –, konnte Schlösser, Festungen, Kirchen in gutem Zustand erhalten, seine Besatzungen verstärken, sogar Braunschweig Kredit geben und einen (1648 bestätigten) Weserzoll erwerben. Der Nordwesten war weithin Auffanggebiet für Flüchtlinge aus Ost- und Mitteldeutschland und glich damit die durch Krieg und Seuchen verursachten Bevölkerungsverluste aus.

Die *Menschenverluste* unmittelbar durch Krieg, Gewalttat und Hunger, unter dem auch in Friedenszeiten bis zu 50 Prozent der Stadtbevölkerung zu leiden pflegte, waren weniger hoch als die durch *Seuchen* unter den durch Kriegselend und Hungersnöte geschwächten Menschen, die sich nicht, wie häufig in Friedenszeiten, durch kurzfristige Massenflucht in Sicherheit bringen konnten[20]. Über Leiden und Verluste einzelner Landschaften ist schwer ein eindeutiges Urteil zu gewinnen; man zählt jetzt das Rheinland mit Westfalen, Niedersachsen und Schleswig-Holstein zu den Gebieten, in denen »der Krieg keinen entscheidenden Einschnitt in der Bevölkerungsentwicklung darstellt« (G. Franz). Gut erforscht ist die Mark Brandenburg, die trotz später Berührung mit dem Kriege insgesamt etwa 50 Prozent Bevölkerungsverlust hatte. Das Oberrheingebiet wurde nicht nur vom Dreißigjährigen Kriege, sondern schwerer noch von den Franzoseneinfällen betroffen; die Pfalz verödete in weiten Gebieten. Als Hauptzerstörungsgebiete mit 60–70 Prozent Bevölkerungsverlust gelten Mecklenburg, Pommern, Henneberg, Coburg, Hessen, Pfalz, Württemberg; etwa 50 Prozent verloren Kurmark, Erzstift Magdeburg, Thüringen, Elsaß, Bayern, Franken; etwa 20 Prozent Schlesien und Böhmen. »Vorsichtiger Wertung nach wird man also rechnen müssen, daß in diesen 30 Notjahren etwa 40 Prozent der deutschen ländlichen Bevölkerung dem Kriege und Seuchen zum Opfer gefallen sind. In den Städten mag der Verlust nur auf 33 Prozent geschätzt werden« (G. Franz). Die

Bevölkerungszunahme im 16. Jh. wurde so wieder ausgelöscht. Dem Verlust folgte durch Auflockerung der Seßhaftigkeit, kriegerische und wirtschaftliche Nöte eine Binnenwanderung aus den »Schongebieten« zu den »Tiefdruckgebieten«, deren Größe und Weite allerdings nicht überschätzt werden darf; häufig blieb es bei Nachbarschaftsaustausch und Rückkehr von Bauern und Soldaten unter starkem Besitzwechsel im engsten Bereich; doch gab es daneben eine langdauernde allgemeine Fluktuation. Die Wanderung war innerhalb Westdeutschlands weit stärker als nach dem schwergeschädigten Nordosten, da niemand freiwillig Hörigkeit und Fronarbeit auf sich nahm. So blieb der Osten auf eigene Kräfte angewiesen, was den gutsherrlichen Druck verstärkte, den Gutsherrn aber auch zu stärkster Initiative zwang. Neusiedler verstärkten die Untermischung und Strukturveränderung des deutschen Volkes: vielfach kinderreiche abgeschobene Ortsarme und Rückwanderer aus der Schweiz, Tirol, Kärnten (mehr bäuerliche als bürgerliche protestantische Exulanten, da die ersteren auf freie Höfe hoffen konnten, die letzteren oft lieber zur Behauptung ihrer gesicherten Existenz öffentlich zum Katholizismus zurückkehrten, heimlich aber Protestanten blieben), aus den habsburgischen Niederlanden und – bereits vor 1685 – Franzosen (vorwiegend Südfrankreich), die nach Preußen und Litauen ebenso wie in die Pfalz zogen. Im allgemeinen verschmolzen Zugewanderte bald mit der zahlenmäßig und wirtschaftlich stärkeren bodenständigen Bevölkerung[21]. Nach manchen Beobachtungen scheinen die Gruppen »führender Bürger«, Bauern und Handwerker stärkeren Nachwuchs gehabt zu haben als die der Tagelöhner usw.[22]. Von der Welt der Abenteurer, Gescheiterten, Verwilderten, den Männern der »Fortun« (Grimmelshausen), weiß man trotz der Fülle an Quellen und Darstellungen über den Krieg nur wenig. Die zahlreichen locker organisierten Gauner- und Verbrecherbanden, die nach dem Kriege überall in Erscheinung traten, zählten 50 bis 300 Personen, die – nicht spezialisiert – in Gruppen von 10 bis 30 auf Raub ausgingen.

Zur *Überwindung der Kriegsschäden* bedurfte es meist einiger Jahrzehnte – wenn nicht, wie etwa in Sooden-Allendorf, Salzquellen oder andere Werte den Wiederaufbau in kürzerer Zeit ermöglichten. Da Rheinschiffahrt und -handel weithin unter holländische Kontrolle gerieten, erlitten die Städte am Strom und seinen Nebenflüssen schwere Verluste; ebenso der deutsche

Handel in und aus der Ostsee, während Hamburg und Bremen dagegen den Krieg weit besser überstehen konnten, da sie sich mit Holland und England in die deutsche Ein- und Ausfuhr teilten. Deutschlands wirtschaftliches Zurückbleiben hinter den Westmächten war nicht in erster Linie durch den Krieg verschuldet, sondern begann schon früher (wie der Kipper- und Wipperzeit Münzverschlechterungen vorausgingen) und beruhte mehr auf weltpolitischen, weltwirtschaftlichen Entwicklungen als auf innerdeutschen, die der Krieg nur beschleunigte.

Der Aufbau stellte nicht die Wirtschaft um 1600–1618 wieder her, sondern paßte sie manchen welt- und volkswirtschaftlichen Wandlungen und politischen Machtverschiebungen und Thronwechseln (Berlin) an. »Was die schwäbischen Reichsstädte vor 1618 bedeutet hatten, kehrte nicht wieder« (Kellenbenz). Hatte der Bergbau vielfach schon vor 1618/20 darniedergelegen, so vernichtete der Krieg ihn zumeist ganz; danach entwickelte zwar der Staat das Direktionsprinzip, das bis zur Mitte des 19. Jh. in Kraft blieb, doch fehlte es meistens an heimischem oder ausländischem Investitionskapital, an risikobereiten Unternehmern sowie an Bergleuten, so daß die meisten Erneuerungsversuche scheiterten. Bis nach 1750 hat der sächsische Bergbau sich nicht vom Kriege erholt, wenngleich bereits auf der Wende zum 18. Jh. die merkantilistische Welle der Gründung und Wiedereröffnung von Eisenhütten und -hämmern einsetzte. In der Pfalz, die mehr als jede andere Landschaft vom Krieg verwüstet worden war, wurde statt vernichteter Reben mehr Getreide, Hanf, Flachs, Mais, Kartoffel und Tabak angebaut. Die Zunftordnungen wurden gelockert, was bisweilen (z. B. in Brandenburgs Städten) den Eindruck nachhaltiger Kriegsschäden verstärkte. Bei den Bemühungen um Wiederherstellung des Wohlstandes waren auch jetzt noch ausländische Gewerbetreibende, Deichbauer, Kolonisten behilflich, wobei es vielfach an Geld und Kredit mangelte. Die Kosten neuer stehender Heere und Befestigungen ließen selbst reiche, vom Kriege kaum betroffene Städte, wie Danzig, die Sicherheit von Handel und Umschlag teuer zu stehen kommen[23]. Der kleine Adel in Ostdeutschland konnte sich vielfach nur sehr langsam erholen und fiel daher in Brandenburg dem planmäßig Domänen schaffenden kapitalkräftigen Kurfürsten zum Opfer.

Im Westen hat »der Krieg unverkennbar die *kapitalistische Wirtschaftsweise* besonders angeregt, und zwar sowohl im privatwirtschaftlichen Bereich, soweit er Heereslieferungen aufzubringen und deren Produktion zu organisieren hatte, als auch bei den öffentlichen Gewalten, die mit eigenen Mitteln manches für den Krieg durchführen mußten, was die private Initiative nicht vermochte« (Kuske). Die sehr hohen Subsidienbeträge, die alle großen Mächte, auch der Papst, nach Deutschland sandten, wirkten über Fürsten, Hofjuden und andere Geschäftsleute in gleicher Richtung, überwogen wohl auch stellenweise Verluste durch Raub und Kapitalflucht. Die Subsidien allein der Kurie für Kaiser und Liga betrugen unter Paul V. in 30 Monaten 625000 Gulden, unter Gregor XV. in 30 Monaten 1,3 Millionen Gulden guter Münze und 700000 Gulden schlechter Münze, unter Urban VIII. 1631 bis Anfang 1635 rund 550000 Taler – im Gesamthaushalt der Päpste keine großen, für Krieg und Wirtschaft in Deutschland aber, wohin auch Subsidien aus anderen Quellen flossen, durchaus beachtliche Beträge; das gleiche gilt für die französischen Subsidien, die nach Hannover flossen, während die sehr großen Beträge, die für die Erwerbung der hannoverschen Kur 1692 und der preußischen Krone 1701 in Bewegung gerieten, aus Deutschland stammten und dort blieben. Schweden verlangte für den schnellen Abzug seiner 69000 Mann mit 170000 Frauen, Kindern und Händlern, die insgesamt täglich 100000 Taler Unterhalt kosteten, zunächst zehn Monate Sold = 20 Millionen Taler, nahm aber den brandenburgischen Vorschlag mit 5 Millionen von den außerösterreichischen Reichslanden an: 1,8 im Juli 1648 in bar, 1,2 Millionen in Schuldscheinen, je 1 Million 1650 und 1651. Weit mehr als die Hälfte davon blieb in Form von Schuldentilgungen, Dotationen und Käufen in Deutschland; noch 1893 befriedigte Schweden eine halbvergessene Lübecker Forderung aus dem Jahre 1636 in Höhe von 68500 Talern mit Zinsen für 250 Jahre[24]. Die Geschwindigkeit, mit der diese Abfindung für die schwedische Soldateska aufgebracht wurde, spricht nicht für äußerste Armut bei Kriegsende. Unter dem Schutz städtischer Rechtssicherheit hatten sich alte wie auch im Kriege erworbene Kapitalien erhalten, die nun Handelshäusern zur Verfügung standen; nach Ulm, Nürnberg und anderen süddeutschen Städten trugen österreichische Protestanten gerettete Vermögen. Ausländische, insbesondere holländische Unternehmer und flämische Arbeiter brachten Geld, Arbeitskraft und neue Wirtschaftsweisen (Vergrößerung der Webstühle, Steigerung des Steinkohlenverbrauches, vermehrte Ausnutzung der Wasserkräfte). Kurfürst Ferdinand von Köln konnte trotz Kriegsnot und Geldmangel das Bonner Residenzschloß, Ziergärten (Poppelsdorf) und Kirchenbauten errichten, Musik, bildende Künste und Kunstgewerbe mäzenatisch fördern, während gleichzeitig mit der Residenzstadt, z. T. mit französischen Subsidien, die moderne Festung entstand. Auch die Anlage von Herrenhausen bei Hannover gehört in den gleichen Zusammenhängen hierher. Die Seidenhändlerfamilie Zur Mühlen in Münster/Westf. konnte zu der mit rationaler Durchdringung des Betriebes verbundenen Geschäftsausweitung westfälisches Adelskapital heranziehen. Überhaupt war die Aufbauleistung des Hochadels in Wirtschaft und Kunst vielfach sehr groß, während die Nachkommen erfolgreicher Kaufleute in Mittelstädten, die ihr Vermögen in Land angelegt hatten, zwar nach dem Kriege und im 18. Jh. von ihren Gütern bequem leben konnten, im allgemeinen jedoch wenig Unternehmungslust zeigten. Auch stärkte der Krieg das Freiheitsbedürfnis der Wirtschaft und schuf lange vor dem Einfluß ausländischer liberaler Regungen eine wachsende Opposition gegen Zunftauffassungen, adelige und geistliche Steuerprivilegien, handelsstörende Fluß- und Straßenzölle[25].

Der Kipper- und Wipperzeit[26] als Begleiterscheinung des beginnenden Krieges, von der Prager Juden und Wiener Beamte großen Gewinn hatten, dem Umtausch guter deutscher Silber- gegen geringwertige schwedische Kupfermünzen, der Errichtung zahlreicher neuer, häufig nicht ehrlicher Münzstätten folgten gegen Kriegsausgang Moratorien, Zins- und Kapitalabwertungen, schließlich Bemühungen um Reform des Münzwesens[27]. In Brandenburg wurde das erste Moratorium 1630 publiziert, 1631, 1633, 1638 prolongiert, 1643 neu formuliert, wobei ländlicher Grundbesitz gegenüber häufig neureichen Gläubigern bevorzugt wurde. Andere Territorien schritten über Moratorien zum Schuldenerlaß; der Regensburger Reichstag bemühte sich 1654 um allgemeine endgültige Regelung der Kreditverhältnisse. Die Praxis führte gewöhnlich zur Kapitalabwertung um $^1/_3$–$^2/_3$ (selbst um $^3/_4$ und $^4/_5$). Sie schloß radikal ab, was die Münzverschlechterung begonnen hatte: die Liquidation der ersten Periode deutscher Kreditwirtschaft, wobei im Südwesten bei hohen Löhnen und mäßigen Preisen die breite Schicht der kleinen Besitzer, im Nordwesten durch Steigerung der Bodenpreise die Inhaber größerer bäuerlicher Güter, im Osten der adlige Großgrundbesitz am stärksten bevorzugt, am wenigsten geschädigt wurde.

Die Kriegswirtschaft (*Wallenstein*). Erste Ansätze modernen Soldwesens in der fürstlichen Landsknechtstruppe, die 1500 bei Hemmingstedt kämpfte, durch die Schlacht ihren Führer verlor und sich bald danach auflöste, sind im 16. Jh. kaum aufgegriffen worden[28]. Der Bauernkrieg hat auch auf seiten der Fürsten keine grundsätzlichen Neuerungen gebracht. Die Sold- und Versorgungsordnung der Kriegsleute des Speyrer Reichstages von 1570 war durch Unklarheit und Mangel an Nachdruck bedeutungslos geblieben. Tilly unterschied 1627 die Epoche der Soldzahlung von Monat zu Monat gegenüber der höchstens ein- bis zweimaligen Zahlung jährlich. Weit stärker als zuvor drangen jetzt unternehmerische, händlerische Momente in Heer und Kriegswesen ein, je mehr an die Stelle von »Eliten« geworbene »Massen« traten. Zu deren Werbung, Bekleidung, Ausrüstung, Versorgung und Entlohnung schaltete sich zwischen Kriegsherren und Kriegern ein durch Bestallungsbrief ermächtigter Oberst als militärischer Unternehmer ein, vergleichbar den italienischen Condottieri. Bei zunehmender Zerrüttung des Finanzwesens trat an die Stelle reiner Geldbesoldung bald Natural-Teilversorgung (Trucksystem); darüber hinaus entwickelte sich das in Erpressung ausartende System der Selbstversorgung der Soldaten mit Quartier, Naturalien und Geld, »Der Krieg mußte den Krieg ernähren« (Tessin). Die »Kapitulation« zwischen Kriegsherrn und Oberst wurde ergänzt, vielfach ersetzt durch Verpflegungsordnungen des Feldherrn (»Ordinanzen«), welche von der Kaiserlichen Armee in den Türkenkriegen ausgebildet, dem Quartiergeber den Heeresunterhalt durch hohe Geldleistungen auferlegten. Das drohte, die besetzten Gebiete zu ruinieren und der Kriegführung die wirtschaftliche Grundlage zu entziehen. Wallenstein löste dieses Problem, indem er die zum Massenheer gehörige Versorgung mit Proviant, Bekleidung, Waffen durch das umgebildete Kontributions- und das neue Magazinliefersystem sicherte[29]. Sein Ziel war, den Krieg aus dem Lande zu ernähren, zugleich aber dessen Lieferfähigkeit zu erhalten oder zu steigern. Da auch die organisierte Plünderung des rücksichtslos gehandhabten Kontributionssystems dem Heeresbedarf nicht voll genügen konnte, blieb Wallenstein auf teure, ungewisse Lieferungen aus den Kriegswerkstätten Süddeutschlands, Frankens, des Rheinlandes, der Niederlande usw. angewiesen. In dieser Notlage entwickelte er das Magazinierungssystem, indem er als starker Landesherr sein Herzogtum Friedland vor den Kriegsleiden bewahrte, dessen wirtschaftliche Leistungsfähigkeit auf das äußerste steigerte und auf Kriegswirtschaft umstellte. Polizeigeist, Bürokratismus, militärisches Vorbild ließen in dieser Planwirtschaft dem freien Unternehmertum nur noch wenig Raum. Die überkommenen Betriebsformen blieben erhalten, wurden aber in einer Art fürstlichen Großverlags zusammengefaßt, wobei Wallenstein den Lieferanten-Untertanen als Herr mit Gehorsamsanspruch gegenüberstand, die freie Wirtschaft in ein Dienstverhältnis mit Strafen, Prämien und Krediten verwandelte. Der Wirtschaftsimpuls dieses Systems führte zum Aufblühen der Gewerbe, zu landwirtschaftlicher Produktionssteigerung, zur Entwicklung eines angemessenen Lieferapparates, einer dem Heeresbedarf angepaßten Vorratswirtschaft. Wo es lohnte, wurde die Entwicklung zum Großunternehmen zwecks Steigerung und Verbilligung der Produktion gefördert, mit Hilfe der Konfektionierung und Typisierung die Massen-Uniformversorgung ermöglicht, wobei Meister und Gesellen großer Werkstätten in Lohnarbeiter verwandelt wurden. Bergbau und Eisenwerke wurden als Schlüsselindustrien von der Planung besonders scharf angefaßt. Vergeblich empfahl Wallenstein 1632 dem Hofkriegsrat, eine österreichische Rüstungsindustrie durch Verstaatlichung und Ausbau aller Eisenwerksbetriebe zu schaffen und ein Heer militärisch verpflichteter Arbeitssoldaten einzustellen. Beim Ausbau der Wirtschaft in Friedland waren italienische Bergsachverständige und Seidenspezialisten, niederländische Waffenschmiede, schlesische und tschechische Pulvermacher usw. beteiligt, und allgemein wurde die Einwanderung von Unternehmern, Handwerkern, Facharbeitern und anderen Arbeitskräften gefördert, zuweilen durch Massenanwerbungen. Gegenreformatorische Intoleranz wurde dabei aus Wirtschaftsgründen vermieden, Facharbeiter-Auswanderung verboten. Handels- und Verkehrsbeschränkung im privaten Bereich, Ausfuhr- und Handelssperren für kriegswichtige Rohstoffe und Erzeugnisse, zentrale Einkäufe für das Heer, Kaufzwang für fürstliche Produktionsüberschüsse, Einschränkung der Binnen- zugunsten der Grenzzölle bestimmten die wirtschaftliche Entwicklung mit der Residenz Gitschin als Mittelpunkt und Wallenstein mit dem genialen Hans de Witte sowie Hofjuden als größtem Geschäftsmann seines Landes.

Unternehmerpolitisch, nicht wirklich sozial begründet

waren Bemühungen um einigermaßen gleichmäßige Verteilung der Lasten, Höchstpreise für Grundnahrungsmittel, Überführung der Armenfürsorge von der Kirche auf den Staat, Errichtung von Armen-, d. h. Arbeitshäusern, gesundheitspolizeiliche Maßnahmen. Wallensteins eigene Katastrophe beendete auch dieses ganz auf seine Person als Obrigkeit und Unternehmer gestellte Wirtschaftssystem mit dem Ziele des Macht- und Geldreichtums. Sein Zerfall bewies die große Bedeutung des landesherrlichen Willens in der Territorialwirtschaft und der besonderen Gunst der Produktions- und Absatzverhältnisse. Wallensteins Wehrwirtschaftssystem als ganzes blieb eine durch die Person bestimmte einmalige Erscheinung; spätere, unabhängige Kriegsherren (wie der münstersche Fürstbischof Christoph Bernhard v. Galen) haben z. B. das Kontributionssystem weniger den Obersten überlassen, sondern ganz an sich gezogen und damit den Unternehmungscharakter der Truppenwerbung und -versorgung verringert wie auch ihre Militärkosten durch Subsidien oder Vermietung der Truppen.

Ein Beispiel für den »militärischen Unternehmer« (Redlich), die Verbindung von Privat- und Kriegswirtschaft auf protestantischer Seite, bildete seit 1613 die Zusammenarbeit von Hans Georg v. Arnim mit Berliner Handelshäusern[30].

S. Bd. 9, Kap. 8 (mit Lit.) ff. F. LÜTGE, Die wirtschaftl. Lage Dtlds. vor Ausbruch des 30j. Krieges, Jbb. f. Nat. ök. u. Stat. 170 (1958). Ders., Strukturelle u. konjunkturelle Wandlungen in der dt. Wirtschaft vor Ausbruch d. 30j. Krieges, SB Bayer. Ak. 1958, H. 5. W. GÜNTHER, Grundzüge d. sozialen u. wirtschaftl. Entwicklung in Dtld. im Zeitalter d. 30j. Krieges (Diss. Berlin 1931). G. FRANZ, Der 30j. Krieg u. das dt. Volk ([3]1961). J. BOG, Die bäuerl. Wirtschaft im ZA d. 30j. Krieges (1952).

[1] W. ZORN, Handels- u. Industriegesch. Bayerisch-Schwabens 1648–1870 (1961). Über den Zusammenbruch d. Welser 1614: JOH. MÜLLER, VSWG 1 (1903). Ders., AKG 1 (1903).

[2] H. RACHEL, J. PAPRITZ u. P. WALLICH, Berliner Großkaufleute u. Kapitalisten 1 u. 2 ([2]1967). W. SPIESS, Von Vechelde, die Gesch. einer Braunschweiger Patrizierfamilie 1332–1864 (1951). J. PAPRITZ, Das Handelshaus d. Loitz zu Stettin, Danzig u. Lüneburg, Balt. Studien 44 (1957).

[3] F. KAPHAHN, Der Zusammenbruch d. dt. Kreditwirtschaft im 17. Jh. u. d. 30j. Krieg, Dt. Gesch.bll. 13 (1912). W. HESSE, Der Haushalt d. Fr. Reichsstadt Goslar im 17. Jh. (1935).

[4] G. AUBIN, Bartolomäus Viatis, VSWG 33 (1940). S. RATHKE-KÖHL, Gesch. d. Augsburger Goldschmiedegewerbes vom Ende d. 17. bis z. Ende d. 18. Jh. (1965).

[5] E. WASMANN, Die wirtschaftl. Wirkungen u. Folgen d. 30j. Krieges für die Mark Duderstadt (1932), über das Aufblühen d. Branntweinbrennerei. E. DÖSSLER, Kleve-Mark am Ende d. 30j. Krieges, Düsseldorfer Jb. 47 (1955).

[6] Knappe Übersicht: W. ABEL, Gesch. d. dt. Landwirtschaft vom frühen MA bis z. 19. Jh. (1962). F. LÜTGE,

Gesch. der dt. Agrarverfassung vom frühen MA bis z. 19. Jh. (^{2}1967). S. v. FRAUENDORFER, Ideengesch. der Agrarwirtschaft u. Agrarpol. 1 (1957). Mustergültige Regionaluntersuchung: E. CHRISTMANN, Dörferuntergang u. Wiederaufbau im Oberamt Lautern währ. d. 17. Jh. (1960). I. BOG, Die bäuerl. Wirtschaft im ZA d. 30jähr. Krieges (1952) mit Lit. B. H. SLICHER VAN BATH, Die europ. Agrarverhältnisse im 17. u. der 1. H. d. 18. Jh., Afdeling Agrar. Geschiedenis (Wageningen) 13 (1965). H. BARTH, Die Wüstungen d. Landkreises Greiz u. Schleitz (1949).

[7] K. WINKLER, Landwirtschaft u. Agrarverfassung in Osnabrück nach d. 30j. Krieg (1959). K. v. ANDRIAN-WERBURG, Schwäb. Feldmesser u. ihre Technik im 17. Jh., Schwäb. Bll. f. Heimatpflege u. Volksbildung 13 (1962). W. F. VOLGER, Der 30jähr. Krieg im Fürstentum Lüneburg (1847–1854). J. HEIDEMANN, Das lippische Wirtschaftsleben u. Finanzwesen in d. 2. H. d. 17. Jh., Westfäl. Forsch. 15 (1962).

[8] F. SCHRÖER, Das Havelland im 30jähr. Krieg (1966), wertvolle Materialsammlung. U. WILLE, Die ländl. Bevölkerung d. Osthavellandes vom 30jähr. Krieg bis zur Bauernbefreiung (1937). E. FADEN, Berlin im 30jähr. Krieg (1927). J. SCHULTZE, Die Hofbesitzerin Dörfern d. Landes Ruppin (1937). J. LESZCZYNSKI, Der Klassenkampf d. oberlaus. Bauern in d. J. 1635–1720 (1964).

[9] C. A. ENDLER, Die bäuerl. Bevölkerung Mecklenburgs (1934).

[10] M. MURJAHN, Die gutsherrl.-bäuerl. Verhältnisse d. 17. Jh. im nördl. Domanialgebiet d. Landes Stargard (1934). Zur ostdt. Agrargesch.: Ostdt. Beitr. aus d. Göttinger Arbeitskreis 16 (1960). R. LEHMANN, Die Verhältnisse d. niederlausitz. Herrschafts- u. Gutsbauern (1956).

[11] Chr. DEGN, Die großen Agrarreformen, in: Gesch. Schleswig-Holsteins (1954). H. KELLENBENZ, Der Konkurs d. Peter u. Thomas Ahlefeldt, in: Festschrift Fr. Lammert (1955). Ders., Economic Activities of the Holstein Nobility in the 16th a. 17th Cent., in: Explorations in Entrepreneurial History 6 (1953/54). W. TREUE, Das Verhältnis von Fürst, Staat u. Unternehmer in d. Zeit d. Merkantilismus, VSWG 44 (1957).

[12] M. BRAUBACH, Die Bedeutung d. Subsidien (s. Kap. 9, Anm. 14, und unten Anm. 24). H. HAERING, Die Gesch. der Hinterlassenschaft eines Tillyschen Offiziers, AKG 11 (1914). Vgl. auch H. KNUST, Alexander v. Velen 1599 bis 1675 (1938).

[13] Wertvolle Einzelangaben verallgemeinernd, aber widerspruchsvoll: D. SAALFELD, Bauernwirtschaft u. Gutsbetrieb in d. vorindustriellen Zeit (1960). M. DOEBERL, Entwicklungsgesch. Bayerns 2 (^{3}1928). B. HUBENSTEINER, Bayer. Gesch. (1951). F. LÜTGE, Die bayer. Grundherrschaft (1949). A. COHEN, Bayer. Klöster im 30jähr. Kriege, Schmollers Jb. 40 (1916).

[13a] W. KUHN, Gesch. d. dt. Ostsiedlung in d. Neuzeit 1 (1955).

[14] TH. v. D. GOLTZ, Gesch. d. dt. Landwirtschaft 1 (1902), noch immer grundlegend. K. SCHARLAU, Landeskulturgesetzgebung u. Landeskulturentwicklung im ehem. Kurhessen seit d. 16. Jh., Zs. f. Agrargesch. u. Agrarsoz. 1 (1953).

[15] G. SCHRÖDER-LEMBKE, Die Hausväterliteratur als agrargesch. Quelle, ebd. 1 (1953). O. BRUNNER, Adeliges Landleben u. europ. Geist, Leben u. Werk Wolf Helmhards v. Hohberg 1612–1688 (1949) mit Lit.

[16] W. NAUDÉ, Getreidehandelspolitik u. Kriegsmagazinverwaltung Brandenburg-Preußens bis 1740 (Acta Borussica, 1901). H. RACHEL, Die Handels-, Zoll- u. Akzisepolitik Brandenburg-Preußens bis 1713 (ebd. 1911). K.-K. RIEMANN, Ackerbau u. Viehhaltung im vorindustr. Dtld., Beiheft 3 z. Jb. d. Albertus-Univers. Königsberg (1953). J. A. FABER, Het problem van de dalende Graanvoer uit de oostzeelanden in d. twede Helft van d. 17. e., Afdeling Agrar. Geschied. (Wageningen) Bijdragen 9 (1963). G. FRANZ, Der dt. Landwarenhandel (1960).

[17] K. RANK, Die Finanzwirtschaft d. Reichsstadt Rothenburg o. d. T. währ. d. 30jähr. Krieges (1940).

[18] K. KOLLING, Die Pfalz nach dem 30jähr. Krieg (1949). E. STROBEL, Neuaufbau d. Verwaltung u. Wirtschaft d. Mgfsch. Baden-Durlach nach d. 30jähr. Krieg (1935). W. DAUTERMANN, Alzey im 30jähr. Krieg (1937). F. TEXTOR, Entfestigungen u. Zerstörungen währ. d. 17. Jh. als Mittel d. französ. Rheinpolitik (1937). C. PÖHLMANN, Zweibrücken in d. Zeit d. französ. Reunion, Mitteil. d. Hist. Ver. d. Pfalz 56 (1958).

[19] H. A. SEGELKEN, Die Gfsch. Oldenburg 1638–1648 (1931). H. LÜBBING, Stadt u. Land Oldenburg im Spiegel von ält. Reiseberichten, Oldenb. Jb. 51 (1951). D. KOHL, Gesch. d. Oldenb. Landes (1925). Ders., Gesch. d. Stadt Oldenburg (1925).

[20] A. BECKER, Zur oberrhein. Bevölkerungsgesch. d. 17. u. 18. Jh., ZGORh NF 56 (1943). Ders., Wandlungen im Bevölkerungsbild d. pfälz. Oberrheingebietes (1952), dazu G. v. RAUCH, VSWG 40 (1953). F. X. LAIFLE, Die Seuchen währ. d. Belagerung von Wien usw. 1683–1699, Arch. f. Hygiene 119 (1938). Ders., Die Pest in Wien 1679 (ebd.).

[21] F. HAUG, Die Einwanderung in d. Herrschaft Friedberg-Scheer nach d. 30jähr. Krieg, Zs. f. württ. Landesgesch. 5 (1941). G. BÄUMLER, Medizinstatist. Untersuchungen über Weiden (Obpf.) 1551–1800, Arch. f. Hygiene 120 (1938). Vgl. W. KUHN (Anm. 13a). C. A. ENDLER, Bevölkerungsgesch. d. Jeverlandes im 17. Jh., Oldenb. Jb. 52 u. 53 (1952/1953). K. SEITH, Die Einwanderung von Schweizern nach d. 30jähr. Krieg, Das Markgräflerland 23 (1961). P. DEDIC, Kärntner Exulanten d. 17. Jh., Carinthia I, 154 (1964).

[22] H. KELLENBENZ, Die Wirtschaft d. Schwäb. Reichsstädte nach d. 30jähr. Krieg, Jb. f. Gesch. d. oberdt. Reichsstädte 11 (1965). W. BOGSCH, Der Marienberger Bergbau seit d. 2. Hälfte d. 16. Jh. (1966). G. HECKH, Unterschiedl. Fortpflanzung ländl. Sozialgruppen aus Südwestdtld. seit d. 17. Jh., Homo 3 (1952). H. L. WEISBERGER, Angehörige d. Tiroler Geschlechts von Schyrle in den Rheinlanden, Rhein. Vjbll. 13 (1948). A. ERNSTBERGER, Abenteurer d. 30jähr. Krieges (1963). H. BETTENHÄUSER, Räuber- und Gaunerbanden in Hessen, Zs. d. Ver. f. hess. Gesch. u. Landeskde. 75/76 (1964/65).

[23] R. WINKEL, Die Weichsel (1939). E. G. FRANZ, Der Wiederaufbau Sooden-Allendorfs nach s. Zerstörung im 30jähr. Krieg (1954). R. KIESER, Die Zauche erkauft nach d. 30jähr. Krieg den Frieden, Jb. f. brandenburg. Landesgesch. 12 (1961).

[24] B. KUSKE, Das soz. u. wirtschaftl. Leben Westdtlds. im 30jähr. Krieg, Jb. d. Arbeitsgem. d. Rhein. Gesch.-Vereine 3 (1937), mit Bibliogr. G. BRAUER, Die hannoversch-engl. Subsidienverträge 1702-1748 (1962): »Die Subsidienverträge ... haben in der Geschichtsforschung eine stiefmütterliche Behandlung gefunden.« D. ALBRECHT, Zur Finanzierung d. 30jähr. Krieges, Zs. f. bayer. Landesgesch. 19 (1956), dort die geringe ältere Lit. E. ENNEN, Kf. Ferdinand von Köln (1577–1650), AnnHVNiederrh. 163 (1961). Dies., Grundzüge d. Entwicklung einer rhein. Residenzstadt im 17. u. 18. Jh., in: Festschr. Fr. Steinbach (1960). H. SCHNEE, Die Hoffinanz u. der moderne Staat 2 (1954). G. SCHNATH, Gartenfreude u. Politik in Herrenhausen 1666–1866, Hannov. Gesch.bll. NF 20 (1966). E. ESTERHUES, Die Seidenhändlerfamilie Zur Mühlen in Münster/W. (1960). H. RÖSSLER, Der dt. Hochadel u. der Wiederaufbau nach d. Westfäl. Frieden, Bll. f. dt. Landesgesch. 101 (1965). D. KOCH, Das Göttinger Honoratiorentum (1958). W. FLORIN, Der fürstl. Absolutismus in seinen Auswirkungen auf Verfassung, Verwaltung u. Wirtschaft d. Stadt Hannover, Hannov. Gesch.Bll. NF 7 (1954).

[25] Vgl. Bd. 7, Kap. 36 mit Anm. 20; berüchtigt waren insbesondere die zahlreichen braunschweig. Kippermünzstätten.

[26] Man bemühte sich um Rückkehr zu

den Reichsmünzordnungen von 1559 u. 1566; im Anschluß an die Reform d. Münzwesens in Brandenburg 1666 wurde auf dessen Initiative im Vertrag v. Zinna 1667 u. auf der Leipziger Münzkonferenz 1668 ein Münzfuß festgesetzt, der bis nach Süddtld. u. zum Rhein Ansehen genoß u. Nachahmung fand. J. V. KULL, Der Münzfuß in Bayern u. s. Wandlungen bis zur dt. Reichswährung, Altbayer. Monatsschr. 9 (1909/10). Ders., Die kurfürstl. Münzsocietät in München 1691 bis 1693, ebd. 4 (1903/04). E. HOLZMAIR, Geld u. Münze unter Kaiser Leopold I., MIÖG 60 (1952).

[27] Vgl. KIESER (Anm. 23).

[28] W. LAMMERS, Die Schlacht bei Hemmingstedt (1954).

[29] G. TESSIN, Die dt. Regimenter d. Krone Schwedens 1 (1965). Zur Finanzierung durch Hans de Witte s. A. ERNSTBERGER (Bd. 9, Kap. 10, Anm. 6).

[30] F. REDLICH, The German Military Enterpriser and his Work (2 Bde. 1964/1965). K. SCHWARZ, General H. G. v. Arnim u. d. Berliner Handelshäuser Weiler u. Essenbrücher im 30jähr. Krieg, Jb. f. d. Gesch. Mittel- u. Ostdtlds. 12 (1963).

Kapitel 15
Technik in Frieden und Krieg im 17. Jahrhundert

Hatte das 16. Jh. von Humanismus und Renaissance her die Anknüpfung an die technischen Leistungen der Antike gebracht, so gelang im 17. Jh. der Fortschritt über diese hinaus. Jetzt begann für die Technik eine ähnliche Literatur zu entstehen, wie im 16. Jh. für den Bergbau: Bildersammlungen und reich bebilderte Darstellungen, häufig Übersetzungen und Überarbeitungen italienischer und französischer Werke (Maschinenbücher von Zonca de Caus, Veranzio, de Strada, Branca; Abbildungen von Hebezeugen, Mühlen, Stampfwerken, Wasserhebevorrichtungen, Sägewerken mit tierischem Muskel-, Wind-, Wasser- und Heißluftantrieb). Nach 1648 traten an die Stelle dieser technischen Bilderbücher Sammelwerke, die mehr oder weniger kritisch zusammenfassend über größere Gebiete berichteten (Kircher: ›Großer Wissensschatz von Licht und Schatten‹), anschließend wissenschaftliche Zeitschriften, Fachwörterbücher und schließlich im 18. Jh. Enzyklopädien.

Auch im 17. Jh. war die Entwicklung der Technik in Deutschland stark von Italien beeinflußt, zunehmend aber auch seit etwa 1650 von der lebhaften gewerblich-maritimen und naturwissenschaftlichen Entwicklung in Frankreich. Die Technik dieser Zeit als die des Barock, also mit einem aus der Kunstgeschichte stammenden Begriff zu bezeichnen, kann insofern Verwirrung stiften, als das künstlerische Element mehr die äußere Form und das Dekor als das Wesen der Technik bestimmte, wenngleich nicht zu bestreiten ist, daß auch das erfindende und konstruierende Denken sowie das naturwissenschaftliche Argumentieren einen von den geistigen Bewegungen anderer Epochen unterschiedenen Stil gehabt zu haben scheint (vgl. Kompliziertheit von Hebewerkzeugen)[1]. Das *Experiment* begann, die Naturwissenschaften und von diesen aus die Technik zu bestimmen: Der später weltberühmte Magdeburger Bürgermeister Otto von Guericke und G. W. Leibniz (Heißluftmotor, Gedanken über Hinterlade- und Repetiergewehre, Suezkanal-Projekt, Rechenmaschine, 1681 Windkraftmaschine zur Hebung und Mehrfachbenutzung der Grubenwässer im Harz; 1700 Gründung der Berliner Akademie der Wissenschaften nach der von Leopold I. privilegierten, von Karl VI. bestätigten »Caesaro-Leopoldina-Carolina« von 1651, der Royal Society von 1645 und der Académie des sciences von 1666). Die Technik sollte »nicht auf bloße Kuriosität oder Wissensbegierde und unfruchtbare Experimente gerichtet sein oder bei der bloßen Erfindung nützlicher Dinge ohne Applikation und Anwendung beruhen ..., sondern mußte gleich anfangs das Werk samt der Wissenschaft auf den Nutzen richten ...«, daher »Feldbau, Manufakturen und Kommerzien, mit einem Wort die Nahrungsmittel zu verbessern« trachten (Leibniz). Leibniz war ein staatswissenschaftlicher Denker großen Stils, der den Gang der technischen Entwicklung aufmerksam verfolgte und alle Bestrebungen förderte, die eine wirkliche Bereicherung der technischen Möglichkeiten bilden mochten (Briefwechsel!). In diesem Zusammenhang kam es auch zu den Anfängen einer chemischen Technologie (Joh. Rud. Glauber erster technischer Chemiker, Joachim Jungius).

Der *Verkehr*[2] nahm im 17. Jh. gegenüber früheren Zeiten sehr zu (Post), was die Entwicklung von neuen Wagentypen zur Folge hatte, insbesondere der Kutsche, anfangs riemen-, bald auch holz- und stahlgefedert, zuweilen mit Glasfenstern, seit 1700 auch mit Bremsen versehen (neben den schweren, von vielen Pferden gezogenen Überlandtransportern, auch Miet-Personenwagen in den Städten). Auch Straßenpflasterung kam auf, doch begann der moderne Straßenbau erst 1747 mit der Gründung der Ecole des ponts et chaussées in Frankreich. Eine kunstgewerblich große Rolle spielten seit der Mitte des 17. Jh. die zahlreichen, häufig sehr schweren Staatswagen der Fürsten.

Die mit Muskelkraft getriebenen Tret- und Segelwagen, seit 1550/1600 vielfach konstruiert, erwiesen sich in der Praxis als unbrauchbar. Für Massengütertransporte auf den Hauptflüssen entwickelte man »Ordinarie-Flöße, Ulmer Schachteln, Donauplätten und Zillen« usw., die, nicht selten – wie große Seeschiffe – aus 3000 bis 3500 und mehr Baumstämmen gebaut, nach Ankunft am Zielort (Wien, München, Köln) zerlegt und als Bauholz verkauft wurden; dagegen wurde jedoch schon um 1540 zur Schonung der Wälder die Rückfahrt gefordert, war aber lange Zeit unmöglich, weil die Flöße dazu nicht eingerichtet waren. Die Seeschiffe wurden größer, schneller, stärker »armiert«, hatten mehr Tiefgang, was das Ausbaggern von Flußmündungen und Hafenbecken sowie die Anlage neuer, meernaher Häfen nötig machte. An der Wende zum 18. Jh. erfand der Hugenotte D. Papin die atmosphärische Dampfmaschine (1690/1698), den Dampfkochtopf (1681) und eine leistungsfähige Zentralpumpe (1689), nicht aber ein dampfgetriebenes Flußschiff. Zahlreiche konstruktive Verbesserungen von Arbeitsgeräten wurden im Bereich der zumeist staatswirtschaftlich beeinflußten Manufakturen gemacht. In diesem Zusammenhang empfahl Glauber in der Notzeit nach dem großen Kriege die ausgedehnte Verwendung einheimischer Rohstoffe.

Christian Weigel hielt 1698 in seinem mit 277 Kupferstichen versehenen Werk über die »gemeinnützlichen Haupt-Stände« den Zustand der Gewerbe am Ende des 17. Jh. fest. Jak. Leupolds ›Theatrum Machinarum‹, 1724 August d. Starken gewidmet, führte in neun Bänden am Vorabend der Dampfmaschine (1698 Savery, ›Miners Friend‹), der Spinnmaschine und des mechanischen Webstuhls zusammenfassend das gesamte Ingenieurwesen der Zeit vor[3].

In den großen Verkehrsstädten und an den Höfen probierfreudiger und erfindungssüchtiger Fürsten, die Mechaniker und Erfinder an sich zogen, neben wirklichen Erfindern und Gelehrten aber auch zahlreiche Projektemacher und Betrüger, wurden die wichtigsten naturwissenschaftlich-technischen Anstrengungen gemacht: Fayence, Porzellan, Goldmacherei, Rubinglas, Kunckels Ars Vitraria 1676, Waffen; bedeutende Leistungen vollbrachten oft die Instrumentenmacher, Mechaniker, Optiker und Uhrmacher an den Höfen, besonders in der zweiten Hälfte des 17. und in der des 18. Jh. in Wien[4]. In England wurde 1623 erstmals im Statute of Monopolies der Erfinderschutz für das ganze Land gesetzlich geregelt – eine bis ins 19. Jh. für andere Länder vorbildliche Maßnahme.

Im *Bergbau*[5] benutzte man gegen Ende des 17. Jh. allgemein Schwarzpulver (statt des Feuersetzens) für die Sprengarbeit (zuerst 1627 in Schemnitz), sowie Schlägel und Eisen; um die gleiche Zeit wurde das Abbauverfahren, die Wetterführung, Wasserhaltung, Wasserwirtschaft und die Aufbereitung der Erze verbessert; der Steinkohlenbergbau blieb bis zum Beginn des 19. Jh. unbedeutend, die Salzgewinnung unverändert.

Auch im 17. Jh. stand in der europäischen *Eisenwirtschaft* Deutschland, in der deutschen das österreichische Alpenland an erster Stelle. In der Steiermark wurde das Erz noch immer aus Tradition und Sorge um die Qualität fast ausschließlich in Stücköfen, nur langsam zunehmend in Hochöfen verschmolzen. Dagegen schritt die Konzentration von Besitz und Betrieb fort: 1625 schuf Ferdinand II. durch einen kaiserlichen Gewalt-Expropriationsakt die ›Innenberger Hauptgewerkschaft der Stahl- und Eisenhandlung im Erzherzogtum Österreich und Land Steier‹, die fortan sehr leistungsfähig war, während die Kärntner Gewerken ihre Selbständigkeit behaupten konnten, die Geschichte der Kärntner Eisenwirtschaft seit dem Salzburger Emigrationsedikt von 1596 aber auch – abgesehen von der frühen allgemeinen Verwendung des Hochofens – aus einer Kette von Schwierigkeiten, Vergleichen, Vertragsbrüchen und Gewalttaten bestand. Die Eisenwirtschaft der im engeren Sinne deutschen Gebiete litt allgemein, meist stark, unter dem Dreißigjährigen Krieg: in Bayern am stärksten die in der Oberpfalz, die schon vor 1618 aus Mangel an Unternehmergeist, Risikobereitschaft und Ablehnung des Hochofens in Sulzbach-Amberg zurückgegangen war und nun erlag. In Baden gingen die meisten Hütten zugrunde; nur wenige konnten nach dem Kriege wieder aufgebaut und durch neue ergänzt werden. In Hessen erstanden nach den Zerstörungen durch den Krieg im Odenwald neue Eisenwerke. In Nassau gab es gleichfalls große Zerstörungen, nach 1650 aber die Aufnahme des Hochofens, allerdings behindert durch Kohlenmangel. Am schwersten hatten durch den Krieg die wichtigsten Eisenplätze Thüringens zu leiden: Schmalkalden und Suhl, doch erholten beide Städte sich wieder schnell. Ähnlich war es im Harz, wo nach 1650 Einfuhr- und Subventionspolitik den Wiederaufbau förderten. In Westfalen stieg nach 1650 die Drahterzeugung und damit die Zahl der Osemundhämmer; einen besonderen Aufschwung nahm das Gewerbe in Iserlohn, nachdem die Kratzendrahtfabrikation aus Aachen eingeführt worden war. Seit den 70er Jahren gab es einen wachsenden Export über die Nordseehäfen und die großen Messen. Solingen hatte durch ständigen Wechsel der Besatzungstruppen im Dreißigjährigen Krieg besonders zu leiden. Auch die Eisenindustrie der Eifel war schwer betroffen. Die Kriegsfolgen in Sachsen wurden in etwa ausgeglichen durch die Aufnahme der Weißblecherzeugung seit 1620, für die Sachsen viele Jahrzehnte fast ein Monopol behaupten konnte. Da die Gebiete des Kurfürsten von Brandenburg sowie Pommern und Mecklenburg vom Kriege schwer heimgesucht wurden und Schweden 1648 Pommern und Stettin erhielt, fand das schwedische Eisen immer mehr Eingang nach Brandenburg bzw. Preußen. Alles in allem verlor Deutschland im Hüttenwesen und in der Metallverarbeitung seine führende Stellung an Frankreich, Schweden, schließlich auch an England. An die Kunst des Instrumentenbaues des 16. Jh. schloß die Instrumententechnik des 17. an – 1604 Keplers Darstellung der Optik, 1608 holländisches, 1611 Keplers Fernrohr, Mikrometer, J. Hewel, Machina coelestis 1670/73, Pendeluhr, die (Huygens 1657) gegen Ende des Jahrhunderts zur Entstehung der Uhrmacherei großen Stils führte. Auch auf diesen Gebieten wurden in der zweiten Hälfte des 17. Jh. im Ausland (England) größere Fortschritte gemacht als in Deutschland. Die um 1622 erfundene Laterna Magica erhielt erst Ende des 18. Jh. Bedeutung. In der *Waffentechnik* gelangte man, angeregt durch die Bedürfnisse und Erfahrungen in den vielen Kriegen des Jahrhunderts zur Verminderung des Geschützgewichts und zur Erhöhung der Feuergeschwindigkeit, nicht aber zu wesentlichen technischen Verbesserungen, sondern nur zu Fortschritten in der Artillerietaktik. Gegen Ende des 17. Jh. kam das Bajonett neben der Muskete auf, das das Gewehr auch zur Stoßwaffe machte. Zur Ermöglichung der Massenherstellung von Waffen für die stehenden Heere strebte man nach Vereinfachung und Normung der Waffen, was die Entwicklung der entsprechenden Gewerbe stark beeinflußte.

Die *hydraulische Wissenschaft*[6] des 17. Jh. stand literarisch vorwiegend unter italienischem Einfluß, in zweiter Linie, in der Praxis aber vor allem unter niederländischem, seit Pascal auch unter französischem Einfluß, der in Deutschland kaum vor Chr. Leupold aufgegriffen wurde. Während der »moderne« Städtebau (Mannheim, Dresden-Neustadt) auf den Oberingenieur bei der Verteidigung Wiens 1683, G. Rimpler, den »geistigen Urheber der regelmäßigen Barockstadt« (Kittler), zurückgeht, gab es systematischen Flußbau vor der Mitte des 18. Jh. nicht. Als die Kurfürsten von Brandenburg im 17. Jh. den Kampf gegen die Flußüberschwemmungen aufnahmen, holten sie niederländische Wasserbaumeister. Auch für die Kultivierung von Mooren bediente man sich niederländischer Erfahrungen. Emden büßte seine Bedeutung in der Seefahrt ein, weil man, als die Ems ihren Lauf von der Stadt verlegte, nicht die technischen Mittel zur Herstellung einer brauchbaren künstlichen Zufahrt zum Meere besaß. Die Weser war um 1600 so verwildert, daß Bremen nur für Schiffe mit weniger als 1 m Tiefgang erreichbar war, damit aus der Reihe der großen Seehäfen ausschied und neue Häfen unterhalb der Stadt anlegen mußte (1618 Vegesack, 1827 Bremerhaven). Mit dem Kanalbau in Deutschland begann der Große Kurfürst von Brandenburg zwischen Elbe und Oder (1622 Friedrich-Wilhelm-Kanal) wiederum unter Heranziehung niederländischer Spezialisten, die wie italienische Ingenieure die besten Kammerschleusen bauten. Colberts französischem Kanalsystem entsprachen – zwischen Karls d. Gr. »Fossa Carolina« und der Rhein-Main-Donau-Verbindung des 20. Jh. – im 17. Jh. große, politisch und technisch unrealistische, wirtschaftlich noch lange Zeit überflüssige Projekte – ähnlich den Kolonialideen der gleichen Zeit und Fr. Lists Eisenbahnplänen, die die politischen Gegebenheiten unberücksichtigt ließen.

Erst nach den niederländisch-englischen Seekriegen schwand langsam mit dem politisch-ökonomischen auch das schiffbautechnische Prestige der Niederländer in Deutschland, machten sich die zur Wissenschaft vordringenden Bemühungen von Colberts Académie des sciences bemerkbar[7].

Während also die technische Entwicklung in Westeuropa an die des 16. Jh. anschloß, brachte in Deutschland der Dreißigjährige Krieg eine schwerwiegende Unterbrechung. Das hatte u. a. zur Folge, daß die frühen Kameralisten keinerlei technologisches Denken und Urteilsvermögen aufwiesen, während später J. J. Becher an die Bildung »mechanischer Schulen« dachte und W. v. Schröder eine Vorstellung von der Bedeutung der Technik für das Wiederaufblühen der Gewerbe in Deutschland hatte[8].

Die Höhe technischen Denkens in Deutschland erreichte Otto Gericke, Jurist, Mathematiker, Diplomat, Bürgermeister (seit seiner Nobilitierung 1666 von Guericke). Seine ›Experimenta Nova‹ »spiegeln die Geisteshaltung« der Gelehrten um 1650, die mit dem Begriff »Technik« vertraut waren. »Das Christentum bildete für sie die Grundlage auch ihres wissenschaftlichen Weltbildes.« Gericke »beabsichtigte nicht, eine in mathematisch-abstrakte Form gekleidete Beschreibung des Himmelsgeschehens zu liefern, sondern vielmehr in Gestalt einer Himmelsphysik Keplerscher Prägung auch von den innerhalb des Kosmos wirksamen Kräften quantitativ Rechnung zu geben« (Schimank)[9].

[1] Grundsätzliche Lit. vgl. Kap. 6 u. 7. CH. SINGER u. a., History of Technology 3 (1957). F. KLEMM (Hg.), Die Technik d. Neuzeit (3 Bde. 1941). A. GURLT, Die Bergbau- u. Hüttenkunde (³1884). E. O. v. LIPPMANN, Entstehung u. Ausbreitung d. Alchemie (2 Bde. 1919/32). G. FESTER, Die Entwicklung d. Chem. Technik (1923).

[2] W. TREUE, Achse, Rad u. Wagen (1965). A. TIMM, Kleine Gesch. d. Technologie (1964). E. NEWEKLOWSKY, Die Schiffahrt u. Flößerei im Raum d. oberen Donau 1 (1952).

[3] TH. BECK, Beitr. zur Gesch. d. Maschinenbaues (²1900). M. RÜHLMANN, Beitr. zur Gesch. d. Schiffahrt (1891). H. SCHIMANK, Otto v. Guericke (1936). Ders. (Hg.), O. v. Guerickes neue (sogen.) Magdeburger Versuche über den leeren Raum (1968). G. FESTER (s. Anm. 1).

[4] M. HABACHER, Mathemat. Instrumentenmacher, Mechaniker, Optiker u. Uhrmacher im Dienste d. Kaiserhofes in Wien (1630–1750), Bll. f. Technikgesch. 22 (1960). J. REBSOLD, Zur Gesch. d. astronom. Meßwerkzeuge (1908–1914).

[5] L. BECK, Gesch. d. Eisens 1 (²1890/91). Lit. zur Gesch. d. Eisens in GMELINS Hdb. d. anorg. Chemie (sämtl. Auflagen). R. KELLERMANN u. W. TREUE, Kulturgesch. d. Schraube (²1965). W. BOEHEIM, Hdb. d. Waffenkunde (1890). M. THIERBACH, Gesch. d. Entwicklung d. Handfeuerwaffen (1886/87). S. auch Kap. 6, Anm. 9 u. 10.

[6] G. A. KITTLER, Neue Beitr. zur Beurteilung Georg Rimplers, MIÖG 64 (1956). H. v. PECHMANN, Gesch. d. Austrocknung u. der Kultur d. Donaumoores (1872). Ders., Entwurf für den Kanal zur Verbindung d. Donau mit d. Main (1832). Ders., Der Ludwigkanal (1854). H. H. HOFMANN, Fossa Carolina, in: Karl der Große, Bd. 1 (1965).

[7] H. SZYMANSKI, Brandenburg-Preußen zur See 1605–1815 (1939). C. E. CRONE, Nederlandsche Jachten, Binnenschepen, Visschers Vaartuigen ... 1650 bis 1900 (1926). O. HÖVER, Von der Galiot zum Fünfmaster (1934). H. SZYMANSKI, Dt. Segelschiffe (1934). R. LOEF, Schiffsrisse zur Schiffbaugesch. 1 1597 bis 1680 (1958).

[8] U. TROITZSCH, Ansätze technolog. Denkens bei d. Kameralisten d. 17. u. 18. Jh. (1966).

[9] W. SEIBICKE, Technik, Versuch einer Geschichte der Wortfamilie ... (1968).

Kapitel 16
Die Landwirtschaft im 18. Jahrhundert

Nach dem Dreißigjährigen Krieg konnte mit dem vielerorts notwendigen Wiederaufbau in der Form des Neubeginns eine neue Epoche in der Landwirtschaft nicht eingeleitet werden, da die als Voraussetzung dafür notwendigen Entwicklungen und Entdeckungen auf biologischem, chemischem und technischem Gebiet erst im 18. Jh. gemacht wurden. Infolgedessen vollzogen sich Wiederaufbau und Ausbau der Agrarwirtschaft noch lange Zeit in den mittelalterlichen Bahnen. Doch griff die Obrigkeit, vorwiegend aus steuerpolitischen Gründen, die auch den »Bauernschutz« motivierten, nach Kriegsende häufig stärker ein als früher. So war Deutschland zu Beginn des 18. Jh. noch ganz überwiegend traditionalistisch agrarisch. Der Satz »L'agriculture fait la base principale des richesses de l'Electorat« (A. G. v. Münchhausen) traf für Deutschland insgesamt zu. Seit der Jahrhundertmitte zeigten sich unter Verschlechterung der bäuerlichen Lage erste Ansätze zu betrieblicher Fortentwicklung besonders der Gutswirtschaft fortschrittlicher Besitzer. Im Vordergrund der Drei- oder Vierfelderwirtschaft stand das Getreide, dem Wiesen, Hopfen- und Obstgärten folgten. Von der Rheinpfalz her nahm der Anbau von Klee, Lupinen, Futter- und Handelspflanzen, Tabak und Gemüse langsam zu, in Mittel- und Ostdeutschland unter dem Einfluß Friedrichs d. Gr. und Schubarts zuerst auf großen Gütern. Kartoffeln wurden auf preußischen Domänen seit 1746 feldmäßig angebaut, danach bald in der Privatwirtschaft, gefördert durch die Getreidemißernten von 1770/72, gegen das Jahrhundertende fast überall in Deutschland, zuletzt in Bayern. Von Friedrich d. Gr., später von Albrecht Thaer gefördert, wurden die Ergebnisse der landwirtschaftlichen Revolution Englands bekannt durch Arthur Youngs Werke, durch angeworbene englische Ökonomen und durch Studienreisen nach England. Starkes Bevölkerungswachstum und gute Konjunktur führten insbesondere seit 1750 zur Ausdehnung des Ackerlandes: Um 1800 erreichte die landwirtschaftliche Nutzungsfläche eine Ausdehnung, die auch später nicht mehr beträchtlich überschritten wurde (30 Millionen ha = 55,5 Prozent, Waldungen, 13,5 Millionen ha = 25,5 Prozent, Ödland, Gewässer, Siedlungen, 10,6 Millionen ha = 19,5 Prozent). Gleichwohl begann die Übervölkerung des agrarischen Lebensraumes, eine Grundlage für die

Industrialisierung und Urbanisierung späterer Jahrzehnte. Als Arbeitstiere dienten vorwiegend Ochsen, seltener Pferde. Der Umfang der Rindviehhaltung war beträchtlich, der Ertrag jedoch durch knappe Fütterung besonders im Winter und außerhalb küstennaher Gebiete vor 1760 gering, dagegen die Schafhaltung durch Wollertrag und Ausnutzung minderwertiger Weideflächen sehr lohnend; Friedrich d. Gr. erwarb (nach Schweden, 1723) seit 1748 mehrfach, Sachsen seit 1765, Württemberg 1786 spanische Merinos, die (wie das arabische Pferd) von Mauren nach Europa gebracht worden waren. Fast jedes Gut betrieb Müllerei und andere Nebengewerbe, was zuweilen (Eisenhämmer) den Gutsherrn bis zu gewerblichem Unternehmertum führte, damit aber seine ständische Position gefährdete. Brauerei war weit verbreitet, brachte durch Braugerechtigkeit hohe Einnahmen, durch Biertreber wertvolles Futter; seltener waren Getreide-Branntweinbrennereien. Die Landwirtschaft litt unter dem verhängnisvollen Kreislauf Futtermangel – Beschränkung der Viehhaltung – Verringerung der Dungmenge – geringe Körner- und Strohernte. Mit dem Bestreben, diesen Zustand zu beseitigen, verbanden sich vielfach, insbesondere bei Pferd und Schaf, Bemühungen um »Höhere Viehzucht«, an die in der zweiten Hälfte des 19. Jh. unter wissenschaftlichen Gesichtspunkten angeknüpft werden konnte. Entsprechend der Verbreitung der verbesserten Dreifelderwirtschaft sank der Umfang der Brache; an den Küsten drang die Koppelwirtschaft vor. Zwar wurden viele neue Geräte »erfunden«, doch waren sie zumeist erst nach langen Bemühungen benutzbar. Die Zeit des modernen Gerätewesens begann erst nach der Ausstellung in Oxford 1833 – mit Ausnahme der schon früher beginnenden Entwicklung des Pfluges. Vielfach waren die landwirtschaftlichen Nebengewerbe technisch fortgeschrittener als die Landwirtschaft selbst (Bier, Schnäpse, Stärke, Ziegelei).

Die »Hausväterliteratur« (Kap. 14) wich langsam der fortschrittlicheren Literatur der Experimental-Ökonomen, die unter Heranziehung der Naturwissenschaft nach allgemeinen Grundsätzen für den Landwirtschaftsbetrieb suchten und ihn als einheitlichen Organismus aufzufassen lehrten. Kameralwissenschaftler, vor allem Justus Möser, befaßten sich stärker mit der Landwirtschaft. Die physiokratische Bewegung hat in Deutschland nur wenige Vertreter und Anhänger gefunden – am auffälligsten in Baden-Durlach, wo Markgraf Karl Friedrich sich in den 60er Jahren durch August Schlettwein für diese

Lehre gewinnen ließ. Auch Kaiser Joseph II. war zeitweise Physiokrat. Stärker waren, besonders in Nord- und Ostdeutschland, englische Einflüsse seit 1776. Bald danach begannen im Rahmen von Rationalisierungsmaßnahmen erste adelswirtschaftliche Bauernbefreiungen. J. Beckmanns ›Lehrbuch für Landwirtschaft‹ verzeichnete in der zweiten Auflage 1775, dem Erscheinungsjahr von Benekendorfs ›Oeconomia Forensis‹ (8 Bände), seit 1750 acht neue Lehr- und Handbücher sowie sieben Bibliographien. Interesse an den landwirtschaftlichen Fortschritten in England gab es in Deutschland seit etwa 1760, doch fehlte es lange Zeit an genauen Kenntnissen über Wesen und Bedingungen der »Englischen Wirtschaft«. Thaer entsprach diesem Bedürfnis, als er seit 1798 auf Grund umfassender Literaturkenntnis sein Erstlingswerk ›Einleitung zur Kenntnis der englischen Landwirtschaft‹ veröffentlichte und damit in der Zeit einer landwirtschaftlichen Hochkonjunktur begriffsklärend wirkte. Zahlreiche Fachzeitschriften, z. T. englischen Anregungen folgend, gegründet von jetzt vielfach entstehenden landwirtschaftlichen Vereinen (Celle 1764; theresianische Ackerbaugesellschaften seit 1764), sowie das seit etwa 1760 entstehende landwirtschaftliche Beratungs- und Bildungswesen entsprachen dem Bedürfnis nach Diskussion und Belehrung über technische, rechtliche und ökonomische Fragen, die auch von einigen Akademien behandelt wurden, ebenso wie »ökonomisch-botanische« Gärten. Die Physiokraten beeinflußten die deutsche und mitteleuropäische Landwirtschaft nur am geographischen Rande in der Pfalz sowie (über Leopold II. von Toskana) in Österreich, wo Joseph II. sich hinter dem Pflug abbilden ließ. Im allgemeinen hatte die »Agrarische Bewegung« mehr einen praktisch-spätmerkantilistischen, populationistischen und fiskalischen als einen philosophischen Gehalt wie in Frankreich, wo sich um Quesnay (1758) und die Enzyklopädie die heftige Reaktion auf den extremen Merkantilismus mit politisch-sozialem Protest verband.

Schwere Verluste verursachten mehrere langjährige Züge von Rinderpest von Ost- nach Westeuropa, der 50 bis 90 Prozent der Tiere erlagen, wodurch es zu starken Preissteigerungen bei Fleisch, Milch usw. kam. Eine weitere Folge war die Ausdehnung des Veterinärmedizinwesens vom (meist Kavallerie-)Pferd auf das Rindvieh (erste Veterinärschule 1762 in Lyon).

Betriebsreformen (verbesserte Dreifelderwirtschaft, Feldgras- und Fruchtwechselwirtschaft) konnten den allgemeinen agrar-rechtlichen Reformen nur folgen, nicht vorausgehen. Bei diesen ermöglichte es die landesherrliche Gewalt den Fürsten, voranzugehen, ihr Beispiel auch Widerstrebenden aufzuzwingen, wie es zur Steigerung der wirtschaftlichen Leistungsfähigkeit und Steuerkraft der durch Heere, Kriege, Beamtenkörper, Repräsentation und Subsidienzahlungen belasteten Staaten nötig war. Insbesondere die Waldwirtschaft geriet immer stärker unter staatlichen Einfluß. In Preußen bemühten sich Friedrich Wilhelm I. und Friedrich II. fast 75 Jahre lang im Interesse des Machtstaates um Förderung der Landwirtschaft, um die Verringerung sozialer Mißstände, welche die wirtschaftliche Produktion und die militärische Machtentfaltung behinderten, und um die Beseitigung agrarrechtlicher Rückständigkeiten. Dann erst konnten die Reformer unter Friedrich Wilhelm III. den Anfangserfolg solcher Bestrebungen nach teils wertvollen (Dänemark), teils auch abschreckenden (Frankreich) Erfahrungen im Ausland zur Einleitung und Durchführung umfassender, aus politischen Gründen notwendig gewordener Modernisierung benutzen. Teils noch aktiver, doch auf engeren Raum beschränkt waren Karl Theodor von der Pfalz und Bayern, Kurfürst Friedrich August III. von Sachsen, Karl August von Sachsen-Weimar und Karl Friedrich von Baden. Ihrer aller Tätigkeit traf insbesondere vier Bereiche:

1. *Urbarmachung* und *Besiedlung*, die im 18. Jh. zu beträchtlicher Vermehrung der Nutzungsfläche führten, begann in Preußens östlichen Teilen[1] nach der Beulenpest von 1708–1711 unter Heranziehung deutscher, Schweizer, Salzburger, litauischer Einwanderer als Domänenbauern, die 1719 in Ostpreußen und Litauen unter Beibehaltung von Untertänigkeit, Diensten und Abgaben zu freien, erblichen Hofbesitzern gemacht wurden. Die Neusiedler in Stadt und Land erhielten einmalige oder befristete Erleichterungen (Steuerbefreiung oder -reduktion, Geldbeihilfen, Inventar, Bauholz, Befreiung vom Militärdienst). Nach holländischem Vorbild wurden in entwässerten Brüchen Muster- und Lehrwirtschaften angelegt, auch französische, böhmische, pfälzische Erfahrungen verwertet, Klee- und Tabakanbau eingeführt. Friedrich d. Gr.[2] deichte bei der (seit 1736 geplanten) Entwässerung des Oderbruches 1747/53 über 270000 Morgen ein[3], »eine Provinz, im Frieden erobert«[4], die mit 43 Kolonien besetzt wurden, bei starker sozialer Mischung der Erbpächter und Erbzinsleute, also Untertanen der Domä-

nenämter. Silgebruch (1747), Stettiner (1749) und andere Brüche (1754) wurden nach den gleichen Grundsätzen gewonnen und besiedelt. Dem Siebenjährigen Kriege folgten bis 1768 die Urbarmachung des Warthebruchs (123000 Morgen), seit 1772 der Weichsel-Netze-Kanal, Schiffbarmachung der Netze und andere Meliorationen in Schlesien und im neu erworbenen Westpreußen, zahlreiche Aufforstungen in der ganzen Monarchie und eine beträchtliche Einwanderung in Stadt und Land, wobei die 3000 Schwaben seit 1776 in Westpreußen am längsten Mundart und Tracht behaupteten. Alle diese Maßnahmen dienten der Peuplierung und der Anregung der Privatbesitzer zu ähnlichen Unternehmungen. Aus organisierter und freier Einwanderung wurden neben Tausenden von kleinen Etablissements und Abbauten gegen 900 Kolonistendörfer gegründet; insgesamt kamen in 46 Jahren fast 300000, davon 76000 städtische Kolonisten (ein Drittel in der Kurmark) zur Ansiedlung, so daß 1786 ein Drittel der preußischen Bevölkerung aus Kolonisten und deren Abkömmlingen seit den Tagen des Großen Kurfürsten bestand. Die Bevölkerungsdichte stieg 1740–1786 in der brandenburgischen Kurmark von 1100 auf 1600, in der Neumark von 1100 auf 1300 je Quadratmeile. Die Plazierung einer ländlichen Familie kostete 300 bis 400 Taler[4]. Neben der Zunahme der Einwohner, die sich erst im 19. Jh. durch die Anfänge der bis heute wirkenden »Bevölkerungsexplosion« mit steigender Geschwindigkeit voll auswirkte, aber sofort gewerbliche Bedürfnisse und Arbeitskraftreserven schuf, d. h. die Grundlagen für die nach der »Bauernbefreiung« entstehende proletarische »Reservearmee«, wurde eine bedeutende Vergrößerung der Anbaufläche erreicht und ein wichtiger Schritt getan von der extensiven zur intensiven Wirtschaft: Landverknappung bei hoher Bevölkerungszahl, wachsende Einbeziehung von Hackfrüchten, Obst und Handelspflanzen, Wendung zur Viehzucht in erster Anlehnung an britische Vorbilder. Das Land wurde also »in seinem inneren Wert ansehnlich verbessert« (Friedrich II.). Preußens Beispiel folgte in geringerem Umfange die Trockenlegung des Haarmooses (1772–1775) und, nach dem Vorbild der Arbeit an den Pontinischen Sümpfen, des Donaumooses in Bayern (1790–1793). Dieser inneren Kolonisation standen seit 1750 Hollandgängerei und später Binnenwanderung aus Südwestdeutschland zum Ruhrbergbau in kleinen Zahlen, seit 1749 die Schwabenzüge zur Donau, nach Galizien und ins Schwarzmeergebiet – 90000 in habsburgische,

25000 in russische Gebiete – sowie die Massenauswanderung aus Südwestdeutschland nach Nordamerika (im 18. Jh. etwa 200000) gegenüber.

2. *Gemeinheitsteilung und Arrondierung.* Die Allmende bedeutete zwar wirtschaftliche Sicherung der Schwachen, erwies sich aber auch zunehmend als ein Hindernis für den Fortschritt. Ähnliche Erschwerungen bildeten Flurzwang, Parzellierung und Gemengelage. Im Vordergrund stand in Preußen das Bedürfnis nach Gemeinheitsteilung, in Nord- und Süddeutschland das nach Zusammenlegung, Verkoppellung, Arrondierung und Konsolidation oder Vereinödung, die seit dem 16. Jh. gewissermaßen ständig im Gange waren. Beide Maßnahmen wurden vom Staat veranlaßt und gelegentlich gleichzeitig, zuweilen (Hannover) in weit auseinandergezogenen Abschnitten durchgeführt. Den größten Umfang erreichten Gemeinheitsteilung und Zusammenlegung in Preußen seit 1765. Dabei wirkte der Landesherr stärker beispielhaft als Domänenherr denn durch die Gesetzgebung, bei der er ständischen Widerstand und Verwirrung des Sozialgefüges befürchten mußte. 1750 schuf Friedrich II. eine Oberkommission für Separationssachen, 1771 erließ er nach 20jähriger Erfahrung ein zunächst auf Schlesien beschränktes Separationsreglement. Wohlbegründete Rücksichtnahme des Monarchen auf den Adel und Mangel an Einsicht bei den Bauern verzögerten und begrenzten die Durchführung von Reglement und Empfehlungen, so daß Friedrichs Ideen erst im 19. Jh. – meist mit gesetzlichem Zwang – durchgeführt wurden[4a].

3. *Regulierung der gutsherrlich-bäuerlichen Verhältnisse*[5], wirtschaftliche und beiläufig humanitäre Fortschritte bezüglich der persönlichen Abhängigkeit, Dienste, Geldleistungen, Besitz- und Eigentumsrechte und des Bauernschutzes wurden in Preußen früher und nachdrücklicher als in anderen deutschen Staaten angestrebt, da der Zustand im Osten der Monarchie zunächst durch die Existenz minderberechtigter slavischer Schichten, seit dem 17. Jh. durch den Einfluß des Landadels über das Landratsamt verschärft, ungünstiger als anderswo war und eine verbessernde Angleichung dringend nötig hatte. Dabei konnte der Landesherr auf starkem Domänenbesitz ähnlich vorbildlich wirken, wie im Industriezeitalter die Sozialleistungen bei den staatlichen und den kapitalreichen privaten Großbetrieben begannen und anregend wirkten. Mißgriffe blieben nicht aus, aber die Domänen, die in Preußen durch das Domä-

nenedikt vom 13. 8. 1715 unteilbar und unveräußerlich, also aus landesherrlichem Privatbesitz in staatliches Gemeingut verwandelt wurden und mit ihrer eigenen Kammerjustiz im 18. Jh. rechtsfördernd gewirkt haben, bildeten das kapitalkräftige, von politischen Gesichtspunkten beherrschte Versuchsfeld für spätere Reformen. Der »Domänenstaat« lieferte – am meisten in Preußen – einen großen Teil der Staatseinnahmen. 1713 wurde die Vererbpachtung der Domänen aufgegeben, die Leibeigenschaft der Domänenbauern wurde 1719/23 aufgehoben; die Höfe wurden ihnen erblich zu eigen verliehen, ihre Dienste verringert. Sie gelangten also über einige Umwege früher zur Freiheit als die bis 1735 noch absinkenden Privatbauern. Preußen war in diesem Bereich am fortschrittlichsten, sein starker Domänenbesitz ein Vorteil für die Bauern. Der Bauernschutz begann 1719 mit einem durch Adelswiderstand später eingeschränkten Verbot des Bauernlegens. Friedrich II., der die Landwirtschaft »die erste der Künste« nannte, verfolgte die gleiche Tendenz mit der Zirkularorder vom 4. 1. 1748, der Konstitution für Schlesien vom 14. 7. 1749, dem darauf aufgebauten Edikt für die gesamte Monarchie vom 12. 8. 1749 sowie durch Kabinettsorders von 1752, 1755 und 1764 (nachdem das Bauernlegen im Siebenjährigen Krieg angestiegen war); er erkannte die Gefahr einer Verringerung bäuerlichen Besitzes wie in Mecklenburg und Schwedisch-Pommern. Verbesserungen der persönlichen Lage und Verringerung der Dienste der Bauern erstrebte er zunächst für Pommern 1763/64, für andere Gebiete 1772/75, soweit ihm nicht die Sicherung der Wirtschafts- und Sozialordnung durch übereilte Reformen gefährdet erschien. Die Folgen der Aufhebung gesetzlicher und christlicher Fürsorgepflicht des Gutsherrn und der Entstehung eines ländlichen Proletariats besitzloser Lohnarbeiter wurde in jener Zeit so wenig bedacht wie bei der Gründung von Fabriken und bei der Schaffung oder dem Entstehenlassen von Industrie- und Bergbaustädten im 16. und 19. Jh. Auch der Kapitalbedarf für zusätzliche Zugtiere und Geräte konnte nicht vorausberechnet werden. Festgelegt wurde nur, daß die Stellung des von der Kontribution befreiten Edelmannes als Rittergutsbesitzer nicht gefährdet werden durfte und der Bürger an einer Verlagerung von Unternehmungslust und Kapital aus Handel und Gewerbe zum ländlichen Grundbesitz verhindert werden sollte (Edikt 18. 2. 1775). Die Bedeutung der friderizianischen Agrarpolitik liegt nicht so sehr in sozialen Reformen im Sinne der vom Sozialismus beeinflußten

Zeit nach 1848 mit dem Endziel der Bauernbefreiung, als vielmehr in der für den Staat erforderlichen Bewahrung des Bestandes an bäuerlichen Stellen. Die »Conservation« des Bauernstandes insgesamt lag dem König weit mehr am Herzen als das Wohlergehen des Einzelnen. Die gleichen staatswirtschaftlichen, militärpolitischen und populationistischen Gesichtspunkte führten allerdings dazu, daß er bei der zahlenmäßig kleinen Adelsschicht auch am Schicksal der einzelnen Familien interessiert sein mußte[6]. Sehr ungünstig blieb die bäuerliche Lage in *Schwedisch-Vorpommern* und im ritterschaftlichen *Mecklenburg*; günstiger wurde sie seit der Mitte des 18. Jh. bei starker betrieblicher Reformfreudigkeit in *Schleswig-Holstein*, zumal da in Dänemark 1788–1800 die Leibeigenschaft gänzlich aufgehoben wurde, was die gleiche Maßnahme in den Herzogtümern spätestens seit 1805 zur Folge hatte. Allerdings bildete dort zwar die von steigender Nachfrage nach Agrarprodukten geförderte Verkoppelung einen Teil des umfassenden Sozialwandels, der zur Ausbildung des modernen Staates gehörte, doch war diese Reform nicht liberal im Sinne des 19. Jh.: Ihr Ziel war noch nicht die wirtschaftliche Freiheit des Individuums, sondern die Erneuerung der Hufenverfassung unter staatsrechtlichen Gesichtspunkten. Seit 1768 aber bildete die Konsolidierung und Vermehrung des Hofbauerntums einen wesentlichen Grundzug der schleswig-holsteinischen Volksgeschichte[7]. Westlich der Elbe, wo seit alters das Verhältnis zwischen großen Gütern und bäuerlichen Wirtschaften günstiger war und es keine slavische Bevölkerung in gedrückter Rechtslage gab, war die Situation der Bauern allgemein besser, wenngleich sich z. B. in *Bayern*[8] ihre Lage ständig verschlechterte, ihre Abhängigkeit dauernd vertiefte: 1791 waren nur 4 bis 6 Prozent aller bäuerlichen Familien, 3,6 Prozent aller bäuerlichen Höfe frei; die übrigen unterstanden bis zu 23 Prozent der Herrschaft des meist leistungsunfähigen Adels, zu über 50 Prozent (in Altbayern fast zwei Drittel) der Kirche, 14 Prozent dem Kurfürsten (der aber bei mehr als 50 Prozent Gerichtsherr war). Freilich war die bayerische weltliche und geistliche Grundherrschaft weder mit dem ostelbischen Junkertum vergleichbar, da es sich zumeist nur um Obereigentum, nicht um Gutsbetrieb handelte, noch mit dem französischen Großadel, da die Verbindung mit dem Lande weit enger war als bei diesem. Max Joseph III. und Karl Theodor gingen wie die Hohenzollern mit Verbesserungen der bäuerlichen Lage (1779) den anderen Gruppen voran; auch sie fanden nur langsam, erst nach 1789 stärkere Nachfolge, zumal die Beamten Widerstand leisteten und zuweilen in Geld umgewandelte Dienste neu eingeführt wurden. In den Hunderten reichsunmittelbarer, weltlicher und geistlicher Klein- und Kleinststaaten waren die Bauern meist untertänig oder leibeigen, zu Abgaben und Diensten verpflichtet, doch blieb »der Hauptsache nach Bauernland in Bauernhand« (Knapp). In fast ganz *Baden*[9] wurde die Leibeigenschaft (nach Vorbereitungen seit 1751) am 23. 7. 1783 mit den darauf begründeten Abgaben – nicht den Diensten, die 1790 verringert wurden – aufgehoben. *Hannover* verwandelte seit 1753 Naturaldienste an den Landesherrn in Geldabgaben; auf den Ämtern (Domänen) wurden die persönlichen Dienste abgelöst, wonach sich die Schicht der Gutstagelöhner oder Häuslinge bildete. Über diese praktischen Maßnahmen hinaus bestand bei Gelehrten, Staatsmännern und vielen Großgrundbesitzern seit etwa 1775 die Einsicht in die Notwendigkeit der Neuregelung des gutsherrlich-bäuerlichen Verhältnisses als eines gesellschaftlich-politischen Grundverhältnisses in Agrarstaaten, und zwar in Richtung auf eine Anpassung an westeuropäische Entwicklungen; die Domänenerfahrungen wiesen die Wege dazu. Mindestens im Braunschweig-Wolfenbütteler Raum gab es um die Jahrhundertmitte eine starke Land-Stadt-Wanderung, die einerseits die Städte vor Schrumpfung und allmählichem Absterben bewahrte (Abwanderung, Sterbeüberschuß), andererseits dem Bevölkerungsstau auf dem Lande einen Ausweg bot, der so groß war, daß die Stadtwanderer, die nur zur Hälfte aus der Unterschicht kamen, zumeist bereit waren, auf einen wirtschaftlich-sozialen Aufstieg durch den Orts- und Milieuwechsel zu verzichten[9a].

4. *Der landwirtschaftliche Kredit* war auf sehr teure, kündbare Privatkapitalien angewiesen. Der bäuerliche Besitz unterlag engen Verschuldungsbeschränkungen, der adlige war meist sehr hoch verschuldet, zumal die Zahl der Adligen, die vom Lande standesgemäß leben wollten, und der Aufwand dabei wuchs: In protestantischen Gebieten wurden die jüngeren Nachkommen nicht mehr Priester, bei Grundbesitzlosigkeit wurde der Adel nicht mehr abgelegt; die Zahl der Nobilitierungen stieg stark an; polnischer, später auch französischer Adel wanderte ein. Die Ausdehnung der Geldwirtschaft mit inflationistischen Dauererscheinungen, die Umwandlung der Dienste in Geldzahlungen, die Intensivierung der Wirtschaft, das Anwachsen der Bedürfnisse schufen steigenden Geldbedarf und große Kre-

ditnot. An ihre Behebung ging Friedrich d. Gr., nach ersten Ansätzen seines Vaters 1729/30 für Ostpreußen[10], indem er im großen »Retablissement« zuerst für den (durch drei Kriege besonders stark verschuldeten) schlesischen Adel auf Vorschlag des Berliner Kaufmanns Bühring[11] 1770 die genossenschaftliche »Schlesische Landschaft«[12] unter Staatsaufsicht gründete. Sie bewährte sich und hatte einen so erfreulichen Wandel der adligen Lebenshaltung zur Folge, daß 1777 für die Kur- und Neumark, 1781 für Pommern die gleiche Art Pfandbriefinstitute gegründet wurden; auch die für Ost- und Westpreußen 1787 geschaffenen hat noch Friedrich vorbereitet. Gleichzeitig erließ er 1783 eine bis 1872 gültige, vielfach vorbildliche ›Allgemeine Hypothekenordnung für die preußischen Staaten‹. Die Pfandbriefe waren bald bevorzugtes Anlageobjekt, da das dauernde Steigen der Grundstückspreise und die Hypothekenordnung ungewöhnliche Sicherheiten boten, während es sonst an sicheren Anlagegelegenheiten fehlte. Die Hypothek war gegen Ende des Jahrhunderts beim großen Publikum wichtigste Geldanlage: 50 Millionen Talern landschaftlicher Pfandbriefe standen 307 Millionen private Hypotheken bei 431 Millionen Gesamtanlagekapital gegenüber. Friedrichs den Adel bevorzugendes Landschaftssystem trug zur Sicherung dieser Schicht und der Grundbesitzverteilung bei; die wirtschaftlichen, gesellschaftlichen, politischen Folgen waren bis in die Zeit der Wirtschaftskrisis und »Osthilfe« um 1930 zu spüren. Im übrigen Deutschland geschah in dieser Hinsicht wenig. Braunschweig schuf 1765 ein herzogliches Leihhaus, Sachsen-Altenburg 1792 eine Kammerleihbank; nur das ritterschaftliche Kreditinstitut von 1790 in Lüneburg entsprach der preußischen »Landschaft«.

Der *Getreidehandel* war durch die schnell wachsende Konsumentenschicht, militärische Anforderungen, steigende Produktionskosten und Handelsspannen bestimmt. Friedrich Wilhelm I. stellte nach der projektereichen Zeit Friedrichs I. einen engen Zusammenhang zwischen Getreidehandelspolitik, Kriegsmagazinverwaltung, Domänenwirtschaft und Armeereform her[12]. Während er nach außen seit 1721/22 Schutzzollpolitik trieb – im Interesse der auf ein Drittel der land- und forstwirtschaftlich nutzbaren Gesamtfläche vergrößerten, im Ertrag von 1,8 auf 3,3 Millionen gesteigerten Domänen, d. h. der Staatsfinanzen –, verschmolz er die mittleren Provinzen durch Aufhebung des Kornzolls 1725 zu einem einheitlichen

Binnenhandelsgebiet. Friedrichs II. Getreidehandelspolitik, zugleich Rüstungs- und Sozialpolitik im Rahmen einer die Produzenten-, Konsumenten- und Adelsinteressen balancierenden Agrar- und Staatspolitik, kontrollierte den Verkehr, die Versorgung und Preisbildung durch eine verhältnismäßig zuverlässige Ernte- und Verbrauchsstatistik und eine nach vier Provinzgruppen abgestufte Außenhandelsregulierung. Die Einfuhrpolitik war mit der Magazinwirtschaft, »dem Kernstück der friderizianischen Getreidehandelsverfassung«, organisch verbunden (Skalweit); die Magazinvorräte für drei Kampagnen dienten im Frieden der Brotversorgung, Notstandshilfe und Preisstabilisierung. Auch in den Dienst der großen Politik stellte Friedrich II. die Getreidehandelspolitik (Polen). In der Kurpfalz[13], wo es seit den 1680er Jahren eine fast ununterbrochene Folge von kleineren und größeren Auswanderungswellen zunächst nach Nordamerika, später auch nach Nord-, Ost- und Südosteuropa gab, wurde der Getreidehandel 1775 im Interesse der Bürger und des geldwirtschaftlichen Fürsten gegen den physiokratisch verbrämten Einspruch von Landadel, Bauern und Kornjuden unter staatliche Kontrolle gestellt.

Die Güterpreise und Pachtzinsen stiegen auf Grund von Spekulation, Güterverbesserung, Kosten- und Erlösänderungen zwischen 1740 und 1800 sehr beträchtlich (Güterpreise in Schlesien von 1 auf 2, in Brandenburg auf über 3, in Schleswig-Holstein auf etwa 2,5; Pachtzinsen vielfach auf etwa 3); die Entwicklung der Preise für Bauernhöfe war wohl ähnlich, ist aber kaum generell festzustellen. Dabei ist zu bedenken, daß insbesondere nach 1763 die Rittergüter häufig an wohlhabend gewordene Bürger verpachtet wurden, die an rationelle Erwerbswirtschaft gewöhnt, also an Einnahmesteigerung durch Wirtschaftsverbesserung interessiert waren.

Während die Löhne in den deutschen Städten 1740 bis 1800 nur um etwa 10 Prozent stiegen, schnellten die Roggenpreise um 80 Prozent in die Höhe. Die große Hungersnot von 1770 überstanden nur zwei Staaten ohne starke Preis- und Sterblichkeitssteigerungen: Preußen durch sein Magazinsystem, Toskana durch die Freigabe des Getreidehandels (1767), was jahrzehntelange Diskussionen verursachte.

Nachdem gegen 1700 die an den Dreißigjährigen Krieg anschließende Agrardepression endlich überwunden war, gab es einen seit 1775 stark beschleunigten Aufschwung mit Preissteigerung (1780–1810 Getreide 100 Prozent bei fast stabilen

Arbeiterlöhnen), technisch-organisatorischen Neuerungen und Hektar-Ertragssteigerung. Am Ende stand eine »Wut des Ackerbaues« mit Bodenpreissteigerung, ausgedehntem Güterhandel in Schleswig-Holstein und Ostdeutschland, reichlichen »Landschafts«-Krediten und allgemein hoher Verschuldung der Güter[14].

Die *Forstwirtschaft* durchlief nach dem Dreißigjährigen Krieg eine lange Zeit der Stockung, zumal die großen und kleinen Herren den Wald zunächst als Wildbahn betrachteten und das Wild, nicht den Wald pflegten. Nach dem spanischen Erbfolgekrieg begann eine internationale Holzhausse, die mit Unterbrechung in den 70er Jahren bis zum Jahrhundertende anhielt. Diese Konjunktur belebte die territorialstaatliche Nadelholzwirtschaft zunächst in den Bergbaugebieten (H. v. Carlowitz, Freiberg), dann, von Hessen-Darmstadt ausgehend, die Verjüngung der Laubwälder (H. v. Minnigerode); im späteren 18. Jh. entwickelte man die »Holzzucht«. Forstverwaltung und -unterricht pflegte der als Projektemacher, aber auch als Gründer der Porzellanmanufaktur Fürstenberg und der Braunschweigischen Landesbank hervorgetretene J. G. v. Langen in den welfischen Ländern und in Dänemark; 1757 trat die Forstwirtschaft mit W. G. v. Mosers ›Grundsätze der Forstökonomie‹ als selbständiger Zweig der Staatswirtschaft in Württemberg, um die gleiche Zeit in Kaiserslautern, hauptsächlich aber nach 1763 in den Großstaaten Preußen und Österreich in Erscheinung[15].

Die Geschichte der Landwirtschaft ist der rückständigste Teil der dt. Wirtschaftsgeschichtsschreibung. Es gibt keine Sozialgeschichte der dt. Landwirtschaft, keine Verbindung zur nationalen und internationalen polit. Geschichte, keine Geschichte der Technik und der Naturwissenschaften in der Landwirtschaft. Den umfassenden Gesichtspunkten u. der glänzenden Darstellungsweise von Th. v. d. Goltz sind zahlreiche wertvolle Spezialuntersuchungen u. Fallsammlungen, aber keine großen Darstellungen gefolgt; die Zs. f. Agrargesch. u. Agrarsoziol. entspricht bisher kaum dem zweiten Teil ihres Titels. Th. Frhr. v. d. Goltz, Gesch. der dt. Landwirtschaft 1 (1902). W. Abel, Gesch. d. dt. Landwirtschaft vom frühen MA bis z. 19. Jh. (1962). F. Lütge, Gesch. d. dt. Agrarverf. vom frühen MA bis z. 19. Jh. (²1967). S. v. Frauendorfer, Ideengesch. der Agrarwirtschaft u. Agrarpolitik 1 (1957). P. Vollrath, Das landwirtsch. Beratungs- u. Bildungswesen am Ende d. 18. u. in d. 1. H. d. 19. Jh., Zs. f. Agrargesch. u. Agrarsoz. 2 (1954). A. Skalweit, Benekendorfs Oeconomia Forensis, ebd. 1 (1953). B. F. Hoselitz, Agrarian Capitalism, The Natural Order of Things: F. Quesnay, Kyklos 21 (1968). A. Eichler, Die Landbewegung des 18. Jh. u. ihre Pädagogik (1933). J. Ziekursch, 100 Jahre schles. Agrargesch. (²1927). O. Hintze, Die Hohenzollern u. ihr Werk (⁶1915). Ders., Zur Agrarpolitik Friedrichs d. Gr., FBPG 10 (1898). F.-K. Riemann, Ackerbau u. Viehhaltung (s. Kap. 14, Anm. 16). A. Wandruszka, Leopold II. (2 Bde. 1966). K. Dinklage, Gründung u.

Aufbau d. theresian. Ackerbaugesellschaften, Zs. f. Agrargesch. u. Agrarsoz. 13 (1965). G. KLAUDER, Entwicklg. d. landwirtsch. Zeitschriftenwesens, ebd. 4 (1956). K. SCHARLAU, Landeskulturgesetzgebg. u. Landeskulturentwicklg. im ehem. Kurhessen seit d. 16. Jh., ebd. 1 (1953). J. A. FABER, Cattle Plague in the Netherlands during the 18th C., Meddedelingen van de Landbouwhogeschool te Wageningen 62 (1962). W. ZORN, Die Physiokratie u. die Idee d. individualist. Gesellschaft, VSWG 47 (1960). K. WINKLER, Landwirtsch. u. Agrarverf. im Ft. Osnabrück nach d. 30j. Krieg (1959). R. BERTHOLD, Wachstumsprobleme der landwirtsch. Nutzfläche im Spätfeudalismus, Jb. f. Wirtschaftsgesch. (1964). H.-J. BEHR, Obrigkeitl. Maßnahmen zur Förderung d. Agrikultur u. Viehzucht im Ft. Osnabrück, Osnabr. Mitteil. 72 (1964). E. W. BUCHHOLZ, Ländl. Bevölkerung an d. Schwelle des Industriezeitalters (1966).

[1] F. STAHL, Nassauische Bauern u. andere dt. Siedler in Ostpreußen (1936). E. KEYSER, Die Ansiedlung von Schwaben in Westpreußen, Zs. f. Agrargesch. u. Agrarsoz. 7 (1959). F. TERVEEN, Gesamtstaat u. Retablissement, der Wiederaufbau d. nördl. Ostpreußen unter Friedr. Wilh. I. 1714–1740 (1954), dort die ges. Lit.

[2] G. ARNDT, Grundsätze der Siedlungspolitik u. Siedlungsmethode Friedr. d. Gr. (1934) mit Lit. U. FROESE, Das Kolonisationswerk Friedr. d. Gr. (1938).

[3] P. F. MENGEL, Das Oderbruch (2 Bde. 1930).

[4] A. SKALWEIT, Wieviel Kolonisten hat Friedr. d. Gr. angesiedelt? FBPG 24 (1911). A. HAHN, Herkunft, soziale Schichtung u. Seßhaftigkeit d. Neubürger u. Kolonisten in Bromberg 1772 bis 1815, Weichselland 11 (1941). H. L. SCHMIDT, Frideriz. Siedlungspolitik in der Mark Brandenburg, Jb. f. brandenb. Gesch. 12 (1961).

[5a] G. MEYER, Die Verkoppelung im Hgt. Lauenburg (1965).

[5] F. LÜTGE, Gesch. d. dt. Agrarverf. (s. o.). U. WILLE, Die ländl. Bevölkerung d. Osthavellandes vom 30jähr. Krieg bis zur Bauernbefreiung (1937). G. IPSEN, Die preuß. Bauernbefreiung als Landesausbau, Zs. f. Agrargesch. u. Agrarsoz. 2 (1954). R. LEHMANN, Die Verhältnisse d. niederlaus. Herrschafts- u. Gutsbauern (1956). W. A. BOELCKE, Bauer u. Gutsherr in d. Oberlausitz (1957). ÖLRICHS, Die Domänenverwaltung d. Preuß. Staates ([5]1913). H. RIMPLER, Domänenpolitik u. Grundeigentumsverwaltung in Preußen (1888). S. FAUCK, Die Domänenjustiz in d. Kurmark im 18. u. 19. Jh., Jb. f. d. Gesch. Mittel- u. Ostdtlds. 13/14 (1965). O. EGGERT, Die Maßnahmen d. preuß. Regierung zur Bauernbefreiung in Pommern (1965).

[6] F. MARTINY, Die Adelsfrage in Preußen vor 1806, VSWG Beih. 35 (1938). E. SCHWENKE, Friedr. d. Gr. u. d. Adel (1911). – In Südwestdtld. war der Geburtsadel relativ gesichert durch ausreichenden fideikommissarischen Grundbesitz, der neue Briefadel dagegen infolge ungenügender wirtschaftl. Grundlagen u. ohne landesherrl. Maßnahmen häufig schnellem Verfall ausgesetzt, s. K. S. BADER, Zur Lage u. Haltung d. schwäb. Adels am Ende d. alten Reiches, Zs. f. württ. Ldsgesch. 5 (1941).

[7] H. BEYER, Zur Entwicklung des Bauernstandes in Schleswig-Holstein zw. 1768 u. 1848, Zs. f. Agrargesch. u. Agrarsoz. 5 (1957). I. WENZEL, Ödlandentstehung u. Wiederaufforstung in der Zentraleifel (1962). I. ASTREIMERS, Landgemeinde u. Territorialstaat (1965). V. v. ARNIM, Krisen u. Konjunkturen d. Landwirtschaft in Schleswig-Holstein (1957). H. BEHREND, Die Aufhebung d. Feldgemeinschaften (1964).

[8] B. HUBENSTEINER, Bayer. Gesch. (1951). F. LÜTGE, Die bayer. Grundherrschaft ... im 16. – 18. Jh. (1949).

[9] TH. LUDWIG, Der bad. Bauer im 18. Jh. (1896). O. MOERICKE, Die Agrarpolitik d. Mgf. Carl Friedrich v. Baden (1905).

[9a] TH. PENNERS, Bevölkerungsgeschichtl. Probleme d. Land-Stadt-Wanderung, untersucht an der ländl. Abwanderung in den Städten Braunschweig u.

Wolfenbüttel, Braunschweig. Jb. 37 (1956).

[10] H. Mauer, Das Landeskreditkassenprojekt Kg. Friedrich Wilhelms I., FBPG 21 (1908).

[11] W. Wegener, D. E. Bühring u. sein Plan einer Generallandschaftskasse (1918); Bühring hatte in Amsterdam das surinamische Pflanzerkreditwesen, in Bremen das »Handfestensystem« kennengelernt.

[12] Über Brandenburg-Preußens Getreidehandelspolitik u. Kriegsmagazinverwaltung s. W. Naudé (bis 1740) u. A. Skalweit (bis 1806) in: Acta Borussica, Getreidehandelspolitik 2–4 (1901 bis 1931); dazu A. Skalweit, Höhe u. Verfall d. friderician. Getreidehandelspolitik u. -Verfass. (1931). G. Franz, Der dt. Landwarenhandel (1960).

[13] F.-K. Hüttig, Die pfälz. Auswanderung nach Ost-Mitteleuropa im Zeitalter der Aufklärung, Napoleons u. der Restauration (1958). W. Borgius, Mannheim u. die Entwicklung d. südwestdt. Getreidehandels (1899).

[14] D. Saalfeld, Produktion u. Intensität d. Landw. in Dtld. um 1800, Zs. f. Agrargesch. u. Agrarsoz. 15 (1967). W. Abel, Die Lage in der dt. Land- u. Ernährungswirtschaft um 1800, in: F. Lütge (Hg.), Die wirtschaftl. Situation in Dtld. u. Österr. um die Wende vom 18. zum 19. Jh. (1964). G. Franz (s. Anm. 12).

[15] H. Rubner, Forstgesch. im ZA der industr. Revol. (1967). S. v. Frauendorfer, Ideengesch. d. Agrarwirtschaft u. Agrarpolitik 1 (1957). G. Schröder-Lembke, Engl. Einflüsse auf die dt. Gutswirtschaft im 18. Jh., Zs. f. Agrargesch. u. Agrarsoz. 12 (1964). H. H. Müller, Bauern, Pächter u. Adel im alten Preußen, Jb. f. Wirtschaftsgesch. (1966).

Kapitel 17
Industrie, Manufakturen und Handwerk vor 1756

Der *Begriff »Industrie«*, in England vor 1650 bekannt, wurde in Deutschland zuerst von Leibniz in seinem Plan zur Gründung einer Akademie der Wissenschaften (1700) benutzt, erschien häufiger aber erst seit 1733 außer als »Gewerbefleiß« auch in der Bedeutung »Landesindustrie«. Deutschlands Wirtschaftsentwicklung nach 1740/50 ist gekennzeichnet durch Preußens Aufstieg zum stärksten Territorium, erste Begegnungen mit der landwirtschaftlichen und industriellen Revolution sowie durch die Ausdehnung des Manufakturwesens. Die Wirtschafts- und Sozialgeschichtsschreibung beider Teile Deutschlands hat sich in jüngster Zeit der *»Manufaktur«* ähnlich nachdrücklich zugewendet wie der »Frühindustrialisierung« (ein noch weniger glücklicher Ausdruck als »industrielle Revolution«). Während der Sprachgebrauch des 18. Jh. mit Manufaktur wechselnd sehr Verschiedenes bezeichnete, gilt der Begriff heute im Unterschied zum Verleger einem unzünftigen, weiterverarbeitenden, vorindustriellen, zentralisierten, innerbetrieblich arbeitsteiligen Großbetrieb mit mindestens zehn Arbeitern unter Vorherrschaft der Handarbeit, wobei zu beachten ist, daß es Großbetriebe – Mühlen, Hammerwerke usw. – mit technisch begründeter fabrikähnlicher Arbeitsweise auch schon im 16. Jh. und besonders im Textilgewerbe Übergänge zur Maschinentechnik nach 1800 vielfach gegeben hat. Die Regimente der bedeutenderen Gewerbestädte standen der Entwicklung von großgewerblichen Betrieben (und damit dem Übergang zum Manufakturwesen) um 1730/50 im allgemeinen (wie z. B. Köln) positiv gegenüber. Hauptursachen für die Gründung von Manufakturen waren Luxus-, Heeres- und Massenbedarf, das Aufkommen neuer Gewerbe, betriebsorganisatorische Vorteile, Auftreten technischer Verbesserungen und Erfindungen, Zwang durch technisch fortschrittliche Konkurrenz, staatliche Ermutigung (Geld, Privilegien und dergleichen), Armenbeschäftigung, Volkserziehung, Staatsprestige usw. Zwischen 1680 (in Bayern erst seit 1740) und 1830–34/35 (Zollverein, Eisenbahn) hat es allein in Sachsen 200–210, in Ansbach-Bayreuth etwa 90 Manufakturgründungen gegeben – vorwiegend in der Textilwirtschaft, Glas- und keramischen Erzeugung, und hauptsächlich in der Zeit zwischen 1780 und 1820, während die Zusammenbrüche und Betriebseinstellungen sich von 1790 bis zur Mitte des 19. Jh. ereigneten. Dabei wurden rund 50 Prozent aller Betriebe nicht mehr als zwanzig Jahre alt. Um 1790/1810 dürften die meisten Manufakturen vorhanden gewesen sein (in den deutschen Erbländern der Habsburger-Monarchie gleichzeitig etwa 280). Vor 1780 überwog bei der Gründung von Manufakturen (70 Prozent in Städten) vorwiegend im Bereich der Bodenschätze die fürstliche, adlige, kirchliche Staatsinitiative, danach sehr stark die vielfach staatlich geförderte Privatinitiative mehr von Kaufleuten als von Handwerkern bei häufig starker Beteiligung von Fremden; Juden traten erst später in Erscheinung. Das Schicksal der Manufakturen hatte mehr allgemeine Züge: Kapitalmangel, Fehlen von Kreditinstituten, Preisschere, Neuartigkeit, Mangel an Erfahrung; Modewechsel, Mißlingen der Produktion (z. B. Porzellan), Aufkommen in- und ausländischer Fabrikkonkurrenz, seltener lokale und individuelle Gründe (Familienereignisse).

Die Gesellschaftsstruktur wurde durch die Manufakturen des 17. und 18. Jh. im Gegensatz zu den Fabriken des 19. und 20. Jh. fast gar nicht beeinflußt; höchstens gab es einige besitzlose Manufakturarbeiter, kaum mehr als ein Prozent der Erwerbstätigen, als Vorstufe für das Industrieproletariat und Ansatz zu neuer bürgerlicher Besitz- und Initiativgruppe. Dagegen wurde das Wirtschaftsgefüge durch neue Gewerbe und Produktionseinrichtungen sehr gefördert: Die Manufakturperiode war eine wichtige Zwischenzeit, die das »take off« der Industrialisierung erleichterte und beschleunigte, Erkenntnisse vermittelte, Facharbeiter, Erfinder, Unternehmer und Gesellschaftsformen heranbildete und damit auch soziale Wandlungen vorbereitete. Die volkswirtschaftliche Bedeutung der Manufakturen (u. a. Zahlungsbilanz) ist entsprechend ihrer Zahl, Größe und Qualität für die einzelnen Territorien sehr verschieden, im allgemeinen wohl nicht groß gewesen.

Auf die erste Gründerzeit im Anschluß an die Hugenotteneinwanderung folgte nach 1713 allmählich die Umstellung vom Staat der Hofhaltung bei fortwährend wachsendem Domänenbesitz und -einfluß zu dem der Manufakturen, hinter die wie bei Friedrich Wilhelm I. auch in der ersten Periode Friedrichs d. Gr., der die Kaufleute geringschätzte, der Handel zurücktreten mußte. Mit der Gründung des Handels- und Industrie-Departements des Generaldirektoriums begann 1749 Friedrichs genauere Beschäftigung mit der Wirtschaft und deren persönliche Führung (vergleichbar mit Bismarcks Wendung seit 1876), seit 1763 deren Intensivierung (Retablissement, Wirtschaftskrisis, Regie). Dabei spielte das durch Junkertum und Bauerntum bestimmte Militärsystem eine grundlegende Rolle. »Die Erhaltung des Junkers in seinem Landbesitz zugunsten seiner Dienstleistung für das Militärsystem, die Erhaltung des Bauern in seinem Besitz seiner militärischen Rolle wegen, bedingten und motivierten den Güter- und Adelsschutz ebenso wie den Bauernschutz« (Büsch). Dieser aber verhinderte oder verzögerte den Fortschritt der kapitalistischen Wirtschaftsweise auf dem Lande, bis die Bauernbefreiung 1807 ganz neue soziale und damit auch wirtschaftliche Verhältnisse schuf. Am wichtigsten war das *Wollgewerbe*[1], basierend auf dem Wollausfuhrverbot von 1719, ständig verbesserter Schafhaltung, preisregulierenden staatlichen Wollmagazinen und dem Groß- und Musterbetrieb des staatlichen Berliner Lagerhauses (1723–1763), das von Anfang an auch auf sittliche und ökonomische Hebung des Familienanhangs der Soldaten im Rahmen des »Systems militärischer Sozialpolitik« und des hallischen Pietismus eingestellt war und die ganze preußische Armee versorgte; bis 1735 kam dazu noch der Absatz der Russischen Kompanie an die Zarenarmee. Die Uniformschneiderei entwickelte die Formen der

Maßkonfektion und hauptsächlich in der späteren Konfektionsstadt Berlin die Methoden der Bekleidungsindustrie[2]. Ähnlich bedeutend wurde seit Schlesiens Erwerbung, das der König als sein Peru bezeichnete, die dortige *Leinenindustrie* (neben der von Bielefeld-Ravensberg)[3]; ihr Gewinn kam allerdings weniger preußischen Handwerkern als Exporteuren und Zwischenhändlern in Leipzig und Hamburg zugute, ging überdies allmählich zurück infolge der Weltkonjunktur, der Trennung Schlesiens vom österreichischen Markt[4] und der Messe-Mißerfolge in Breslau, das vor der Eroberung durch Friedrich d. Gr. durch lebhaften Handel florierte, danach aber lange Zeit verfiel. Unter hugenottischer Führung nahm die Herstellung gemischter Gewebe einen guten Aufstieg, die seit 1721 in Preußen getragen werden durften, und die Baumwollweberei, seit 1744 in Berlin vertreten, die sich wie in Westeuropa schnell steigender Nachfrage erfreute. Mengen- und wertmäßig nicht an erster Stelle stand die *Seidenindustrie*, wie die Porzellanmanufakturen[5] aus merkantilistischem Denken und modischer Chinoiserie erwachsen, insofern aber die wichtigste Schöpfung friderizianischer Wirtschaftspolitik, als sich in ihrer Schule unter Anregungen aus Lyon und Genf eine internationale Unternehmer- und Kapitalistenschicht formierte und für Preußens gesamte Wirtschaft große Bedeutung gewann[6]; sie wurde »Lehrmeisterin und Wegweiserin«. Der *Bergbau*, der wie die Hüttenindustrie fast überall durch den großen Krieg schwer gelitten hatte, wurde gewöhnlich in militärähnlichen straffen Gemeinde- und Gesellschaftsordnungen durchgeführt. Seit dem Ende des 17. Jh. vielfach als eine günstig erscheinende Einkommensquelle des Staates gefördert, wozu auch die Bemühungen um soziale Sicherheit für die arbeitende Bergbevölkerung gehörten, stand er doch im ganzen hinter Landwirtschaft und Textilindustrie vor 1756 sehr zurück; er beschränkte sich auf den Oberharz, geringen Kupfergewinn bei Mansfeld, wenige Kohlenbergwerke im Westen und Salinen, deren Erzeugung ausreichte, um Lüneburger und Boyesalz verbieten und eigenen Export aufnehmen zu können. Schlesien blieb nach 1748 einstweilen unerschlossen, abgesehen von einträglichem Eisenbergbau als landwirtschaftlichem Nebenbetrieb mancher Güter und geringem Kohlenbergbau[7]. Straff geführte Industrieförderung aus staats-, vielfach rüstungswirtschaftlichen Bedürfnissen sorgte unter Anpassung merkantilistischer Grundsätze an die binnenländische Situation und an die wirtschaftlich-soziale Lage armer Orte und Gebiete für neue Manufakturen. Der Schutzzoll, der den mittleren Provinzen den Aufbau neuer Gewerbe gestattete, fand in den westlichen und östlichen Grenzgebieten wegen seiner verteuernden Wirkung viel Kritik; doch ließ sich Friedrich um so weniger zur Beachtung der freihändlerischen Opposition bewegen, je mehr auch seine Wirtschafts- und Zollpolitik z. B. gegenüber Sachsen, Hamburg, Polen, Österreich auf der Oder, Elbe, Weichsel militärischen Zielen dienen mußte. Nützlich für kurze Zeit war der Handelsvertrag mit Frankreich von 1753. Die Juden (Generalprivileg 1750) wollte Friedrich dem Großhandel fernhalten und auf den Schacher beschränken; in den östlichen Gebieten (Schlesien) unterlagen sie den schärfsten Beschränkungen. Unternehmende Ausländer wurden traditionsgemäß gerne aufgenommen; 1750 gab es in Berlin 6600 Franzosen, über 1500 Böhmen[8]. Berlins Akzisezahlung betrug 1700: 92000, 1740: 295000, 1748: 318000 Taler. Finowkanal und Plaue-Parey-Kanal förderten Stettins und Berlins Handel, kleinere Kanäle erschlossen Wälder für die Holzausfuhr. In der Mark bildete sich eine neue landschaftliche Arbeitsteilung und Standortlagerung heraus[9]: Städte an Kanälen und Flüssen wurden Industriestandorte mit wachsendem Brenn- und Kraftstoffverbrauch. Erste Versuche, mit einer 1750/51 in Emden unter Sicherung staatlichen Einspruchsrechts gegründeten privaten »Asiatischen Compagnie« am Welthandel teilzunehmen[10], entsprachen mehr merkantilistischen Großmachtsbräuchen und -überlegungen als tieferem Interesse des Monarchen und einem echten Bedürfnis des wesentlich nach Osten und Südosten tendierenden Staates. Mittelpunkt des Industrialismus wurde Berlin, das von Friedrich aus der privatwirtschaftlich-fiskalischen Enge seines Vaters an die Spitze volkswirtschaftlicher Planungen und Entwicklungen mit politischen Großmachtzielen gehoben wurde. Dabei »wächst eine Unternehmerschicht heran, die, wenn auch noch unmittelbar abhängig von den Prämiengeldern, Pensionen und Privilegien des Staates, kaufmännischen Weitblick zu entwickeln beginnt«[11]. Erstmalig erhielt Berlin ein bemerkenswertes, vielseitiges Unternehmertum[12], das, Fabrikant, Bankier und Kaufmann zugleich, in Anlehnung an den Staat, doch nicht nur als Exekutivorgan reglementierender Planwirtschaft, aus der Kraft des Einzelnen wertvolle Arbeit leistete und ein neues Erstarken des Bürgertums im Bunde mit dem fürstlichen Absolutismus einleitete. Viele Unternehmungen gingen zwar später bei veränderten Umständen unter, doch blieben technische Fähigkeiten von Arbeitern und Unternehmern in einem der industriellen Arbeit neu erschlossenen Gebiet sowie die Traditionen mancher Firmen, wie z. B. des Hauses Splitgerber & Daum[13]: 1712 in Berlin von Zugewanderten gegründet, führte es schon in den zwanziger Jahren die preußische Metall- und Waffenindustrie, seit 1749 übernahm es Zuckersiedereien, wurde Friedrichs Hauptbankier und spielte im Kriege eine wichtige Rolle; oder des um 1740 schon bedeutendsten Fabrikanten Wegely, der 1750/51 die erste preußische, 1763 in Friedrichs Besitz übergegangene Porzellanfabrik errichtete. Das Münzwesen, 1690 durch Einführung des Leipziger Talerfußes erheblich verbessert, wurde 1750 durch den 14-Taler-Fuß von Graumann, dem »bedeutendsten deutschen Münztheoretiker und -praktiker«[14], 1764 durch Preisgabe des Bimetallismus noch fester begründet und gab so dem Gewerbe, vornehmlich der entstehenden Großindustrie, die für Fernabsatz und Export nötige monetäre Festigkeit und Sicherheit.

Bayern[15], mit weniger als einer Million Einwohnern dünn besiedelt, ohne bemerkenswerte Einwanderung, gründete zwischen 1710 und 1790 im Rahmen merkantilistischer Handels- und Industriepolitik über zwanzig Fayence- und Porzellan-, dazu Glas-, Woll- und Baumwollmanufakturen[16]. Der Augsburger Joh. Heinr. v. Schüle versorgte (wie ähnlich in Preußen) Militär, Hof und Bürgertum mit einheimischem Tuch; der Kattundruck in der Reichsstadt, die 1805 zu Bayern kam, entfaltete sich um 1720 unter Genfer Anregung »aus dem handwerklichen Bereich ins Unternehmerische« (Zorn), was seit 1780 (Aufstellung der ersten englischen Baumwoll-Spinnmaschine) heftigen Protest der Handwerker verursachte[17]. Die meisten Gründungen waren trotz Monopol, Privileg und Drohungen durch Zunftenge existenzunfähig, wurden vom Bürokratismus mehr behindert als gefördert, entsprachen weniger Bayerns natürlichen Vorbedingungen für Industrie und Handel, der Kleinhandel blieb, als wirtschaftlichen Zeitströmungen. Fördernde Maßnahmen, wie der Münzvertrag mit Österreich 1753 (entsprechend Graumanns preußischer Münzregulierung), der Ausbau des 1691 geschaffenen Postwesens, die Vereinheitlichung des Zollwesens von 1764 (in Fortführung der Verträge mit geistlichen Enklaven seit 1690 zur Vereinheitlichung des Wirtschaftsgebietes) boten manche Vorteile, während das Ausfuhrverbot für Wolle die Schafzucht verringerte, das für Hanf und Flachs deren Anbau, das für Schweine deren Zucht; der Außenhandel wurde dadurch empfindlich beschränkt. 1783 hieß es, das Zollsystem habe den »Handel untergraben, die Industrie getötet, das Land entvölkert« (Doeberl)[18].

Weit lebhafter war die gewerbliche Entwicklung im *Rheinland*[19] und an der Saar, wo Preußens Besitzungen an Umfang den 14., an Bevölkerung den 10. Teil der Monarchie ausmachten[20]. Am Niederrhein blühte schon vor der Franzosenzeit die Baumwollindustrie auf; von Köln verbreitete sich, z. T. infolge Vertreibung evangelischer Verleger, seit 1714 die Seidenindustrie nach Mülheim und Elberfeld; die Textilindustrie regte mit ihrem Werkzeugbedarf andere Gewerbe an. Der Bergbau nahm seit etwa 1750, begünstigt von der Straffung der Bergverwaltung, einen Aufschwung in vielfach staatlich geführten Betrieben oder durch Monopolisierung und Privilegierung privater Unternehmer, gefördert von jungem Bankenkapital aus Köln, Düsseldorf, Solingen, Holland und Belgien, verbunden mit der ersten lebhafteren Kapitalspekulation. Im Ruhrgebiet war um 1750 die Eisenerzeugung noch kaum bekannt; die wenigen Hütten wurden vom Staate oder in dessen Auftrag betrieben[21]. In den nassauischen Staatswerken an der Saar wurde seit den 60er Jahren versuchsweise mit Stahl-, Koks- und ersten Walzwerken gearbeitet, unter denen sich in Rüstungs- und Kriegskonjunkturen nach englischem Vorbild große, dauerhafte Firmen bildeten, wie Stumm, Röchling, Böcking, de Wendel. Infolge der Zunahme von Industrie und Metallverhüttung in dieser ersten »Gründerzeit« unter landesherrlicher Förderung stieg der Brenn- und Kraftstoffbedarf so stark an, daß Holz allein ihn nicht befriedigen konnte und der Kohlenbergbau an Inde und Saar mit ersten Dampfmaschinen gegen Ende des 18. Jh. aufblühte. Erstmals seit dem 16. Jh. kam es dort wie an der Ruhr und beim Ruhrorter Kohlenhandelsmonopol zu bergbaulichen Konzentrationsbestrebungen. Die Braunkohle um Köln und Bonn diente zunächst nur (wie Gips) als Dünge- und Farbstoff. Der Lederindustrie wurden auf dem Rhein, über Antwerpen und Le Havre Häute aus Brasilien, Chile, Westindien zugeführt. Deutlich waren da überall im letzten Drittel des 18. Jh. Ansätze einer »industriellen Revolution« zu beobachten – wenigstens von fern der englischen ähnelnd[22] –, deren Bedeutung als Vorbereitung späterer Erfolge man nicht unterschätzen sollte.

17. Industrie, Manufakturen und Handwerk vor 1756

Zum Industriebegriff: F. EULEN, Vom Gewerbefleiß zur Industrie (1967). W. TREUE, Allgem. Wirtschaftsgeschichte der Neuzeit (³1967). R. KOSER, Kg. Friedrich d. Gr., Bd. 1 (1893). K.-H. MANEGOLD u. W. TREUE (Hg.), Documenta Technica (seit 1969). A. ZOTTMANN, Die Wirtschaftspolitik Friedrichs d. Gr. (1937). Zum Großgewerbe- u. Manufakturwesen: H. MILZ, Das Kölner Großgewerbe von 1750 bis 1835 (1962). O. REUTER, Die Manufaktur im Fränk. Raum (1961). G. SLAWINGER, Die Manufaktur in Kurbayern (1966). E. SCHREMMER, Bemerkungen zur Zahlungsbilanz Bayerns in d. 2. H. d. 18. Jh., in: Festschr. F. Lütge (1966). R. FORBERGER, Die Manufaktur in Sachsen (1958). Ders., Zur Auseinandersetzung über das Problem d. Übergangs von der Manufaktur zur Fabrik, Beitr. z. dt. Wirtsch.- u. Soz.gesch. d. 18. u. 19. Jh. (1962). H. HASSINGER, Der Stand d. Manufakturen in den dt. Erbländern d. Habsburger-Monarchie am Ende d. 18. Jh., in: Die wirtschaftl. Situation in Dtld. u. Österr. (1964). H. KRÜGER, Zur Gesch. d. Manufakturen u. d. Manufakturarbeiter in Preußen (1958). J. VAN KLAVEREN, Die Manufakturen d. Ancien Régime, VSWG 51 (1964). G. KRAUTER, Die Manufakturen d. Hgt. Wirtemberg in d. 2. H. d. 18. Jh., Jbb. f. Stat. u. Landeskde. v. Baden-Württemberg 1 (1954). W. FREITAG, Die Entwicklung d. Kaiserslauterer Textilind. seit d. 18. Jh. (1960). S. DUCRET, Die Akt.-Ges. der Höchster-Porzellanmanufaktur 1745–1796, in: Festschr. W. Treue (1969). E. TACKE, Die fürstl. Glashütte in Borgloh bei Osnabrück, Neues Archiv f. Niedersachsen 17 (1968). Ders. u. I. TACKE, Die Entstehung der Fürstl. Braunschweig. Glas- u. Spiegelfabriken im Solling, Ith u. Hils, ebd. 18 (1969). K. H. KAUFHOLD, Das Handwerk der Stadt Hildesheim im 18. Jh. (1968). H. CLAUS, Merkant. Manufakturgründungsprojekte unter Max Em. v. Bayern 1718–1721, VSWG 56 (1969).

[1] O. BÜSCH, Militärsystem u. Sozialleben im alten Preußen (1962). C. HINRICHS, Die Wollindustrie in Preußen unter Friedrich Wilhelm I. (Acta Borussica 1933).

[2] C. HINRICHS, Das Kgl. Lagerhaus in Berlin, FBPG 44 (1932). G. KRAUSE, Altpreuß. Uniformfertigung als Vorstufe d. Bekleidungsindustrie (1965).

[3] G. SCHRADER, Friedrich Wilhelm I. u. der Bielefelder Leinenhandel. J. LEISTER, Die Commercienedikte für Ravensberg als Zeugnisse wirtschaftl. Entwicklung, beide im 55. Jb. d. Hist. Ver. f. d. Gfsch. Ravensberg (1950).

[4] U. LEWALD, Die Entwicklung d. ländl. Textilindustrie in Rheinland u. Westfalen, Zs. f. Ostforsch. 10 (1961). K. v. EICHBORN, Das Soll u. Haben von Eichborn & Co. in 200 Jahren (1928). 225 Jahre Bankhaus Eichborn & Co. (1953).

[5] Erste Porzellanmanufaktur 1710 in Meißen, danach viele in ganz Dtld., Lit. bei H. GRÖGER, Die Arbeits- u. Sozialverhältnisse d. staatl. Porzellanmanufaktur Meißen im 18. Jh., in: Forsch. aus mitteldt. Archiven (Festschr. f. H. Kretzschmar 1953).

[6] G. SCHMOLLER u. O. HINTZE, Die preuß. Seidenindustrie im 18. Jh. (Acta Boruss. 3 Bde. 1892); dazu O. HINTZE in Schmollers Jb. 17 (1893). Zur Seidenindustrie in Bayern u. Österreich vgl. H. HASSINGER, J. J. Bechers Bedeutung für die Entwicklung d. Seidenindustrie in Dtld., VSWG 38 (1949).

[7] J.-T. GREUER, Elemente d. Sozialordnung beim alten Oberharzer Bergbau, Niedersächs. Jb. f. Landesgesch. 34 (1962). H. LOMMATZSCH, Die Bergstädte Clausthal u. Zellerfeld in der Barockzeit, Harz-Zs. 13 (1961). K. FRANZKE, Die oberschles. Industriearbeiter 1740–1886 (1936). H. W. BÜCHSEL, Rechts- u. Sozialgesch. d. oberschles. Berg- und Hüttenwesens 1740–1806 (1941). S. a. Kap. 18, Anm. 3 u. 4. A. HORN, Eine Bergwerksbesichtigung zu Beginn d. 18. Jh., Technikgesch. 36 (1969).

[8] O. WIEDEFELDT, Statist. Studien zur Entwicklungsgesch. d. Berliner Industrie 1720–1890 (1898).

[9] M. PFANNSCHMIDT, Die Industriesiedlung in Berlin u. in der Mark Brandenburg (1937).

[10] V. RING, Asiatische Handlungscompagnien Friedrichs d. Gr. (1890).

11 S. Skalweit, Die Berliner Wirtschaftskrisis von 1763 u. ihre Hintergründe, VSWG Beiheft 34 (1937).

12 H. Rachel u. P. Wallich, Berliner Großkaufleute u. Kapitalisten 2 (²1967).

13 W. Treue, David Splitgerber, ein Unternehmer im preuß. Merkantilstaat 1683–1764, VSWG 41 (1954).

14 G. Schmoller u. F. Frhr. v. Schrötter, Das preuß. Münzwesen im 18. Jh. (Acta Borussica, 3 Bde. 1904/10).

15 A. Rosenlehner, Die Grundlagen des Wirtschaftslebens in Bayern unter Kf. Maximilian III. Joseph, Forsch. z. Gesch. Bayerns 16 (1908). Edlin-Thieme (s. Kap. 19, Anm. 12).

16 W. Stieda, Die keram. Industrie in Bayern während des 18. Jh. (Abh. Sächs. Ges. d. Wiss. 1906). Ders., Die Porzellanfabrik zu Volkstedt im 18. Jh. (1910).

17 J. Waitzfelder, Der Augsburger Joh. Heinr. v. Schüle, Ein Pionier d. Textilwirtschaft im 18. Jh. (1929). W. Zorn, Grundzüge d. Augsburger Handelsgesch., VSWG 43 (1956).

18 M. Edlin-Thieme, Studien z. Gesch. d. Münchner Handelsstandes im 18. Jh. (1969).

19 Gesch. d. Rheinlandes, hg. v. d. Ges. f. Rhein. Gesch.kde. 2 (1922). B. Kuske, Wirtschaftsentwicklung Westfalens bis z. 18. Jh. (1943). F. Schulte, Die Entwicklung d. gewerbl. Wirtschaft in Rheinland-Westfalen im 18. Jh. (1959).

20 J. Collet, Das Wirtschaftsleben in der Gfsch. Saarbrücken im ZA d. Merkantilismus (Diss. Frankfurt 1930). F. Hartung, Der preuß. Staat u. seine westl. Provinzen, Westfäl. Forsch. 7 (1953). M. Barkhausen, Der Aufstieg der rhein. Industrie im 18. Jh. u. die Entstehung eines industr. Großbürgertums, Rhein. Vjbll. 19 (1954). Ders., Staatl. Wirtschaftslenkung u. freies Unternehmertum im westdt. u. südniederländ. Raum ... im 18. Jh., VSWG 45 (1958).

21 W. Herrmann, Entwicklungslinien montanindustrieller Unternehmungen im rhein.-westfäl. Industriegebiet (1954).

22 W. O. Henderson, Britain and Industrial Europe 1750–1870 (1954) mit reichl. Lit.-Angaben.

Kapitel 18
Preußische Rüstungs- und Kriegswirtschaft, Münzjuden, Nachkriegskrisis, ausländische Projektemacher

Der Verdoppelung des Heeres unter Friedrich Wilhelm I. stand eine Rüstungswirtschaft nur in kleinsten Anfängen gegenüber, abgesehen von der Tucherzeugung noch vorwiegend handwerklich, so daß der Bedarf fast ganz aus dem Ausland gedeckt werden mußte. Noch war Preußen Agrarstaat mit starkem Domänenanteil. Die Eisenerzeugung war ganz ungenügend, Zahl und Können der Arbeiter gering. Merkantilistisch-militärischen Prinzipien folgend, bemühte der König sich um Verbesserung der Rüstungsmöglichkeiten besonders in und um Berlin[1]. Königliche Werke waren mangels technischer Kenntnisse der Beamten an vorwiegend kommerziell wirtschaftende Unternehmer verpachtet, bis die regionalen

Departements durch Fachministerien ersetzt wurden, die sich, besonders unter v. Heinitz, geschulte Kräfte heranbildeten. Große Vorräte und ein starker, wirtschaftlich brachliegender Staatsschatz für Kriegsimporte sollten die Industrieschwäche ausgleichen. Friedrich II. erweiterte die Rüstungsindustrie 1741 durch eine Gießerei in Breslau; weitere Pläne scheiterten aber meist am Facharbeitermangel, so daß die Betriebe nicht bis zur vollen Bedarfsdeckung erweitert werden konnten. Deshalb wurde auch in Oberschlesien[2], wo etwa 1703 der erste Hochofen, vor 1748 die erste Kohlengrube in Betrieb genommen worden war, erst 1753 in Malapane, 1755 in Kreuzburg je eine Eisenhütte errichtet, die zunächst mehr eiserne Export-Gußwaren als Munition produzieren mußten. Der große Aufschwung setzte erst nach 1777/79 ein, als v. Heinitz und Reden »das moderne oberschlesische Montanrevier mit jener Krönung in der Königshütte« so zeitgemäß aufbauten »wie das fortgeschrittenste englische oder schottische Werk«[3]. Insgesamt beruhte die geringe Kriegsindustrie-Entwicklung auf traditioneller Sparsamkeit und dem Streben, Risiko zu vermeiden. Die beiden ersten schlesischen Kriege trafen Preußen wirtschaftlich nicht tief, der Siebenjährige, abgesehen von feindlicher Okkupation, in erster Linie die mittleren Provinzen[4]. Die 139 Millionen Taler sehr verschiedenen Wertes an Gesamtkriegskosten[5] deckten der Schatz, Kontributionen, Lieferungen und 27 Millionen englische Subsidien[6]. Das Aufkommen der nicht erhöhten Steuern sank im Kriege um 56 Prozent; die Fehlbeträge wurden durch längst gebräuchliche inflationistische Münzverschlechterung finanziert, beginnend 1757 mit dem Einschmelzen des königlichen Tafelsilbers zum 18- bis 21- statt zum 14-Taler-Fuß, während die Prägung preußischer Scheidemünzen auf den 47-Taler-Fuß sank, polnischen Geldes auf den 40-, sächsischer Dritteltaler auf den 50-Taler-Fuß[7]. Norddeutsche Staaten folgten diesem Münzbetrug; Mecklenburg ging zur Deckung hoher Kontributionen an Preußen bis zum 55-Taler-Fuß; Schweden finanzierte den Krieg mit Papiergeld, das zum völligen Währungsverfall führte. Sinkendem Geldwert und wachsendem Heeresbedarf entsprachen steigende Preise (besonders für Getreide) und beschleunigter Gütertausch bei immer schlafferer Staatsaufsicht, Flucht in Sachwerte, in Haus- und Grundbesitz mit Übergang von Adelsgütern an neureiche Bürgerkreise. Zu Kriegsgewinnlern wurden in erster Linie Produzenten und Kaufleute – weniger in Preußen als in neutralen Gebieten (Leipziger Messe, Nürnberger Handel, Hamburgs Getreideumschlag, Bremen als Nachschub- und Versorgungsbasis für englisch-hannoversche Truppen). Die preußische Heeresverpflegung geschah grundsätzlich durch Magazine, ermöglichte aber gleichwohl Getreidelieferanten große Gewinne, die jedoch auf einen ziemlich kleinen Kreis von Kaufleuten und Unternehmern beschränkt waren. Die nicht für den Krieg arbeitenden Schichten litten unter der Entfernung der Truppen von den Garnisonen, der Einstellung von Staatsbauten und Subventionen, der Abwanderung des Seehandels (z. B. von Stettin) und des Handels überhaupt zu Neutralen, unter der Unregelmäßigkeit und Verringerung der Gehaltszahlungen, dem Ausbleiben der Mieten und Zinsen. »Es ist klar, daß die preußische Wirtschaft, obwohl sie während des Krieges keine Sonderlasten zu tragen hatte und obwohl sie nur einen verhältnismäßig geringen Teil der Kriegskosten selbst aufgebracht hat, in ihrem überwiegenden Teil schwer gelitten hat« (Beutin).

Jüdische Hoffaktoren[8], deren Existenzgrundlage mit der Entwicklung des modernen Bank- und Kreditwesens und dem Entstehen größerer bürgerlicher und adliger anlagebereiter Vermögen zu schwinden begann, traten im System der Finanzaushilfen des Staates bei Friedrichs Münzmanipulationen am auffälligsten in Erscheinung – führend die Ephraim, Itzig und Isaac, die bei Kriegsende je etwa eine Million Taler besaßen, danach jedoch nicht behaupten konnten. Die Ephraim aus Hamburg oder Altona kontrollierten spätestens 1744 mit Splitgerber & Daum den Silberpreis in Berlin; sie wurden Hofjuweliere und bevorzugte Silberlieferanten der Kgl. Münze, die sie 1755 pachteten, als die Juden sich als beste Kenner des Amsterdamer Metallmarktes und Geldverkehrs erwiesen. Bei Kriegsausbruch begann ihre große Zeit, aber auch wachsender Volkshaß gegen sie. Ihre Leistung für die Kriegsfinanzierung war bedeutend. »Daß die Beweggründe, aus denen sie diese – von den christlichen Kaufleuten meist abgelehnten – Geschäfte unternahmen, durchaus egoistische waren, liegt in ihrer Stellung als Juden der damaligen Zeit begründet. Was die Art der Durchführung der Münzgeschäfte anlangt, so wird man sagen müssen, daß sie nicht nur vom Standpunkt heutiger Geschäftsmoral, sondern auch von demjenigen der damals führenden christlichen Firmen mehrfach zu beanstanden war« (Rachel-Wallich). Die Itzig aus Grätz erschienen 1752 im

Münzgeschäft, traten im Kriege in enge Verbindung mit Ephraim; dahinter stand Moses Isaac erheblich zurück. Die von Friedrich d. Gr. erzwungene Anlage nicht ganz rechtmäßig erworbener Vermögen in Industrie- und Handelsunternehmungen und die geschäftliche Unzulänglichkeit der zweiten Generation verursachten, daß keine der drei Firmen den Tod des Begründers überdauerte; ihre Familienvermögen, durch vertraglich erlaubte und darüberhinaus getriebene Münzmanipulationen auf Staatskosten entstanden, kamen so später dem Handel und Gewerbe, auch der Kunst besonders Berlins wieder zugute; sie gaben die finanzielle Grundlage für eine Geselligkeit ab, »die sich nicht auf die jüdischen Kreise beschränkte, manche Beziehungen zu der klassischen und romantischen Literaturwelt hatte und vielleicht mit Recht die geistig anmutigste Erscheinung des damaligen Berliner Lebens genannt worden ist« (Rachel-Wallich). Insgesamt wandelte sich der Hoffaktor »zum Staatsunternehmer, der dann nach der allgemeinen Judenemanzipation die Regel wird« (Schnee). Neben Luthertum und Kalvinismus spielte durch die Hoffaktoren auch das Judentum eine beachtliche Rolle bei Preußens wirtschaftlichem, sozialem, politischem Aufbau. Noch in Napoleons Zeit gab es in Preußen »eine ganze Armee jüdischer Heereslieferanten, so zahlreich wie niemals zuvor in der Geschichte des preußischen Staates« (Schnee).

Kein deutscher Fürstenhof kam im 17. und 18. Jh. ohne Hoffaktoren aus[9]. Auch in Bayern spielten sie als Finanzleute und Heereslieferanten eine gewichtige Rolle[10]; auch die geistlichen Staaten kannten sie durchaus. Zu besonderer Berühmtheit gelangte Josef Süß Oppenheimer[11], »Jud Süß«: in den nordwestdeutschen Fürstbistümern genoß er ähnliches Vertrauen – er belieferte Münster, Paderborn, Hildesheim – wie in Württemberg, für dessen Finanzverwaltung er jedoch längst nicht die Bedeutung hatte, die ihm wie den Hofjuden überhaupt für den geldwirtschaftlichen Fortschritt gelegentlich zugeschrieben wurde, vergröbernd und in einseitiger, unhistorisch-politischer Verzerrung. Sie sind nicht allein für die Entwicklung zum kapitalistischen Staat verantwortlich zu machen. Neben der Münzjuden-Prominenz trat nach 1763 eine ganze Reihe anderer jüdischer Unternehmer als bevorzugte Schicht mit praktisch staatsbürgerlichen Rechten hervor.

Dem Krieg folgte, wesentlich vom Stadtbürger getragen, die Deckung der Kriegskosten durch allmählichen Umtausch schlechter gegen normale Münzen unter Verlusten bei Steuerzahlungen bis zu 41 Prozent. Die Deflation der Nachkriegszeit vernichtete manche Vermögen, führte zu Geldmangel, hohen Zinssätzen, Absatzschwund (bei gleichzeitiger Gründung vieler neuer Unternehmungen) besonders bei Luxus- und Genußgütern, Steigerung der Schutzzölle zu Einfuhrverboten, Stocken des Baugewerbes, Staatshilfe zur Arbeitsbeschaffung, großem Staatsaufwand beim Retablissement, Wohnungsmangel, Anschwellen der im Kriege untersagten Zwangsversteigerungen auf dem Lande, Gründung der Landschaftskassen gegen diese Gefährdung besonders des Adels, der wie die Beamten und Rentenempfänger gegenüber Unternehmern, Kaufleuten und wirtschaftlich sich emanzipierenden Juden als Gläubigern erstmals schwere, künftige Entwicklungen andeutende wirtschaftliche und gesellschaftliche Einbußen erlitt. Trotz der staatlichen Hilfs- und Schutzmaßnahmen war die heftige nordeuropäische Nachkriegskrisis 1763–1766 nicht zu vermeiden, die Berlins Eintritt in das Weltmarktgefüge begleitete. Sie traf über Hamburg, wo sie als »vollständiges Erdbeben«[12] wirkte, und Leipzig besonders schwer die Berliner und preußische Wirtschaft, die in internationalen Problemen noch unerfahren, vom Kriege geschwächt und an beweglichen Persönlichkeiten arm war. Gleichzeitig aber kam es nach Anfängen bereits vor 1756 im Verhältnis zu West-, Nordwest- und Südeuropa, nicht zuletzt im Zusammenhang mit der Einwanderungspolitik, zur Stärkung des kapitalistischen Geistes und zur Durchbildung der kapitalistischen Unternehmung sowie in deren Interesse zur Entwicklung einer gewissen Sozialpolitik: »Nicht in der Erhaltung der Existenz der Arbeiter, sondern in der Schaffung und Unterhaltung der neuen Unternehmungen und für sie der Arbeiter lag der Zielpunkt aller Sozialpolitik des Staates« (Hinze)[13].

Friedrichs Erfahrung mit Berliner Kaufleuten, die sich 1753 seinen Bankplänen vorsichtig entzogen, und die Krisis seit 1763 trübten sein Urteil über Wirtschaftler und Beamte. Er hielt sie für »eigennützig und kurzsichtig, von krämerhafter Gesinnung und ungeeignet zur Ausführung weit ausschauender Pläne« (Rachel-Wallich). Deshalb zog er zu weitreichenden Neuerungen mit dem Ziel stärkerer aktiver Beteiligung am Welthandel Franzosen, Holländer und Italiener heran, bei denen er Weltkenntnis und -erfahrung vermutete. Damit begann nach der Hugenotteneinwanderung eine »zweite romanische Invasion« geringerer Qualität und zugleich die Zeit der Projektemacher und »hommes de finance« vom Schlage Calzabigis: Dieser »brandenburgische John Law« brachte einen dem friderizianischen Merkantilismus wesensfremden Zug hastigen, unsoliden Erfolgsstrebens mit. Über Lotterien, wie er sie aus Italien als Mittel der Geldbeschaffung kannte, und Anleihepläne stieg er schnell zum großen Bankprojekt von 1764 auf, das Geld-, Versicherungs- und Handelswesen konzentrieren sollte. Es wurde zwar nicht verwirklicht, doch ging daraus die Assekuranz-Kompanie hervor, auch Handelsgesellschaften und 1765 die Tabakpachtung, anschließend das Tabakmonopol[14], vor allem später die »preußische Seehandlung«. Dem Italiener folgte der Holländer Philipp Clement, der 1765 die Levante-Kompanie gründete, mit königlichem Geld eine Bank einrichtete, mit französischen Gehilfen unter Verdrängung der Einheimischen, immer stärkere Konzentrationsbestrebungen im eigenen Interesse erkennen ließ; er erregte Mißtrauen, Feindschaft der Fabrikanten und Kaufleute, passive Resistenz der Beamten, verlor seit 1767 durch Verluste bei Bankzusammenbrüchen und Mißerfolge der Kompanie schnell sein Ansehen und wurde 1769 verhaftet. Über diese Prominenten hinaus wurde die von de Launey geleitete, sehr teure Akzise- und Zollverwaltung, die rund 2000 Mann umfassende »Regie«, zu etwa zehn Prozent mit Franzosen besetzt, die Post dem Franzosen J. M. Bernard unterstellt, zum Verdruß der einheimischen Beamten und der Bevölkerung. Allerdings gab es in Berlin eine französische Kolonie von 6000 bis 7000 Köpfen, viele im Staatsdienst; andererseits setzte Friedrich, um sich einen deutschen Nachwuchs zu verschaffen, sofort auch junge talentvolle Deutsche[15] in die Regieverwaltung. Aber zur Durchführung neuer Ideen wurden immer wieder Ausländer verwendet. Die von Calzabigi und Clement eingeführten neuen kapitalistischen Organisationsformen zielten zunächst, der absolutistischen Staatsform entsprechend, auf volkswirtschaftliche Konzentration im engsten Bereich der Kabinettsregierung, im Ideal auf den »volkswirtschaftlichen Riesentrust« (O. Hintze); sie haben aber auch nach dem Mißerfolg dieser Bemühungen anregend gewirkt.

[1] P. Rehfeld, Die preuß. Rüstungsindustrie unter Friedrich d. Gr., FBPG 55 (1943). H. Rachel u. P. Wallich, Berliner Großkaufleute und Kapitalisten 2 (^{2}1967). K. Mews, Die Geschichte der Essener Gewehrindustrie (Diss. Münster 1909). J. F. Probst, Berlin-Topographie aus d. J. 1768 (1966).

[2] A. PERLICK, Oberschlesische Berg- u. Hüttenleute (1953).

[3] K. GROBA, Der Unternehmer im Beginn der Industrialisierung Schlesiens (1936).

[4] L. BEUTIN, Die Wirkungen d. Siebenjähr. Krieges auf die Volkswirtschaft in Preußen, VSWG 26 (1933). E. HEINECKE, Die wirtsch. Entwicklung d. Stadt Halle unter brandenb.-preuß. Wirtschaftspolitik 1680–1806 (1929).

[5] R. KOSER, Die preuß. Finanzen im Siebenjähr. Kriege, FBPG 13 (1900).

[6] C. W. ELDON, Englands Subsidy Policy towards the Continent during the Seven Years' War (1938).

[7] F. FRHR. V. SCHRÖTTER, Das preuß. Münzwesen im 18. Jh. (Acta Borussica, Münzwesen 3, 1910). Ders., Die preußische Münzpolitik im 18. Jh., FBPG 22 (1909).

[8] H. SCHNEE, Die Hoffinanziers Friedrichs d. Gr., Schmollers Jb. 72 (1952). Ders., Ludwig Börnes väterl. Ahnen als Hoffaktoren d. Kf. von Köln u. d. Deutschordens zu Mergentheim, AnnHVNiederrh. 151 (1952). Ders., Die Hoffinanz u. der moderne Staat 1 (1953). S. STERN, The Court Jew (1950).

[9] F. PRIEBATSCH, Die Judenpolitik d. fürstl. Absolutismus im 17. u. 18. Jh., in: Festschr. D. Schäfer (1915).

[10] P. SUNDHEIMER, Die jüdische Hochfinanz u. der bayr Staat im 18. Jh., Finanzarchiv 41 (1924).

[11] S. STERN, Jud Süß (1929). K. O. MÜLLER, Die Finanzwirtschaft in Württemberg unter Hg. Karl Alexander 1733–1737, Württ. Vjh. f. Ldsgesch. 38 (1932).

[12] S. SKALWEIT, Die Berliner Wirtschaftskrisis von 1763 u. ihre Hintergründe, VSWG Beiheft 34 (1937). O. HINTZE, Die preuß. Seidenindustrie im 18. Jh. 3 (1892). K. HINZE, Die Arbeiterfrage zu Beginn d. mod. Kapitalismus in Brandenburg-Preußen ([2]1963).

[13] R. EHRENBERG, Das Haus Parish in Hamburg ([2]1925).

[14] S. SKALWEIT, Frankreich u. Friedrich d. Gr., Der Aufstieg Preußens in der öffentl. Meinung d. »ancien régime« (1952). E. P. REIMANN, Das Tabaksmonopol Friedrichs d. Gr. (1913).

[15] G. SCHMOLLER, Die Einführung d. französ. Regie durch Friedrich d. Gr. 1766 (SB Berlin 1888).

Kapitel 19
Handels-, Messe- und Seestädte im 18. Jahrhundert

Trotz vieler Kriegserschwerungen, umfangreicher Lieferungen und schwerer, bis ins 19. Jh. lastender Kontributionen erlebte *Leipzig*[1] zwischen Hubertusburger Frieden und Kontinentalsperre Jahrzehnte gleichmäßig wachsenden Messeumfangs: Die Besucherzahl stieg von 3000 auf 5000, gelegentlich 7000. Die Leipziger Messe erwarb sich europäische Bedeutung, während die Frankfurter sie verlor, und einen Vorrang, der von Breslaus kurzlebigen, politisch begründeten Kampfmessen nicht gefährdet wurde. Namentlich die Rauchwarenzufuhr aus Rußland, Polen und Österreich durch Juden, die sich seit 1710 in Leipzig ständig niederlassen durften, und der Ost- und Südosteuropa-Verkehr nahmen einen lebhaften Aufschwung neben eigener Industrie und dauernder Niederlassung wohlhabender Messebesucher. – Im reicheren *Frankfurt*[2] waren die Messen stärker auf ständigen Handel der eigenen Einwohner beschränkt, bei denen immer mehr die vom Rhein begünstigten Beziehungen zur Schweiz, zum Niederrhein und zu Holland im Vordergrund standen. Ruhrort stieg in solchen Zusammenhängen auf und war gegen 1800 bereits Hauptumschlagplatz für märkische Kohle (nach Holland; Haniels Anfang), begann Schiffbau und Manufakturbetrieb[2a]. Frankfurts fast ganz deutsche Messe (um 1000 Besucher) hatte mit Textilien, Metallwaren, Leder, Bijouterien, Uhren eine Glanzperiode während des Siebenjährigen Krieges, als Leipzig empfindlich litt. Friedrichs d. Gr. Versuch, nach 1742 durch Gründung einer zunächst für Brieg vorgesehenen, dann in *Breslau* abgehaltenen Messe Schlesiens Handel von Leipzigs Vorherrschaft zu befreien und dem sächsischen Handelszentrum einen vernichtenden Schlag zu versetzen[3], scheiterte trotz guter geographischer Lage schon nach wenigen Jahren an der Anhänglichkeit der Ost- und Südosteuropäer an Leipzig. Das Intermezzo fand 1744 praktisch sein Ende; 1750 traten die alten Breslauer Jahrmärkte unauffällig wieder in ihre Rechte; die Stadt fand reichlich Entschädigung im Aufblühen neuer Industrien in Schlesien, im Bergbau Oberschlesiens, in verbesserten Verbindungen nach Stettin und Hamburg, im schlesischen Leinwandhandel bis nach Amerika und zum Schwarzen Meer, zumal die polnischen Teilungen 1793/95 ihr Handelsgebiet erweiterten.

Als »porto transito« und durch Freigabe des Gästehandels suchte *Hamburg*[4] seit 1727 zwischen den merkantilistisch sich schließenden Volkswirtschaften seinen Handel, aber auch Reste seiner Stapelpolitik bis zur Einführung des Getreidetransitos 1748 zu behaupten. Damit trat »die außenwirtschaftliche Raumpolitik auf der ganzen Linie an die Stelle der mittelalterlichen Linearpolitik«[5]. Gleichzeitig wuchsen Herings- und Ochsenhandel, während der Getreidehandel nach dem Nordischen Kriege noch stärker auf Danzig und Weichsel überging. Während des Siebenjährigen Krieges kam es zur Bildung vieler und großer Vermögen (9000 Konten bei der Depositenbank statt 3000 zuvor). Seit den 80er Jahren, nach Überwindung der ersten internationalen Geld- und Wirtschaftskrisis (1763), stieg Hamburgs Handel in einer »goldenen Zeit« im Zusammenhang mit liberalisierenden Lockerungen der Kolonialwirtschaft Frankreichs, Spaniens und Dänemarks, während die Gewerbe in der 100000-Einwohner-Stadt weiter stagnierten, so daß sich das »Armenproblem« bildete, zu dessen Linderung nach Anregung durch die 1765 gegründete »Patriotische Gesellschaft«, J. G. Büsch und G. H. Sieveking 1778 in Hamburg die erste deutsche Sparkasse gegründet wurde (1786 Oldenburg, 1796 Kiel). Mit Frankreich wurde 1769 ein Handelsvertrag geschlossen; von dort bezog man bis 1789 weit mehr Kaffee, Zucker, Luxuswaren, Wein und Spirituosen als aus dem zurückbleibenden Holland. Dazu kamen der wachsende Export schlesischen und Oberlausitzer Leinens, Leipziger Messegüter und Lieferungen der rührigen Ostindien-Kompanien der nordischen Mächte. Preußens politischer Aufstieg schadete Hamburg erheblich durch Bevorzugung Stettins, durch Anlage von Baumwollmanufakturen und Zuckersiedereien und durch merkantilistische Wirtschaftspolitik. Die Gründung der USA aber brachte einen grundlegenden Wandel. Nachdem schon seit den 30er Jahren durch Blauholzeinkäufe, in den 50er Jahren durch Spinnhaus-Gefangenentransporte Verbindungen dorthin angeknüpft worden waren, folgte seit 1781 eine Ausweitung, gegen Ende des Jahrhunderts ein Höhepunkt von Hamburgs Handel und Reederei unter starker Beteiligung von Immigrantenfamilien, unter denen es bereits »Millionäre« gab. Freilich stand der europäische Handel mit 90 bis 95 Prozent stets an erster Stelle. Die Handelsflotte wuchs von 1765 mit Spitzen 1782 (amerikanischer Unabhängigkeitskrieg) und 1792 (Koalitionskrieg) zum absoluten Höhepunkt 1801 von 134 auf 295 Seeschiffe mit 14100 bzw. 32400 Lasten, während der Walfang gleichzeitig von 49 auf 15 Fahrzeuge sank[6]. – Auch die Gründung der ersten hamburgischen Assekuranz-Compagnie 1765 – nach der Assekuranz- und Havarieordnung von 1731 – war für die Geschäftszunahme und -gesundung bezeichnend; bis 1806 folgten 30 weitere und machten Amsterdams Versicherungsgeschäft Konkurrenz. Nach einigen Reformen der Girobank 1760 und nach dem Verfall der Bank von Amsterdam seit 1790 entwickelte sich Hamburg zum führenden kontinentalen Bank-, Wechsel- und Versicherungsplatz, der viel fremdes Geld aus Amsterdam, Bordeaux, Paris, London anzog; Amsterdam blieb bereits vor 1795 dahinter zurück. Seit 1789 kamen französische Emigranten und zahlreiche Schiffe, die früher französische Häfen angelaufen hatten, nun aber Assignaten und Revolutionen fürchteten, seit 1795 eine ähnliche Welle aus Holland: Sie brachten Kapital, Unternehmungsgeist, Geschäftigkeit und Konzentration des kontinental-europäischen Kolonialwaren-Zwischenhandels. Gleichzeitig war der englische Einfluß auf die gesamte Lebensauffassung einschließlich Familie, Haus und Garten im Steigen begriffen. Hamburgs Aufstieg, so erfreulich er wirtschaftlich für die Stadt und für Deutschland war, vertiefte freilich auch in Übersteigerung des Selbstbewußtseins und Unterschätzung der Bedeutung des Hinterlandes die Kluft zwischen der kosmopolitischen, zunehmend anglophilen Welthandelsstadt und den territorial-binnenstaatlichen Nationalismen, die eher zu Abschließung und Selbstgenügsamkeit neigten.

Bremen[7] lag seit Anfang des 18. Jh. »wie in einem Dornröschenschlafe, aus dem es erst um 1780, bei einer neuen Weltenwende, plötzlich erwachte, um nun freilich die größere Schwesternstadt gleichsam abzulösen und vor allem in der Reederei mit ungeheurer Tatkraft einen Vorsprung zu gewinnen, den man an der Elbe erst gegen Ende des 19. Jh. unter der Führung Albert Ballins wieder eingeholt hat« (Bessell). Ein der geschäftsfördernden Hamburger Girobank von 1619 entsprechendes Institut wurde 1697 diskutiert, als über den Bedarf hinausgehend aber nicht gegründet; der Auslandswechselverkehr blieb durch das ganze 18. Jh. bescheiden. Nachdem schon der Siebenjährige Krieg und die englisch-französischen Kämpfe im Rahmen des amerikanischen Unabhängigkeitskrieges Bremens Ostseefahrt erheblich angeregt hatten, nahm es 1782 die Ostasienfahrt auf, wie überhaupt hier die Schiffahrt, in Hamburg der Geldreichtum das Leben am stärksten prägte. 1786 trafen 487 Seeschiffe ein, 1796: 1521, davon aus England nur 61 bzw. 112; damit war, allerdings unter starker Beteiligung von Ausländern, an deren Stelle im 19. Jh. Binnenländer traten, eine Bresche in die holländische und englische Vormachtstellung geschlagen. Eine erhebliche Rolle spielten dabei der von der Politik sehr abhängige Handel mit schlesischem Leinen und der Holzhandel[8], der 1751 befreit, seit den 80er Jahren durch Ankunft überseeischer Hölzer angeregt wurde; lebhaften Aufstieg nahmen die Einfuhr von Rohtabak aus Holland, dessen Verarbeitung und der Export von Tabakserzeugnissen[9]. Bremens bescheidene Industrialisierung wurde weniger aus der Geldwirtschaft als vom Kaufmann angeregt, erwuchs also nicht aus den Handwerken, sondern aus dem Handel. Insgesamt profitierten Hamburg und Bremen stark von dem zur standortgünstigen Stadt wandernden aufsteigenden Kleinunternehmertum. Die Mobilität innerhalb der Stadt durch Mietwohnungen und -häuser war von der Ober- bis zur Unterschicht bemerkenswert groß (Ähnlichkeit mit oder Unterschied zu anderen Städten?), das Wohnungsangebot kaum stärker als die Nachfrage.

Danzig[10] erlebte in der ersten Jahrhunderthälfte einen Rückgang des Getreidehandels, auf dem seine Seestellung in erster Linie beruhte, um etwa 50 Prozent, da sein polnisches Hinterland zum Spielball der Politik wurde. Nach 1763 stieg der Getreideexport wieder erheblich an, da England anstelle des ehemaligen Großkäufers Holland lebhaften Bedarf zeigte. Die zweite und dritte Teilung Polens führte durch Grenzziehungen und Schwerpunktbildungen zu weiteren, von Flußregulierungen geförderten Erleichterungen und Anregungen für Danzigs seewärtigen Getreideexport, der 1795–1802 von 50000 auf 200000 Tonnen sprang. Brandenburg-Preußens Angriff auf die schwedische Odermündung zielte neben der territorialen Verdrängung auch auf zollpolitische Benachteiligung und handelspolitische Ausschaltung. Seit dem Bau des Oder-Spree-Kanals 1688 lief Breslaus Handels nicht mehr über Stettin, sondern vorwiegend über Berlin–Hamburg; erst nach 1720 wurde er nach dem verödeten Stettin zurückverlegt.

Für *Lübeck* ist bemerkenswert, daß der Verfall der Hansekontore in Nowgorod und Pleskau keine Einstellung, sondern nur eine Verlagerung seines Rußlandhandels bewirkte; er stieg ständig beträchtlich und war im 18. Jh. doppelt so groß wie im 17., blieb dabei allerdings weit hinter dem englischen Anteil zurück und betrug weniger als 5 Prozent des russischen Außenhandels. Der Verkehr mit Dänemark war lebhaft. In Flensburg gewann der transatlantische Verkehr starke Bedeutung in materieller Hinsicht sowohl wie für das handelspolitische Denken[11].

In den oberdeutschen Reichsstädten wurde während des 18. Jh. in vieler Hinsicht sozialpolitisch und großwirtschaftlich der Grund für die Frühindustrialisierung gelegt: »Hier wäre Augsburg zu nennen, aber auch Reutlingen, Ulm, Esslingen oder Schwäbisch-Gmünd, Städte, ohne die der moderne Industriestaat Bayern oder Württemberg nicht zu denken ist. Wichtigste Pionierarbeit ist hier einzelnen Männern zu verdanken« (Borst). Doch gab es auch viele Reichsstädte in hoffnungsloser Finanz- und Wirtschaftslage[12].

[1] Lit. s. auch Kap. 8 u. 9. P. BEYER, Leipzig u. Frankfurt/M., Jb. f. Regionalgesch. 2 (1967). W. HARMELIN, Juden in der Leipziger Rauchwarenwirtschaft, Tradition 11 (1966).

[2] A. DIETZ, Frankfurter Handelsgesch. 1 (1910).

[2a] H. LEHMANN, Ruhrort im 18. Jh. (1966).

[3] K. WUTKE, Die Breslauer Messe (1895).

[4] Grundlegend für wirtschafts- u. sozialgesch. Gesichtspunkte (mit reicher Bibliograph.): P. E. SCHRAMM, Neun Generationen. 300 Jahre dt. »Kulturgeschichte« im Lichte d. Schicksale einer hamburg. Bürgerfamilie (2 Bde. 1964 bis 1966). Ders., Hamburg, Dtld. u. die Welt (1943). Ders., Zwei Millionäre aus Réfugié-Familien, in: Festschr. W. Treue (1969). Ders., Kaufleute zu Haus u. über See (1949). R. EHRENBERG, Das Haus Parish in Hamburg ([2]1925). H. REINCKE, Hamburg (1925). R. ENGELSING, Lebenshaltungen u. Lebenskosten im 18. u. 19. Jh. in Bremen u. Hamburg, Intern. Rev. of Soc. Hist. 10 (1965).

[5] E. WISKEMANN, Hamburg u. die Welthandelspolitik (1929).

[6] W. KRESSE, Materialien zur Gesch. d. hamburg. Handelsflotten 1765–1823 (1966). H. LIEBEL, Laissez faire vs. mercantilism: The Rise of Hamburg and the Hamburg Bourgeoisie vs. Frederick the Great in the Crisis of 1763, VSWG 52 (1965). G. AHRENS, C. Voght u. s. Mustergut Flottbek (1969).

[7] Lit. über Bremen s. Kap. 9, Anm. 29/30. R. ENGELSING, Brem. Unternehmertum, Jb. d. Wittheit zu Bremen 2 (1958). Ders., s. Anm. 4. A. TRENDE, Gesch. d. dt. Sparkassen (1957).

[8] R. ENGELSING, Schlesien u. der brem. Leinenhandel bis z. Kontinentalsperre, Jb. d. schles. Friedr.-Wilh.-Universität 3 (1958). K. LÖBE, Bremens Holzwirtschaft (1943).

[9] L. BEUTIN, Drei Jahrhunderte Tabakhandel in Bremen (1937). H. WAGNER, Die Handlung Abraham Dürninger & Co. in Herrnhut 1747–1833 (1933). H. G. KRASEMANN, Das brem. Wechselrecht (1960). H. J. v. WITZENDORFF, Beitr. zur Brem. Handelsgesch. in d. 2. H. d. 18. Jh., Brem. Jb. 43 (1951). K. SCHWARZ, Der Bremer Wohnungsmarkt um d. Mitte d. 18. Jh., VSWG 55 (1968).

[10] R. WINKEL, Die Weichsel (1939).

[11] N. HOHNBERG, Oderhandeln, Preußen och Svenska Pommern vid mitten av 1700-halet, Scandia 14 (1941). E. HARDER, Seehandel zw. Lübeck u. Rußland im 18. Jh., Zs. d. Ver. f. Lübeck. Gesch. u. Altertumskde. 41/42 (1961/62). A. RASCH, Kopenhagen u. die dt. Ostseestädte 1750–1807, Hans. GBll. 82 (1964). J. JØRGENSEN, Hamburg, Lübeck, Kopenhagen u. der dän. Provinzstadthandel, ebd. 85 (1967). Th. LINK, Flensburgs Überseehandel 1755–1807 (1959).

[12] O. BORST, Die Kulturbedeutung der oberdt. Reichsstadt am Ende d. alten Reiches, Bll. f. dt. Landesgesch. 100 (1964). Ders., Esslinger Bürgertum in d. Spätzeit der Reichsstadt, Esslinger Studien 4 (1958). M. EDLIN-THIEME, Studien zur Gesch. d. Münchener Handelsstandes im 18. Jh. (1969). WIEST, s. Kap. 9, Anm. 4.

Kapitel 20
Zwischen Siebenjährigem Krieg und Reformzeit

Die Schäden des Siebenjährigen Krieges waren weniger schwer als die des Dreißigjährigen; sie wurden in Preußen unter staatlicher Leitung und Finanzierung im »*Retablissement*« auch viel schneller behoben, das sich in einer langen Reihe großer Kulturarbeiten auf Staatskosten fortsetzte. Gemäß der Betonung bevölkerungspolitischer Ziele im deutschen Merkantilismus maß Friedrich die Fortschritte des Retablissements am *Ansteigen der Bevölkerung*, die durch den Krieg in der Neumark um 25 Prozent, in Pommern um etwa 20 Prozent zurückging, danach aber schnell zunahm (1784 Geburtenüberschuß von fast 60000), während aus Hessen, Württemberg, Pfalz, Rheinland, auch Brandenburg eine nicht unbeträchtliche Auswanderung nach Rußland stattfand. Die Sozialpolitik zielte weniger auf Arbeitsbeschaffung als zunächst auf Mehrung der Bevölkerung für die danach gebotene und finanzierte Arbeit. Die *Industrie* mit ersten englischen Maschinen wurde durch Schutzzölle, Einfuhrverbote, Prämien usw. gefördert, »weil sie dem Volke Beschäftigung gab«. Mittelpunkt aller industriellen Anlagen blieb Berlin[1], die »Stadt der Soldaten und Manufakturen«, wo das Hofbauamt Fabriken auf Staatskosten anlegte und Fabrikanten schenkte. Um 1785 konzentrierte die Stadt, deren Bevölkerung sich im 18. Jh. versechsfachte, ein Drittel der preußischen Warenerzeugung. Die wirtschaftlich bedeutsamste Industrie stellte noch immer die Tuchfabrikation dar, die auch in Schlesien aufgenommen und schnell exportfähig wurde. Aber auch in der Kurmark und Ostpreußen wurde seit 1770 das Manufakturwesen gefördert. Tuch- und Leinenausfuhr bildeten die Grundlage der günstigen Gesamthandelsbilanz der Monarchie. Die Textilindustrie beschäftigte 1783 den bei weitem größten Teil aller Industriearbeiter in Preußen. »Das Schoßkind der staatlichen Fürsorge und Nachhilfe blieb die junge Seiden- und Sammetindustrie« (Koser)[2], deren Erzeugung zu etwa einem Drittel ins Ausland ging und so weit aufstieg, daß sie bei Lyons Ausfall durch Assignatenwirtschaft und Schreckensregiment 1793/96 den Weltmarkt beherrschte. Preußen stand industriell hinter Frankreich, England und Holland an vierter Stelle; die anderen deutschen Staaten waren noch fast ausschließlich agrarisch. Damit entstanden die Anfänge eines industriellen Lohnarbeiterstandes um die gleiche

Zeit, als die Domänenbauern-Befreiung auch in der Landwirtschaft die Lohnarbeiter schuf: beides zusammen führte zum modernen Proletariat[3]. Der Arbeiter war um so straffer an die Betriebe gebunden, je wertvoller seine Fähigkeiten und Kenntnisse waren. Fabrikinspektoren beachteten seit 1723–1736 die Unternehmer-, nicht die Arbeiternöte. Schließlich war die mit starker Protektion geschaffene Industrie so kräftig, daß ein Großteil davon ohne Hilfe international wettbewerbsfähig war; selbständige Unternehmer und Facharbeiter standen als Träger der Industrialisierung im 19. Jh. zur Verfügung. Die Aufhebung des Zunftzwangs war mit dem Verlust mancher Vorteile verbunden wie die Bauernbefreiung mit dem Verlust der Zugehörigkeit zur Lebensgemeinschaft des Gutsbetriebes, ohne daß der Staat in die Lücke trat; häufig ergaben sich dabei neue Formen starker persönlicher Abhängigkeit, die nur infolge des Facharbeitermangels noch nicht mit aller Schwere in Erscheinung traten.

Im Zusammenhang mit der beginnenden Industrialisierung nahm das Erfindungswesen einen Aufschwung, gelangte die Ingenieurwissenschaft nach den großen Zeiten der Fortifikationsingenieure des Barock wieder zu gesteigertem Ansehen, zumal der Bedarf an Technikern wuchs: 1734 wurde die Ingenieurschule in Prag bürgerlichen Studenten zugänglich, seit 1745 in Braunschweig Technik gelehrt; seit 1747 gab es an der weithin vorbildlich wirkenden »Ökonomisch-Mathematischen Realschule« zu Berlin eine Maschinensammlung und -werkstätte, 1765 wurde in Hannover eine Realschule, 1776 im Berliner Schloß eine kurzlebige Schule für Architekten und Ingenieure eingerichtet, 1799 die Bauakademie zu Berlin gegründet; seit dem großen Vorbild der Pariser Ecole Polytechnique (1796), nach Prag (1806) und Wien (1815) folgten die Gründungen zahlreicher Technischer Hochschulen. Der Realschulgedanke entstammte nach gedanklichen Ansätzen seit 1618 (Barockpädagogik), auch bei J. J. Becher (Tabor) weniger pädagogischen Theorien als praktischen wirtschaftlichen Bedürfnissen (Semlers erste mathematische und mechanische Realschule in Halle 1707; dort auch der erste Lehrstuhl für Ökonomie) nach angemessenem Unterricht für künftige Kaufleute, Handwerker, Landwirte und Architekten neben den für die Universität vorbereitenden Lateinschulen. Im protestantischen Württemberg gab es seit der Mitte des 18. Jh. einige auf den Erwerb gerichtete Industrieschulen in Waisenhäusern und

Spinnstuben sowie seit 1797/1801 eine im eigentlichen Sinne Industrie*schule* bedeutendsten Ausmaßes in Stuttgart[4].

Der Bergbau, der in Sachsen während der ersten Jahrhunderthälfte bemerkenswerte Beziehungen zu dem russischen angeknüpft hatte (Peter I.), nahm seit 1767 in der »Trebra-Periode« einen starken Aufschwung (Gründung der Bergschule zu Freiberg – gleichzeitig Petersburg), wobei neben Silber und Eisen auch Kobalt und Wismut für Farbenwerke eine Rolle spielten. Gleichzeitig wurde am Harzer Rammelsberg unter J. Ch. Roeder eine völlige Neugestaltung bei Förderung und Wasserwirtschaft eingeführt. In Preußen herrschte durch die revidierte Bergordnung von 1766 das Direktionsprinzip und ersetzte das freie Unternehmertum durch einen dem staatlichen Dirigismus zugehörigen Zentralismus. Seit 1777 war Frhr. v. Heinitz[5] preußischer Minister und Oberberghauptmann, eine staatsunternehmerische Persönlichkeit bedeutenden Formats. Er stellte gut ausgebildete, hervorragende Fachleute mit Blick für gesamtwirtschaftliche Zusammenhänge an die Spitze der Oberbergämter. Im Vordergrund seiner Tätigkeit stand Schlesien[6]. Den dort beginnenden Aufstieg[7] leiteten er und v. Reden, der in England den Kokshochofen kennengelernt hatte; seit 1769 betrieb er die Förderung von Silber- und Bleierz im Großbetrieb mit Dampfmaschinen zur Wasserhaltung (1783 bewilligt, 1788 mit englischer Maschine begonnen), und auch die vom Staat organisatorisch vereinheitlichte Förderung von Eisenerz und Kohle. 1750 gab es 14 Holzkohlehochöfen, 1780 36; bis 1800 hörte die Arbeit mit Luppenfeuern auf. In der Grafschaft Mark begann der Freiherr vom Stein 1784 seine fördernde Tätigkeit, wobei er sich bis 1798 Verdienste um die Reorganisation des Direktionsprinzips erwarb. Aus machtpolitischen Überlegungen war der Staat in diesen Wirtschaftsbereichen früher bereit, technische Modernisierungen und damit die ersten Ansätze zur industriellen Revolution zu begünstigen als in den Textilgewerben. Die Einfuhr schwedischen Eisens wurde 1799 (bis auf die Provinz Preußen) verboten. Die Abnahme des Waldbestandes durch Brennstoffbedarf auf den an Zahl schnell steigenden Hütten des schlesischen Adels, auch Raubbau, Kriegsschäden und Steigen des Holzpreises führten in Schlesien wie in Westfalen zur stärkeren Förderung und Verwendung von Steinkohlen (1789 Kokshochöfen). Sie stieß in Oberschlesien auf heftigen Widerstand der an der Wertsteigerung des Waldbestandes interessierten

Großgrundbesitzer, bis diese selbst mit Eigen- und Fremdkapital zum Bergbau übergingen. ›Über den Zustand des Bergbaues und Hüttenwesens in den Fürstentümern Bayreuth und Ansbach im Jahre 1792‹ schrieb Alexander v. Humboldt 1794/97 eine Denkschrift, die Hardenberg 1797 einem großen Bericht zugrunde legte[8]. Die – zumeist leibeigene – Bergarbeiterschaft kam vielfach aus der adligen Landwirtschaft Schlesiens, auch aus anderen Teilen Deutschlands und Polens und wurde erst langsam seßhaft. 1785 war ein Viertel der in Preußen Erwerbstätigen im Bergbau und in den damit verbundenen Industrien beschäftigt, in England ein Drittel, in Schweden, Sachsen, Österreich etwa drei Achtel. Über die Berufskrankheiten im allgemeinen und die der Bergleute insbesondere im 18. und 19. Jh. ist bisher fast gar nicht gearbeitet worden, obgleich dieser Bereich keineswegs nur wissenschafts-, sondern auch sozialgeschichtlich wichtig ist[9].

Schlesiens Entwicklung unter preußischer Herrschaft ist wie schon sein Zustand nach dem Dreißigjährigen Krieg und beim Herrschaftswechsel verschieden beurteilt worden. Tuch- und Leinwandfabrikation und -kleinhandel, zu dessen Förderung die österreichische Regierung nicht viel getan hatte, waren 1740 bereits zurückgegangen; die Provinz, deren Wohlergehen hauptsächlich auf dem Ausfuhrhandel beruhte, hatte in Jahrhunderten keine enge kommerzielle Beziehung zu den habsburgischen Erblanden entwickelt und verlor 1740 auch die lockeren Verbindungen. Sie bekam die Nachteile des Merkantilismus zu spüren[10], dazu die Schäden der Zerreißung des Landes und der polnischen Teilungen und mußte »zur Aufbesserung der Wirtschaftsverhältnisse der Mark, insbesondere Berlins dienen«[11]. Andererseits wurden die Kriegsschäden schnell beseitigt, der Manufakturbetrieb nach Berliner Vorbildern modernisiert und vergrößert, seit 1760 allmählich das Spinnrad eingeführt, aus beschäftigungspolitischen Gründen aber die Verwendung der Spinnmaschine vom König behindert; sie wurde erst seit 1793 eingesetzt; der Export von Woll- und Baumwollwaren (weniger von Leinen) belebte sich, der Unternehmungsgeist wurde gehoben und eine Arbeiterelite mit Gewöhnung an Handfertigkeit und Fleiß entwickelt. Friedrichs Auffassung entsprechend blieb die Förderung des Handels hinter den Industrien zurück, deren Schutz im Interesse von Staat, Bevölkerung und Handelskrieg gegen Österreich und Sachsen über die Freihandelslehre gestellt wurde. Ein- und Ausfuhrverbote und Schutzzölle, ein staatliches, von Ausnahmen durchlöchertes Kornhandelsmonopol und prohibitive Durchgangszölle behinderten den Handel Schlesiens wie ganz Norddeutschlands. Der Handelsvertrag mit Polen[12] öffnete Preußen 1775 den polnischen Markt durch hohe Transitzölle, zog Danzigs Getreidehandel in preußische Häfen, schadete aber auch Schlesiens und Preußens Handel und steigerte Polens Abneigung gegen Preußen. Der Handelsvertrag mit Spanien von 1782 öffnete Schlesiens Leinen neue Absatzgebiete; der mit den USA von 1785 blieb einstweilen eine politische Geste. Die Angliederung Schlesiens, einer sehr gewerbereichen Region, an Preußen, das gewerbereichste deutsche Territorium mit energischer expansiver Wirtschaftspolitik, brachte Umorientierung, Anregung und Aufgaben. Die Festigung der Gesamtwirtschaft Preußens erreichte schließlich einen Grad, der auch Städte wie Stettin, trotz zeitweiser Rückschläge durch Militär- und Zollkrieg, aus der Entwicklung zu einer höheren Stufe staatlicher und staatswirtschaftlicher Existenz Nutzen ziehen ließ.

Wichtiger als die See-Assekuranzgesellschaft, die unter Amsterdams und Hamburgs Vorrang litt, und die 1765 zu spät begründete, schlecht geleitete Levantekompanie[13], als der unbedeutende Ostasienverkehr und die sehr begrenzte Emdener Heringskompanie war die *Seehandlungsgesellschaft*[14], die fast nur mit königlichem Kapital, ohne Stimmrecht der Privataktionäre, als staatliches Handelsinstitut 1772 gegründet wurde im Zusammenhang mit dem Erwerb Westpreußens, um den Handel in den Provinzen zu beleben; da das an Danzigs Eigenstaatlichkeit scheiterte, wurde sie in die Industrieförderung eingeschaltet, kaufte auch westpreußische Güter auf, kam aber erst 1791 bis 1804 wirklich zur Blüte. Ihre Obligationen wie die der preußischen Bank gewannen einen großen Einlegerkreis und bildeten eine fühlbare Konkurrenz für die »Landschaften«[15]. Bedeutsam für die Zukunft war auch der Aufstieg einiger größerer Handels- und Bankinstitute von Bestand in Berlin. Sie mußten sich allerdings mit den Machthabern gut stehen; »vor allem die großen und vermögenden Kaufleute erfreuten sich einer ihnen nicht immer erwünschten Beachtung von oben« (Rachel-Wallich), die bei Friedrich von der Auffassung ausging, Waren- und Geldhändler seien eigennützige Profitmacher, deren Gewinne über das Gewerbe wieder der Produktion zugeführt werden müßten. Höchstens der »merchant adventurer«, der Auslandsabsatz erschloß, galt neben dem »marchand fabriquant«.

Die Wirtschaftssysteme der übrigen deutschen Staaten unterschieden sich graduell, aber nicht grundsätzlich von dem Preußens. *Bayern*[16] blieb freilich, wie die meisten kleineren Territorien, weit stärker Agrarstaat, mehr auf Wohlstand als auf große Zahl und Arbeitskraft vieler Einwohner bedacht, auf »das bequeme Auskommen des getreuen Untertans«[17]. Soweit nicht Bedenken gegen die Minderung des Steueraufkommens entgegenstanden, wurde daher die Auswanderung fast gänzlich freigegeben[18]. In der Pfalz[19], wo westeuropäische Auffassungen seit dem 17. Jh. stärkeren Widerhall fanden, vergab schon Kurfürst Johann Wilhelm Fabrikkonzessionen und -privilegien in größerer Zahl, betrieb Karl Theodor den Industrieprotektionismus, der seine Residenz Mannheim zum Manufaktur- und Handelszentrum machen sollte. Dabei unterschied sich freilich wie im 17. Jh. das hastige Vorgehen und Gewinnstreben und der Mangel an Mitteln von der breit angelegten Retablissements- und Manufakturpolitik im vergleichsweise reichen Preußen. Auch in der Pfalz erkannte man in der Textilindustrie, die Heer und Beamte mit Uniformen, Hof und Adel mit Seide versorgte, die breiteste Grundlage für den Staat, als dieser zu reicherer Industrie überging. Die Kameral-Hoheschule von 1774–1784 war bezeichnend für diesen Übergang, der mit physiokratischen Ideen, liberalen Vorstellungen über Leibeigenschaft, auch mit der Absicht stärkerer Unterordnung der zum Anbau von Handelsgewächsen gedrängten Landwirtschaft unter die Industriebedürfnisse verbunden war. Doch trat die Künstlichkeit der industriellen Schöpfungen Karl Theodors zutage, als der Hof nach München verlegt wurde.

In Sachsen hat der Siebenjährige Krieg die Gesamtwirtschaft auf Jahrzehnte schwer geschädigt, zugleich aber auch zur Beteiligung von Kräften geführt, die bis dahin kaum sozialen und politischen Einfluß gehabt hatten; die Reorganisation ging weit über die Behebung der Kriegsschäden hinaus. An die Stelle der europäischen Position des Landes in der Politik trat die wirtschaftliche Erschließung unter Führung der Restaurationskommission, die eine grundlegende Reform der Landesökonomie anstrebte, wobei dem Schulwesen besondere Beachtung zufiel (Realschulen, Freiberger Bergakademie 1765/66 und Bergschule, Zeichenschule und Tierarzneischule in Dresden). Ohne Retablissement wäre die Entwicklung zu einem dichtbesiedelten Agrarstaat, Exportland von Weltgeltung und Industriemacht (Kohle, Eisenhütten [Heynitz, Trebra]) unmöglich gewesen, die allerdings auch mit der Entstehung heftiger sozialer Differenzierungen und Spannungen verbunden gewesen ist. Im Vordergrund stand daher die Förderung und Modernisierung der Landwirtschaft nach vieljähriger Depression, die durch rückständige Gesellschaftsverhältnisse behindert wurde[20].

In Westdeutschland, auch in den preußischen und österreichischen Territorien in diesem Gebiet, hat es die staatliche Lenkung der Gewerbe, die im Osten als Vorstufe des Aufschwungs zur Industrie im 19. Jh. gilt, nicht gegeben. Wasser für Energie, zum Bleichen, Färben usw., Holzkohle für die Hochöfen, für die Schmiedefeuer Steinkohle, niedrige Löhne, Zunftfreiheit in städtearmen Gebieten, also Unternehmerfreiheit, führten zur Entstehung eines frühindustriellen Großbürgertums aus der ländlichen und kleinstädtischen Oberschicht, das auf dem europäischen Markt auch ohne landesherrliche Subvention und Zollhilfe wettbewerbsfähig war. Hier entstanden schon nach 1750 die Industriegesellschaft und moderne, von den mittelalterlichen deutlich unterschiedene Industriestädte. Dabei stieß man auf die Frage der menschlichen Leistungskraft sowie auf die englische Konkurrenz, deren Maschinisierungs-Anfänge man zu übernehmen im Begriff war, als die Französische Revolution und später die Überschwemmung mit englischen Waren die Entwicklung auf Jahrzehnte unterbrach[21].

Der deutsche *Außenhandel* hat seit 1740, stärker noch nach der Krisis von 1763 bis zur »ersten Gründerperiode« um 1800 einen lebhaften Aufschwung genommen. Die Gewinne »ermöglichten es dem Bürgertum, jenes geistige und künstlerische Milieu mitzugestalten, in dem häufig noch die Höfe tonangebend waren« (Kellenbenz), während sich auf dem Lande bereits die »Soziale Frage« ankündigte. Französische Revolution, Koalitionskriege, Englands Auseinandersetzung mit Frankreich und industrie- sowie seewirtschaftlicher Aufschwung brachten dann einen tiefen Einschnitt[22].

Eng verbunden mit dieser Entwicklung war eine beträchtliche Zunahme des *Verkehrs* auf Straßen, Flüssen und Kanälen, Ost- und Nordsee, sowie die Verdichtung des seit dem 17. Jh. entstandenen Postnetzes. Dieses Gebiet ist bisher nur wenig bearbeitet worden.

Betrachtet man die Entwicklung in Nord- und Westdeutschland nach dem Siebenjährigen Krieg insgesamt, so wird eine erste Linie der industriellen und landwirtschaftlichen Revolution, wie sie in England stattfand, auch in Preußen und anderen deutschen Staaten sichtbar, die nach der Napoleonischen Zeit wieder aufgegriffen werden konnte[23]. Allmählich begann sich in Preußen und anderen nordwestdeutschen Staaten ein adliges und privates Unternehmertum zu bilden, das – ähnlich wie im 16. Jh. – gefördert, aber auch dirigiert und gefährdet durch Fürsten, wie die Facharbeiter zu einer Schicht privatkapitalistischer Führungskräfte für das 19. Jh. heranwuchs. Doch waren viele spätere Industriestädte (wie etwa Essen) um 1800 noch vorwiegend Handelsstädte[24].

Der Gedanke eines *Wirtschaftsrechts*, in der Hausväterliteratur angedeutet, wurde 1716 von J. B. v. Rohr erstmals genauer durchdacht. Neben der ökonomischen Literatur, die sich an den Praktiker, besonders an den Landwirt wandte, gab es seit der gleichen Zeit Bestrebungen, der *Ökonomik* den Charakter einer Wissenschaft zu geben und sie in den akademischen Unterricht einzubauen (1727 Halle, Frankfurt/O.). Danach wurde 1747 der Gedanke einer mit der Kameralwissenschaft verbundenen Rechtswissenschaft formuliert. Auch das Preußische Allgemeine Landrecht ist zu berücksichtigen als normative Konzeption des frühen und als Leistung des späten 18. Jh., als weltgeschichtlich einzigartiger Versuch, das gesamte Gesetzesrecht eines Staates in einem einzigen Gesetz (mit über 19000 Paragraphen) unterzubringen[25].

[1] W. O. Henderson, The State and the Industr. Revol. in Prussia 1740–1870 (1958). M. Arendt, E. Faden u. O. F. Gandert, Gesch. d. Stadt Berlin (1937). M. Pfannschmidt, Die Industriesiedlung in Berlin u. in der Mark Brandenburg (1937). O. Wiedfeldt (s. Kap. 17, Anm. 8). H. Rachel u. P. Wallich, Berliner Großkaufleute u. Kapitalisten 2 (²1967). K. Stumpp, Die dt. Auswanderung nach Rußland 1763–1862 (1961).

[2] S. Kap. 17, Anm. 6. W. Mertineit, Ostpreuß. Manufaktur- u. Merkantilpolitik im 18. Jh., Zs. f. Ostforsch. 9 (1960).

[3] K. Hinze, Die Arbeiterfrage zu Beginn d. mod. Kapitalismus in Brandenburg-Preußen (²1963). H. H. Gellbach, Arbeitsvertragsrecht d. Fabrikarbeiter im 18. Jh. (1939).

[4] F. Eulen, Vom Gewerbefleiß zur Industrie (1967). F. Neukamm, Wirtschaft u. Schule in Württemberg 1700 bis 1836 (1956). B. Hollburg, 2 Jahrhunderte realist. u. berufsbildendes Schulwesen in der Stadt Hannover, Hannov. Gesch.bll. 15 (1961).

[5] W. Bogsch, Der Marienberger Bergbau (1966). W. Bornhardt, Gesch. d. Rammelsberger Bergbaues (1931). Für Schlesien zahlreiche Firmenfestschriften (u. a. Borsig, Friedrichshütte u. -Grube, Donnersmarck, G. v. Giesche's Erben, Gottstein, Verein dt. Ingenieure [VDI], Königshütte, Oberbergamt). C. Grau, Russ.-sächs. Beziehungen auf dem Gebiet des Berg- und Hüttenwesens in der 1. H. d. 18. Jh., Jb. f. Gesch. d. UdSSR u. d. volksdemokr. Länder Europas 4 (1960). W. Hoffmann, Freiberg i. Sachs., Hamburger mittel- u. ostdt. Forschungen 2 (1960). A. Schwemann, Friedrich Anton Frhr. v. Heynitz, Beitr. z. Gesch. d. Technik u. Industrie 12 (1922). Art. ›Heinitz‹ in NDB 7 (1969).

[6] L. Beck, Gesch. d. Eisens 3 (1897).

K. Tanzer, Wegbereiter d. oberschles. Industrie, Beitr. z. Gesch. d. Technik u. Industrie 22 (1933). H. Illies, Aus der gesch. Entwicklung d. Eisenhüttenwesens Oberschlesiens an Hand d. Gesch. d. Königshütte, ebd. 12 (1922). H. W. Büchsel, Rechts- u. Sozialgesch. d. oberschles. Berg- u. Hüttenwesens 1740–1806 (1941). K. Franzke, Die oberschles. Industriearbeiter 1740–1886 (1936). A. Perlick, Oberschles. Berg- u. Hüttenleute (1953), mit guten Quellen- u. Lit.-Verz. H. Mottek, Stud. zur Gesch. d. industr. Revol. in Dtld. (1960). A. Schröter u. W. Becker, Die dt. Maschinenbauindustrie in der industr. Revol. (1962).

[7] W. Westhoff u. W. Schlüter, Gesch. d. dt. Bergrechts, Zs. f. Bergrecht 50 (1909).

[8] W. Rosenberger, Rfrhr. v. u. z. Stein in d. preuß. Bergverwaltung 1780 bis 1798, Zs. f. Bergrecht 102 (1961). A. v. Humboldt, Über den Zustand d. Bergbaues u. Hüttenwesens in den Fürstentümern Bayreuth u. Ansbach i. J. 1792 (Ndr. 1959).

[9] E. Lesky, Arbeitsmedizin im 18. Jh. (1956).

[10] A. Zimmermann, Blüte u. Verfall d. Leinengewerbes in Schlesien (^{2}1885). K. Moriz-Eichborn (s. Kap. 17, Anm. 4).

[11] C. Grünhagen, Der materielle Zustand Schlesiens vor der preuß. Besitzergreifung, Zs. f. preuß. Gesch. u. Lds.-kde. 10 (1873).

[12] M. Herzfeld, Der poln. Handelsvertrag von 1775, FBPG 32 (1920) u. 35/6 (1923/24). J. A. Wilder, Traktat Handlowy Polsko-Pruski z. roku 1775, Travaux hist. de la soc. des sciences et des lettres de Varsovie 20, 2 (1937). W. Braun, Zur Stettiner Seehandelsgesch. 2, Balt. Studien 52 (1966).

[13] V. Ring, Asiatische Handlungskompagnien Friedrichs d. Gr. (1890).

[14] M. Klinkenborg, Über den Anteil Friedrichs d. Gr. an der Begründung d. Preuß. Bank (Reichsbank), FBPG 29 (1916). H. Schleutker, Die volkswirtsch. Bedeutung d. Königl. Seehandlung 1772–1820 (Diss. Tübingen 1920). Die Preußische Staatsbank (Seehandlung) 1772–1922 (1922). Vgl. M. Laubert, Die preuß. Polenpolitik 1772–1914 (1920).

[15] H. Mauer, Die private Kapitalanlage in Preußen während d. 18. Jh. (1921).

[16] A. Baumann, Das bayerische Handelswesen im 18. Jh. (1898). B. Hubensteiner, Bayer. Gesch. (1951), s. Kap. 19, Anm. 12.

[17] F. Hartung, Das Großhgt. Sachsen unter d. Regierg. Carl Augusts 1775 bis 1828 (1923).

[18] R. Hartmann, Die Schwäbische Türkei im 18. Jh. (1935). M. Miller, Die Auswanderung d. Württemberger nach Westpreußen und dem Netzegau 1776–1786 (1935). R. Vowinckel, Ursachen d. Auswanderung, gezeigt an badischen Beispielen aus dem 18. u. 19. Jh., VSWG Beiheft 37 (1939).

[19] L. Zieher, Zur Gesch. d. kurpfälz. Wollgewerbes im 17. u. 18. Jh. (1931). R. G. Haebler, Ein Staat wird aufgebaut, Badische Gesch. 1789–1818 (1948). D. Häberle, Auswanderung u. Koloniegründungen d. Pfälzer im 18. Jh. (1909).

[20] H. Schlechte, Die Staatsreform in Kursachsen (1958). H. Baumgärtel, Bergbau u. Absolutismus, Der sächs. Bergbau in d. 2. H. d. 18. Jh. (1963). K. Herz, Zustand u. Leistungsfähigkeit d. Agrarflächen Mittelsachsens im 18./19. Jh., Wiss. Veröff. d. dt. Instituts f. Länderkde. 19/20 (1963).

[21] M. Barkhausen, Staatl. Wirtschaftslenkung u. freies Unternehmertum im westdt. u. im nord- u. südniederländ. Raum bei d. Entstehung d. neuzeitl. Industrie im 18. Jh., VSWG 45 (1958). W. Stelling, Staat u. Unternehmer vornehmlich im ZA d. Merkantilismus, dargest. am Beisp. d. Firma Böninger, Duisburger Forschungen 2 (1959).

[22] W. Zorn, Schwerpunkte d. dt. Ausfuhrindustrie im 18. Jh., Jbb. f. Nat.ök. u. Stat. 173 (1961). H. Kellenbenz, Der dt. Außenhandel gegen Ausgang d. 18. Jh., in: F. Lütge (Hg.), Die wirtsch. Situation in Dtld. u. Österr. um d. Wende v. 18. z. 19. Jh. (1964). Für den

Binnenhandel vgl. als ersten Ansatz W. ZORN, Binnenwirtschaftl. Verflechtungen um 1800, ebd.

[23] W. O. HENDERSON, England u. die Industrialisierung Dtlds., Zs. f. d. ges. Staatswiss. 108 (1952). Ders., Die Struktur d. preuß. Wirtschaft um 1786, ebd. 1117 (1961).

[24] W. TREUE, Das Verhältnis von Fürst, Staat u. Unternehmer im ZA d. Merkantilismus, VSWG 44 (1957). P. E. HÜBINGER, 1100 Jahre Stift u. Stadt Essen (1953).

[25] R. PIEPENBROCK, Der Gedanke eines Wirtschaftsrechts in der neuzeitl. Lit. (1964). W. EBEL, Das Preußische im Preuß. Allgem. Landrecht, Jb. d. Albertus-Univ. Königsberg 12 (1962). H. THIEME, C. G. Suarez in Schlesien, Berlin u. anderswo, Juristen-Jb. 6 (1965/66).

Kapitel 21
Wirtschaftspolitik und -verwaltung

Hatte es im 17. Jh. hier und da Ansätze zu einer Reichswirtschaftspolitik im modernen Sinne bzw. wirtschaftspolitische Rahmengesetze für die Territorien gegeben (vgl. Kap. 13), so fehlte nach dieser Zeit jede wirtschaftspolitische Initiative des Reiches. Wirtschaftspolitik war eine Sache der Territorien, ihrer Militär- und Außenpolitik untergeordnet: Der »Primat der Wirtschaft« wurde auch im radikalen Merkantilismus nie erwogen. Nur große Territorien brauchten freilich eigene Behörden für Wirtschaftspolitik und -verwaltung und konnten sich solche leisten. In Preußen bildete von Friedrich Wilhelm I. bis zur Industrialisierung und Exportwirtschaft die Armee den Mittelpunkt der gesamten Staatsverwaltung. Diese wurde modernisiert durch die Schaffung des Generalfinanzdirektoriums am 27. 3. 1713 mit den »liberal« am Agrarexport interessierten Amtskammern und den Kommissionsbehörden, von denen die Interessen der Garnisonen und Städte (Akzise) vertreten wurden, die also die eigentlichen Anwälte und Träger eines merkantilistischen Schutzzoll- und Verwaltungssystems waren. Heftige Ressortkämpfe bis zu Prozessen gingen aus diesen wirtschaftspolitischen Gegensätzen der Behörden hervor. Zur Überwindung des lähmenden Gegensatzes übereifriger Behörden schuf der König 1722/23 durch Zusammenlegung das Oberfinanz-, Kriegs- und Domänendirektorium. Diese Gründung bildete in der Organisation von Verwaltung und Innenpolitik einen tiefen Einschnitt: Die Grundlage für den modernen preußischen Beamtenstaat mit fünf noch nicht eindeutig nach Räumen und Gegenständen abgegrenzten Departements, fünf dirigierenden Ministern und siebzehn Geheimen Finanzräten unter dem Präsidium des Königs, der keinem politischen Bereich so hohe Bedeutung zumaß wie der Innenpolitik einschließlich der Wirtschaftspolitik unter dem Gesichtspunkt starker Finanzkraft für die außenpolitische Position. Des Königs Instruktionen für das Generaldirektorium lassen seine wirtschaftspolitischen Grundsätze und Ziele auf der Grundlage des Absolutismus deutlich erkennen.

Die Beamtenschaft unterhalb der obersten Spitze war auf wirtschaftspolitische Aktivität und Originalität wenig vorbereitet: Ihre Stärke lag weit mehr in der unbedingt zuverlässigen Exekutive als in der Fähigkeit, die vom König umständlich formulierten allgemeinen wirtschaftspolitischen Prinzipien der Zeit den besonderen Gegebenheiten ihres Ressorts oder geographischen Gebietes anzupassen. Sowohl der grundbesitzende Adel wie die städtische Oberschicht – die beiden Gruppen, aus denen das höhere Beamtentum sich rekrutierte – betrachtete Neuerungen als gefährliche Einbrüche in den Alltag, als den Versuch des Königs, das Leben unbequemer zu machen und überlieferte Privilegien – besonders des Adels – zu beschneiden. Auch vermochten die meisten Kammer- und Landräte kaum, die Bedeutung der Wirtschaft für die internationale Position des Staates zu übersehen. Zu den wichtigsten und schwierigsten Aufgaben der Wirtschaftspolitik gehörten daher Bildung und Entwicklung eines selbständigen bürgerlichen »Unternehmertums« neben dem Adel, der land- und forstwirtschaftlich als Produzent und Kaufmann tätig war, ohne daß man bei ihm von Unternehmertum sprechen kann. Dabei wurde freilich kein Unternehmertum im Sinne späterer Zeiten angestrebt, sondern straffe Disziplin und Rationalisierung unter der gleichen Fuchtel, die Regimenter von großer politischer Bedeutung schuf. Infolgedessen gab es keine Ansätze zu bürgerlicher Selbstverwaltung, sondern Beamten-Wirtschaftspolitik. »Die Beamten der deutschen Territorien waren vom 15. bis 17. Jh. noch vielfach eine recht zweifelhafte Gesellschaft. Nur langsam erfüllten sich die Vorbedingungen, die ihr geistiges und moralisches Niveau hoben: die Beseitigung der Gebühren, der Naturalien, der ganzen Spekulation auf Lehen und andere Vorteile, die Ausbildung eines geregelten Geldbesoldungswesens, ein klares Amtsrecht, feste Instruktionen und Kontrollen, ein gutgeordnetes Vorschlags- und Ernennungsrecht, ein amtliches Straf- und Disziplinarrecht, ein richtiges Prüfungswesen, ein fester Stufengang der Ämter, eine feste Tradition darüber, welchen sozialen Klassen die einzelnen entstammen, welche Bildung sie haben müssen und als Folge von alldem die festgefügten Ehr- und Pflichtbegriffe« (Schmoller).

Des Königs zuverlässigste und verständnisvollste Mitarbeiter auf diesem Gebiet waren Grumbkow und die Brüder Ch. F. und J. A. Kraut, dieser bis zu seinem Tode 1723 der Initiator der vielen für die künftige Wirtschaftspolitik grundlegenden Kommerz-, Industrie- und Zollordnungen und -Tarife seit 1713 sowie Gründer des »Lagerhauses«, der Keimzelle für das (5.) Kommerz- und Manufaktur-Departement, das Friedrich II. schuf. Hier wurde zum ersten Male zielbewußt, hartnäckig und mit dem Blick auf die Zukunft (hauptsächlich textilgewerbliche) Wirtschaftspolitik getrieben. Erleichterung und Förderung der inländischen Produktion, Begünstigung des Export- und Transithandels, Heranziehung ausländischer Kapitalien und Erfahrungen zur Verwertung in Preußen, Begründung einer wissenschaftlichen Handelsstatistik – alle diese Dinge führen auf Kraut ebenso zurück wie auf den König. »Nicht das geringste seiner Verdienste aber ist, daß er gleich seinem Herrn Schule zu bilden verstand unter der jüngeren Generation« (Isaaksohn).

Ihm folgte im Generaldirektorium Fr. v. Goerne, dessen Arbeit wesentlich dazu führte, daß Friedrich II. 1740 sofort das Kommerz- und Manufaktur-Departement unter S. Marschall gründete, einem Kaufmannssohn aus Danzig, der unter und neben Kraut im vierten Departement gearbeitet hatte[1].

Friedrich Wilhelm I. wollte unter Beobachtung westeuropäischer Methoden und Ergebnisse nach dem Ende der Hansezeit unter Verwendung von Ein- und Ausfuhrverboten einen neuen Handel aufbauen und zugleich die Gewerbe fördern – wobei die politische Schwäche des Kleinstaates Preußen noch mehr Modifizierungen gegenüber der Theorie nötig machte und Schwankungen verursachte als Hast und Jähzorn des Königs, der auf Grund der Herrschaftstraditionen letzten Endes Außen- und Militärpolitik leichter erahnen und erfassen konnte als außen- und binnenwirtschaftliche Zusammenhänge, wie etwa die Wirkung von Aus-, Ein- und Durchfuhrverboten. Auch das Beamtentum mußte Wirtschaftspolitik erst lernen und Vertrauen zu den Intentionen des Königs gewinnen, bevor es loyal mitarbeitete und schließlich eigene Reformvorschläge entwickelte.

Ein wesentliches Beispiel für die Verselbständigung der

staatlichen Wirtschaftspolitik gegenüber dem Reich bildete die Zunftpolitik in den Jahren 1732–1735, nachdem auf Betreiben des preußischen Königs der Reichstag zu Regensburg 1731 ein Reichsgesetz über das Zunftwesen erlassen hatte, das auf einem Gutachten von 1672 beruhte.

Die Besitzergreifung in Schlesien und Ostfriesland bereicherte Preußen nicht allein um zwei Provinzen mit ganz speziellem Charakter und mit Eigenarten, die bis dahin in der preußischen Monarchie nicht vertreten gewesen waren; es vergrößerte diese außerdem so sehr – durch Schlesien allein um ein Drittel des Umfanges, der Einwohnerschaft und der Einnahmen –, daß die Wirtschaft des Landes und damit auch die Wirtschaftspolitik zu einer neuen Größenordnung aufstieg. Beide Ereignisse trugen wesentlich zur Reform der Instruktion für das Generaldirektorium im Jahre 1748 bei. Die Politik zielte sofort auf das am Ende des Jahrhunderts erreichte Ergebnis: daß Schlesien die industriereichste Provinz Deutschlands wurde, die einen weit überdurchschnittlich großen Teil der Staatseinnahmen erbrachte. Bei der Schaffung des Ministeriums für Schlesien durchbrach Friedrich II. das von seinem Vater aufgestellte und grundsätzlich auch von ihm selbst benutzte Kollegialitätsprinzip ausdrücklich zum Zwecke der Integration Schlesiens in die Monarchie unter dem Minister v. Münchow, der praktisch ein Vizekönig wurde, woraus schließlich das Grundprinzip der inneren Wirtschaftspolitik wurde, da es sich als richtig erwies, für jede Provinz eine eigene, einheitlich und schnell arbeitende Zentralbehörde zu schaffen. Ostfriesland dagegen wurde zunächst weiter ständisch verwaltet, durch eine geschickte Politik aber dahin gebracht, daß die Ritterschaft selbst 1749 den König bat, die Leitung und Aufsicht zu übernehmen, was sofort geschah.

Seit dem 27. 6. 1740 gab es in Preußen ein Ministerium für Gewerbe, Handel und Verkehr, dem auch die Post, die Kurmärkische Landschaft und die Innere Kolonisation unterstanden. Seit 1746 traten drei weitere »Departements« hinzu; insgesamt gerieten sie auf den Weg zum Oberpräsidium für einzelne oder mehrere Provinzen.

Nächst der Hebung der Gewerbe – insbesondere derjenigen, die kriegswichtig oder devisensparend waren – richtete sich Friedrichs Interesse hauptsächlich auf den Handel, den er unnachgiebig noch mit merkantilistischen Einfuhrverboten und Schutzzollmaßnahmen lenkte, als seine Minister in differenzierter Betrachtungsweise eine dynamischere Wirtschaftspolitik empfahlen. Zum Teil aus diesem Grunde übernahm Friedrich selbst 1749 die Oberste Leitung des Gewerbe- und Handelsdepartements, wie er sich auch die der Domänen- und Forstverwaltung vorbehielt: Absoluter Monarch, war er in Wirklichkeit auch sein eigener Wirtschafts-, Handels- und Verkehrsminister. Seine Anweisungen für das Generaldirektorium vom 20. 5. 1748 und die im Sommer folgenden Instruktionen für die einzelnen Departements zeigen die Entwicklung des Staatsgedankens seit 1723 sowie des zentralistischen Absolutismus; doch stieß er nun auch auf die Probleme der Gewalten-Delegierung, der Entscheidungsfreiheit qualifizierter hoher Mitarbeiter und der Unmöglichkeit auch für einen genialen Menschen, in einem großen, ständig expandierenden Militärstaat mit kriegerischem Vorhaben unter Beschränkung auf die damaligen Kommunikationsmittel alle Gebiete der Politik und Verwaltung mit gleicher Energie, Sachkenntnis, Ausdauer und Originalität zu beherrschen. Er brauchte einen Wirtschaftsminister, wich aber dieser Notwendigkeit, deren Befolgung sein ganzes System der politischen Führung und letzten Endes seine Form des Absolutismus in Frage stellen mußte, möglichst lange aus, indem er alle paar Jahre das Beamtentum als Ganzes schärfer anpackte und antrieb. Das verhinderte nicht, daß dem König die Ressorts aus den Händen zu gleiten begannen, weil sie zu groß waren, die politischen Aufgaben wuchsen, während der König selbst alterte.

Wie sehr Friedrich sich mit der Wirtschaftspolitik jahrzehntelang im Stadium des Probierens befand, geht daraus hervor, daß er im Dezember 1749 nach dem Tode des Ministers Marschall nicht einen neuen Minister ernannte, sondern das fünfte Departement seinem bisherigen Amsterdamer Agenten Faesch mit dem Charakter eines Wirkl. Geh. Finanz-Rates sowie mit Sitz und Stimme im Generaldirektorium als Chef der Exekutive übertrug, die Leitung des Departements aber sich selbst vorbehielt. Was fortan bis zum Siebenjährigen Krieg im weitesten Bereich der Wirtschaft geschah, wurde also vom König selbst unmittelbar veranlaßt: Ansiedlung von Ausländern, Förderung der Samt- und Seidenerzeugung wie der Textilgewerbe überhaupt, der gewerblichen Wirtschaft auf dem Lande. Schritt für Schritt entwickelte der König die Gewerbe- und Zollpolitik seiner späteren Jahre, die schließlich gegenüber den Gewerben und dem Handel, der Binnenschiffahrt, dem

Transithandel und den Messen erheblich feingliederiger, vielseitiger, beweglicher und damit »politischer« war als die seines Vaters ein halbes Jahrhundert zuvor.

Nach 1763 wurde allerdings auf Jahre hinaus eine auf die Aufgaben des Wiederaufbaues eingeengte Retablissementspolitik – zunächst mit Vorrang der Landwirtschaft –, nach der Teilung Polens auch Kolonisationspolitik in Westpreußen getrieben. Dabei, hauptsächlich bei der Währungspolitik von 1764 und bei der »Regie«, zeigte sich mit besonderer Deutlichkeit, daß Friedrich Staats- und nicht Volks-Wirtschaftspolitik trieb, Fiskalismus- und Rüstungspolitik, nicht Weckung individueller Unternehmerkräfte. Das schloß nicht aus, daß Preußen in gewisser Weise 1763–1786 stärker auf dem Wege zum Industriestaat war als 1786–1815.

Noch in seinem Todesjahr gab Friedrich II., der offenbar ein Empfinden für das beginnende Erstarren der Wirtschafts- und Innenpolitik in Preußen hatte, dem Generaldirektorium eine neue Instruktion. Aber die darin enthaltenen Veränderungen beseitigten nicht die Schwächen des Systems. Und Friedrich Wilhelm II. setzte nicht Fachdepartements (= Ministerien) an die Stelle der Provinzdepartments, er beendete nicht mit deren Beseitigung die letzten Spuren aus der territorialstaatlichen Zeit, der Auseinandersetzung des Fürsten mit den Ständen, er rationalisierte und versachlichte nicht Verwaltung und Politik, tat also nicht den ersten Schritt zur Ministerialverfassung, wie sie in Westeuropa längst funktionierte, sondern stärkte umgekehrt die Provinzdepartements.

Insgesamt zeichnete sich Friedrichs II. Wirtschaftspolitik weniger durch Originalität der Zielsetzung als durch die Energie aus, mit der sie durchgesetzt wurde. Auch in anderen deutschen Staaten standen, entsprechend den Prinzipien des Merkantilismus, die gleichen Anliegen im Vordergrund, wenngleich gelegentlich in einer anderen Reihenfolge. Aber bei ihnen gab es weder einen Fürsten, der so energisch und rücksichtslos antrieb und soviel von der Wirtschaft verstand wie Friedrich d. Gr., noch eine oberste Behörde mit der Konzentration und dem Fleiß des preußischen Generaldirektoriums, noch schließlich ein Beamtentum, wie die beiden preußischen Könige es geschaffen haben. Auch haben die kameralistischen Theoretiker und Berater z. B. in Bayern viel weniger klar die Bedeutung der Bevölkerungszunahme und damit der produktiven Arbeitsbeschaffung zwecks Steigerung von Produktion und Staatseinnahmen erkannt: Die

Wirtschaft selbst war und blieb so statisch wie das Interesse des Staates an ihr. In Sachsen dagegen gab es bereits seit 1762 eine dem preußischen Retablissement vorgreifende Restaurationskommission und seit 1764 eine Landes-Oeconomie-, Manufaktur- und Kommerziendeputation, deren Aufgabe es war, die von der Restaurationskommission erarbeiteten Grundsätze und Programme beim Wiederaufbau zur Anwendung zu bringen. Tatsächlich bestand die Hauptleistung der Deputation dann in der Freisetzung und Entwicklung der Produktionskräfte für die Blüteperiode der Manufakturwirtschaft, einer Vorstufe für die Industrialisierung in späteren Jahrzehnten[2].

[1] E. Ruppel-Kuhfuss, Das Generaldirektorium unter der Regierung Friedrich Wilhelms I. (1937).

[2] F. Facius, Wirtschaft u. Staat (1959).

Kapitel 22
Die Technik im 18. Jahrhundert

Um die Mitte des 18. Jh. kam es häufig zur Verwendung des *Wortes »Technik«*, und im Anschluß an Vorstellungen von Chr. Wolff durch Joh. Beckmann, der die wissenschaftliche Technologie als Hochschulfach einführte und 1777 eine ›Anleitung zur Technologie‹ veröffentlichte, zur Einführung des Begriffes »Technologie«[1]. Die Wörter »Technik« und »technisch« wurden nicht, wie man bisher glaubte, aus dem Französischen übernommen. Vielmehr wurde der Begriff im Neulateinischen bereits in Biringuccios ›Pirotechnia‹ 1540 benutzt, in Deutschland (unter Gleichsetzung mit Metallurgie) erstmals von Balthasar Nagel in ›De metallo et lapide‹ (1588), das Wort »Hydrotechnia« 1658 in C. Schotts ›Magia Universalis‹ und J. Leupolds ›Theatrum Machinarum‹ (2 Bde. 1724). Der Begriff gehört also zur Renaissance des Griechischen in Italien und gelangte von dort mit dem Neulateinischen nach Deutschland. Technologie ist seit Beckmann »die Wissenschaft, welche die Verarbeitung der Naturalien oder die Kenntnis der Handwerke lehrt«; sie »gibt ... in systematischer Ordnung gründliche Anleitung, wie man zu eben diesem Endzwecke aus wahren Grundsätzen und zuverlässigen Erfahrungen die Mittel finden und die bei der Verarbeitung vorkommenden Erscheinungen erklären und nutzen soll« (Beckmann). Das Neue daran war die Zusammenfassung aller Handwerke unter dem spezifischen »technischen Gesichtspunkte der Verarbeitung von Naturalien zu Produkten und Waren in der Absicht, die Verfahren in systematischer Ordnung darzulegen und auf sichere wissenschaftliche Grundlagen zu stellen« (Seibicke). Goethe benutzte seit 1780 häufig das Wort »technisch« im Sinne von Beckmann, vielfach in Verbindung von »Kunst und Technik«.

War die Entwicklung der Technik im 17. Jh. nur sehr langsam verlaufen, so gab es doch gewisse Ansätze, die im 18. Jh. außerhalb Deutschlands die industrielle Revolution einleiten sollten. In Deutschland experimentierte man seit 1717 mit Kohlenhochöfen, ohne zu einem befriedigenden Ergebnis zu gelangen. Die Acta Eruditorum (Leipzig 1690) beschrieben genau das Problem der Dampfmaschine. Nach einer Englandreise schickte Leibniz 1705 Zeichnung und Beschreibung der Dampfmaschine von Savery an Papin; 1707 gelangte dieser in Marburg zu seiner Maschine »Kurfürst« und begann Versuche mit dem Ziel eines Dampfschiffes. Die Hugenotten und andere Einwanderer brachten manche Erfahrungen und Ideen mit nach Deutschland, doch erwuchsen daraus keine der großen Erfindungen des 18. Jh.

Dagegen war zu dessen Beginn das deutsche Reich auf Grund der weitverbreiteten Erzvorkommen und seines Waldreichtums noch immer das am meisten *Eisen* erzeugende Land Europas. »Im 18. Jh. waren die Fortschritte im Eisenhüttenwesen sehr bescheiden, durch sie wurde die Grundlage des Riesenbaues der modernen Eisenindustrie geschaffen« (Beck, Bd. 3).

Die Eisenindustrie stagnierte noch ein Jahrhundert lang nach dem großen Krieg – erst danach kam es zu gewissen Fortschritten, »mehr erzwungen durch die Konkurrenz des Auslandes als aus eigener Initiative. Infolgedessen betätigte sich auch der Fortschritt in Deutschland mehr in Nachahmung als in Erfindung. Die Länder des Fortschrittes auf dem Gebiete der Eisenindustrie waren Frankreich, England, Schweden und Rußland« (Beck). Zu dieser Zeit arbeitete man in England bereits mit Kokshochöfen und gewann so einen Vorsprung, der erst rund ein halbes Jahrhundert später wieder eingeholt werden konnte. Eisenliteratur und -theorie hörten in England fast ganz auf, im Vordergrund stand die Praxis mit A. Darby, B. Huntsman, H. Cort sowie Savery, Newcomen und Watt. In der Literatur hat kein Schriftsteller hüttenmännische Vorgänge so sorgfältig und klar beschrieben wie Réaumur, der auch auf E. Swedenborg starken Einfluß ausübte. In Deutschland wurde in der ersten Hälfte des 18. Jh. über das Eisenhüttenwesen fast gar nichts geschrieben – erst 1760 wurde mit H. Calvörs ›Histor.-Chronolog. Nachrichten ... des Maschinenhüttenwesens und der Hilfsmittel auf dem Oberharz‹ ein neuer Anfang gemacht, dem mehrere weniger bedeutende Monographien sowie Sammelwerke und Enzyklopädien folgten, das beste von Krünitz mit einem guten Artikel über das Eisen. Außerdem sind drei Preisschriften von Lampadius, Hermann und Schindler sowie die 1800/1801 geschriebene und erschienene ›Systematische Eisenhüttenkunde‹ von W. A. Tiemann zu nennen, das erste systematische Lehrbuch dieses Teils der technischen Wissenschaft überhaupt, das freilich vorwiegend historisch-kompilatorischer Art und auf den Harz beschränkt war, den seit etwa 1785 in England betriebenen Puddelprozeß überhaupt nicht erwähnte und daher schon 1816 durch das ›Handbuch der Eisenhüttenkunde‹ von Karsten überholt wurde.

Die Eisenindustrie der österreichischen Alpenländer behauptete im 18. Jh. ihren Qualitätsvorrang, worunter das bayerische Eisenhüttenwesen immer stärker litt. In Württemberg nahm Wasseralfingen eine gute Entwicklung. Infolge der hohen Holzpreise stagnierte das Hüttenwesen in Nassau; Versuche mit Braunkohle schlugen fehl. Im Siegerland waren infolge gut geordneter Haubergswirtschaft, Holzkohleproduktion und -einfuhr die Verhältnisse befriedigend. In Schmalkalden mußte man wegen Erschöpfung der Erzlagerstätten seit 1726 die Förderung einschränken, während die Eisenindustrie durch technische Verbesserungen gehoben wurde. Suhl litt darunter, daß alle großen Staaten eigene Gewehrfabriken errichteten und mehrfach Kriege über das Gebiet hinwegzogen. Im Harz, dem wichtigsten Eisenindustriegebiet Norddeutschlands, war das Gewerbe mit etwa sechs größeren Eisenhütten gut geordnet und fortschrittlich geleitet (Calvör, Tiemann, Busch, Reden, Trebra). Die sächsische Eisenwirtschaft ging seit dem Ende des 17. Jh. zurück – mit Ausnahme des Lauchhammers, seit 1776 im Besitz des Grafen D. K. zu Einsiedel, der 1795 den ersten Puddelofen in Deutschland aufstellen und Lampadius Versuche machen ließ.

Die preußischen Könige unterstützten die Gründung neuer Eisenwerke, da Pommern, Kur- und Neumark seit Anfang des

18. Jh. mit schwedischem, Magdeburg und Halberstadt mit Harzer Eisen überschwemmt waren. Seit 1703 gab es eine Reihe von Verboten für Eisen-Einfuhr und Schrott-Ausfuhr; ihnen entsprachen aktive Hilfsmaßnahmen für Erhaltung, Ausbau und Neubau von Eisenwerken. Friedrich d. Gr. intensivierte diese Politik (Gewehrfabriken, Anwerbung thüringischer und sächsischer Facharbeiter; Entwicklung Schlesiens; 1769 Gründung des Berg- und Hüttendepartements; 1777 Heynitz Minister, erhebliche Stärkung des staatlichen Einflusses; 1784 Stein an der Spitze der westfälischen Bergämter und der Mindenschen Bergwerkkommission; 1786/87 Reise Steins und Redens nach England). In Malapane wurde 1789 das erste mit oberschlesischem Koks erschmolzene Roheisen abgestochen, 1796 auf der Kgl. Hütte zu Gleiwitz von Joh. Fr. Wedding der erste deutsche Kokshochofen errichtet. Eisengießereien nach englischem Vorbild entstanden seit 1780 auf dem Kontinent; Graf Einsiedel führte 1785 den Kunstguß in Lauchhammer/Niederlausitz ein; Malapane und Gleiwitz folgten in den 90er Jahren. 1780 wurde in Neuwied das erste deutsche Blechwalzwerk nach englischer Technik errichtet.

Nach dem Vorbild einer in Soho gebauten Wattschen *Dampfmaschine* in Tarnowitz baute der dortige Maschineninspektor Aug. Fr. Holtzhausen vier gleichartige Maschinen, nachdem er auch die von Bergassessor C. F. Bückling im Auftrage von Heynitz 1785 konstruierte Dampfmaschine zu Hettstedt gesehen hatte.

In Rheinland und Westfalen vollzog sich der Übergang zur neuen Zeit nicht zuletzt infolge der auf der politischen beruhenden gewerblichen Zersplitterung langsamer als im Osten. Die Grafschaft Mark war eines der industriereichsten Gebiete Deutschlands, das einen außerordentlichen Aufschwung nahm, als Heynitz das Land- und Wasserstraßennetz modernisierte. Frhr. vom Stein tat viel für die Hebung des Steinkohlenbergbaues und der Fabrikindustrie und förderte den Handel – z. B. mit Ruhrkohle – nach Kleve, zum Rhein und nach Holland durch die Schiffbarmachung der Ruhr.

Die Beschäftigung mit der *Elektrizität* wurde im 18. Jh. zu einer über ganz Europa verbreiteten Mode. Nachdem Otto Gericke[2] bei Versuchen mit der Schwefelkugel die Möglichkeit entdeckt hatte, Elektrizität zu erzeugen, begannen auch andere Forscher, sich für elektrische Erscheinungen zu interessieren. 1744 versah Matthias Bose seine »Elektrisiermaschine« mit einem Induktor; ein Jahr später erfand Jürgen v. Kleist zu Kammin in Pommern als erster die Verstärkungsflasche (»Leidener Flasche«).

Die *Chemie* stand noch ganz im Zeichen des Gegensatzes zur Alchemie, die allmählich an Bedeutung und Glaubwürdigkeit verlor. Georg Ernst Stahl, Leibarzt König Friedrichs I. von Preußen, entwickelte 1702 die Phlogiston-Theorie und legte damit den Grund zu einer reinen Chemie. Die Einführung von Maß, Zahl und Gewicht begründete dann die analytische Chemie und führte gemeinsam mit der Entdeckung des Sauerstoffes (1772/74 Scheele-Priestley) zur Überwindung von Stahls Theorie. Der endgültige Durchbruch in ein neues Zeitalter der Chemie gelang durch Lavoisier (Vortrag in der Pariser Akademie am 25. April 1775); sein ›Traité élémentaire de Chymie‹ (1789) machte die Chemie zu einer exakten Naturwissenschaft. Seit der Mitte des 18. Jh. entstand in Deutschland allmählich die chemische Industrie[3].

Die Technik des *Wege- und Straßenbaues* hat sich in Deutschland vom 16. bis zum 18. Jh. ebensowenig geändert wie das Verkehrsvolumen. Erst nach 1750 ging man dazu über, die Straßen fester und dauerhafter anzulegen, Steine statt Holz zu verwenden. Doch stand der Verwirklichung solcher technischen Einsichten vielfach die Wegefron im Wege. So begnügte man sich gewöhnlich mit dem Einbau von Pflanzfaschinen (Kurmark 1739, Pommern 1752, Paderborn 1753, Minden 1755, Kleve 1768, Grafschaft Mark 1769 usw.). Allerdings begann mit dem Generalbefehl für den Regierungsbezirk Merseburg 1731 und mit der Schwäbischen Kreisordnung 1737 der regulierte Steinstraßenbau mit Packlage, der in der 1788/91 angelegten Staatschaussee Magdeburg–Leipzig einen ersten Höhepunkt erreichte. Nach Sachsen wurde 1765 ein württembergischer Straßenbauingenieur berufen, der nicht nur den Straßenbau, sondern auch die Straßenverwaltung modernisieren sollte. Das Ergebnis war das Straßenbaumandat für Kursachsen vom 28. 4. 1781. Das alles machte eine Neuordnung der Straßenbaufinanzierung nötig, die gewöhnlich von der Dienst- zur Geldleistung führte und zur Übernahme durch Gemeinde und Staat unter Heranziehung von »Entrepreneurs« und (etwas später) Chausseebau-Aktiengesellschaften für die einzelnen Bauvorhaben – Vorläufern der wenig später notwendigen Eisenbahnbau-Finanzierung. Im Zuge dieser Entwicklung wurde auch der Brückenbau entwickelt, auf den Bücher von Joh. Vogel

(›Die moderne Baukunst‹, 1708) und L. Ch. Sturm (›Architectura‹, 1719) Einfluß ausübten, stärker aber noch die 1760 für das 1716 gegründete »Corps des ingénieurs des ponts et chaussées« geschaffene »Ecole des ponts et chaussées«, die den Brückenbau zur Ingenieursaufgabe machte[4].

Im *Wasserbau* führten im 18. Jh. eher Italiener und Franzosen als Holländer. Die Geschichte des Uferschutzes an Seen und Flüssen begann mit dem Hamburger Wasserbaudirektor R. Waltmann, der im Amt Ritzebüttel (Cuxhaven) bei der Erhaltung der Marschen gegen die Strömung der Elbe den Grund zur wissenschaftlichen Behandlung des Wasserbaues legte (›Beiträge zur hydraulischen Architektur‹). Die systematische Regulierung des Hamburger Elbfahrwassers begann 1733. Am Rhein begann der Wasserbau über künstliche Durchstiche hinaus im preußischen Teil 1764 mit der Unterstellung aller Arbeiten unter die staatliche Wasserbauverwaltung. Deich-, Kanal- und Schleusenbau machten Fortschritte im Zusammenhang mit der Neulandgewinnung an Oder, Netze und Warthe. Die Modernisierung des Hafenbaues wurde erst im 19. Jh. nötig (Bremerhaven 1827)[5].

Der deutsche *Schiffbau* stand auch im 18. Jh. vorwiegend unter niederländischem Einfluß, der in Schleswig-Holstein sogar wuchs, als der 1774 entworfene und 1784 dem Verkehr übergebene Kanal zwischen Rendsburg und Holtenau den Verkehr großer Schiffe niederländischen Typs gestattete, wegen der natürlichen Bedingungen nahelegte und damit deren Bau an der Eider (Tönning), in Eckernförde und anderen Häfen anregte[6]. Wie stark das niederländische Vorbild wirkte, zeigt auch der Bau der Hamburger Convoy-Schiffe ›Wapen von Hamburg II‹ und ›III‹ 1681 und zu Beginn des 18. Jh.

Während die Akademien und wissenschaftlichen Privatgesellschaften in Deutschland sich im 18. Jh. nicht mit der Metallurgie beschäftigten, begannen die *Realschulen* für eine wissenschaftliche, aber nicht gelehrte Bildung eine große Rolle zu spielen: seit 1745 das Collegium Carolinum in Braunschweig, die noch im gleichen Jahre durch Hecker in Berlin begründete Realschule an der Dreifaltigkeitskirche, die auf Veranlassung Maria Theresias seit 1771 (Wien) in Österreich gegründeten Normalhauptschulen sowie Industrieschulen, die drei Bergschulen für Ungarn und seit 1763 die sehr bescheidene »ordentliche höhere Bergwesens Anstalt« zu Schemnitz, die 1770 Akademie wurde. Im engeren Deutschland wurde 1765 auf Grund der Initiative des sächsischen Vizeberghauptmanns F. A. Frhr. v. Heynitz die Bergakademie zu Freiberg gegründet, 1775 A. G. Werner dorthin berufen, der 1789 erstmals ein Spezialkolleg über Eisenhüttenkunde las. 1793 folgte Lampadius als Dozent für Berg- und Hüttenkunde (nach der Art von Lavoisier).

Während die wichtigsten, die ganze menschliche Gesellschaft verändernden Erfindungen, wie die der Dampfmaschine und der Textilmaschinen, in England gemacht wurden, erschienen in Deutschland schon vor der großen Anregung durch die französischen Enzyklopädisten einige bedeutungsvolle *Sammelwerke* mit technisch wichtigen Beiträgen: 1732/54 das ›Große vollständige Universal-Lexicon aller Wissenschaften und Künste‹ (64 Großfolio- sowie vier Nachtragsbände) in Leipzig und Jacob Leupolds ›Theatrum Machinarum‹ 1724/27/39 (neun Foliobände mit 472 Kupfertafeln) sowie ›Theatrum Machinarum Hydraulicarum‹ (1725), in dem er Newcomens Dampfmaschine abbildete.

Die ›Descriptions des Arts et Métiers‹ (121 Teile mit über 1000 Kupfern, 1761/89), ein die französische Wirtschaft stark anregendes Werk, wurden 1762–1805 in 21 Bänden von J. H. Gottlob v. Justi übersetzt. Noch stärker wirkte die von D. Diderot und J. d'Alembert redigierte ›Encyclopédie raisonné des Sciences, des Arts et des Métiers‹ (35 Foliobände, 12 Tafelbände mit 3132 Kupfern, 1752/80), in der die technischen Abschnitte von Diderot bearbeitet wurden. Nach dem Vorbild der ›Encyclopédie‹ begann J. G. Krünitz 1773 mit der Herausgabe einer ›Ökonomisch-technologischen Encyklopädie‹ (bis 1858 242 Bände). Aus dem weiten Kreis der französischen Naturforscher, Ingenieure und Aufklärungsschriftsteller sowie aus der Ideologie der weltumspannenden Revolution – die auch eine wirtschaftlich-industrielle sein sollte – stammte schließlich auch 1799 die Einführung einer dekadischen Maß- und Gewichtssteuer – eine großartige, auf internationale Verständigung und Zusammenarbeit zielende Leistung, die in Deutschland langsam im 19. Jh., im führenden Industrieland England dagegen überhaupt nicht aufgegriffen wurde[7].

[1] K.-H. Manegold u. W. Treue (Hg.), Documenta Technica (seit 1969). W. Seibicke, Technik, Versuch einer Gesch. d. Wortfamilie in Dtld. vom 16. Jh. bis etwa 1830, in: Technikgesch. in Einzeldarstellungen 10 (1968) mit umfangr. Bibliographie. F. Klemm, Die Rolle der Technik in der Aufklärung, in: Festschr. W. Treue (1969).

[2] O. v. Guericke, Experimenta nova (ut vocantur) Magdeburgica de vacuo spatio (1672, Faks. mit Nachwort von H. Schimank, 1962, dt. 1968). H. Schimank, Stand u. Entwicklung der Natur-

wissenschaft im ZA der Aufklärung (1967).

[3] St. Jakob, Chemische Vor- und Frühindustrie in Franken, in: Technikgesch. in Einzeldarstellungen 9 (1968).

[4] W. Eymann, Die Entwicklung d. Straßen und Brücken, in: Die Technik d. Neuzeit, hg. von F. Klemm, III 1,1 (1941). A. Birk, Die Straße (1934). P. Zucker, Die Brücke (1921).

[5] W. Sbrzesny, Entwicklung d. Anlagen d. Wasserbaues; in: Die Technik d. Neuzeit (s. Anm. 4).

[6] G. Timmermann, Niederländ. Einfluß auf den Schiffbau Schleswig-Holsteins in der Vergangenheit, Schiff u. Hafen 12 (1960). Ders., Das Modell d. Convoyschiffes ›Wapen von Hamburg III‹, Hamburg. Gesch.- u. Heimatbll. 6 (1961).

[7] F. Eulen, Die Technologie als ökonom. u. techn. Wissenschaft an dt. Universitäten d. 18. Jh., Technikgesch. 36 (1969).

Hilfsmittel, Quellensammlungen und allgemeine Darstellungen

Ergänzungen für die neuere Geschichte im Anschluß an die entsprechende Bibliographie am Schluß der Bände 1 bis 7.

Bibliographie (außer DAHLMANN-WAITZ): K. SCHOTTENLOHER (= SCHOT), Bibliographie zur dt. Gesch. im Zeitalter der Glaubensspaltung 1517–1587 (6 Bde. 1933 bis 1940, Ndr. 1956–1958), Bd. 7: Das Schrifttum von 1928–1960, bearb. v. V. THÜRAUF (1966); Bibliographie de la Réforme (1450–1648), ouvrages parus 1940 á 1955, ed. Commission internat. d'hist. ecclés. comparée, Fasc. 1: Allemagne, bearb. v. G. FRANZ (³1964); Modern European history 1494 to 1788, a select bibliography (Helps for students of hist. 55, ed. Historical Association London 1953); beste jährl. Bibliographie in RHE; vgl. den umfassenden Forschungsbericht von G. RITTER, Leistungen, Probleme u. Aufgaben der internat. Geschichtsschreibung zur neueren Gesch. (16.–18. Jh.) in: X. Congresso internaz. di scienze storiche, Relazioni 6 (1955).

Quellenkunde: G. WOLF, Einführung in das Studium der neueren Gesch. (1910); ders., Quellenkunde der dt. Reformationsgesch. (3 Bde. 1915–1923); zur Historiographie s. Bd. 1–7 (GOLLWITZER, SCHNABEL, FUETER, v. SRBIK).

Quellensammlungen: J. G. LÜNIG, Teutsches Reichsarchiv (24 Tle. 1710–1722); Neue und vollständige Sammlung der Reichsabschiede, hg. v. H. Chr. v. SENCKENBERG (bis 1736, 4 Tle., anonym auch unter E. KOCH 1747); K. ZEUMER, Quellensammlung zur Gesch. der dt. Reichsverfassung in MA u. Neuzeit (⁴1926); P. JOACHIMSEN, Der dt. Staatsgedanke von s. Anfängen bis auf Leibniz u. Friedrich d. Gr. (1921, Ndr. 1967); Quellen zur neueren Gesch., hg. vom Histor. Seminar d. Univ. Bern (1944ff.).

Histor.-biograph. *Lexika* s. Bde. 1–7, dazu Mennonitisches Lexikon, hg. v. Chr. HEGE u. Chr. NEFF (3 Bde. 1913–1951); W. KOSCH, Das kathol. Dtld., biograph.-bibliograph. Lexikon (3 Bde. 1933–1938); Evangel. Kirchenlexikon, hg. v. H. BRUNOTTE u. O. WEBER (4 Bde. 1956–1961); Evangel. Staatslexikon, hg. v. H. KUNST u. S. GRUNDMANN (1966); Staatslexikon der Görresgesellschaft (⁵1926–1932); A. BERTHOLET, Wörterbuch der Religionen (1952); Tusculum-Lexikon der griech. u. lat. Literatur vom Altertum bis z. Neuzeit (1948).

Allgemeine Darstellungen bes. der neueren Gesch.: L. v. RANKE, Über die Epochen der neueren Gesch. (1854, hg. v. A. DOVE 1888, neu hg. v. H. HERZFELD 1949), krit. Ausgabe aufgrund der Stenogramme der Berchtesgadener Vorträge Rankes vor Kg. Max I. v. Bayern, hg. v. Th. SCHIEDER, in: L. v. Ranke, Aus Werk u. Nachlaß 2 (1970); E. v. BEZOLD, E. GOTHEIN u. R. KOSER, Staat u. Gesellschaft der neueren Zeit, in: Kultur der Gegenwart II 5 (1908); W. NÄF, Die Epochen der neueren Gesch., Staat u. Staatengemeinschaft vom Ausgang des MA bis z. Gegenwart (2 Bde. 1945); H. RÖSSLER, Größe u. Tragik des christl. Europa, Europ. Gestalten u. Kräfte der dt. Gesch. vom SpätMA bis z. Gegenwart (1955); L. DEHIO, Gleichgewicht oder Hegemonie, Betrachtungen über ein Grundproblem der neueren Staatengesch. (1948). – A. J. GRANT, A Hist. of Europe from 1494 to 1610 (Methuen's Hist. of Medieval and Modern Europe 5, ²1938); W. C. ABBOTT, The Expansion of Europe, A Hist. of the Foundation of the Modern World (2 Bde. ²1938); W. LANGER (Hg.), The Rise of Modern Europe, A Survey of European Hist. in its Political, Economic and Cultural Aspects from the End of the Middle Ages to the Present (²1951); Hist. gén. des civilisations, hg. v. M. CROUZET, Bd. 4; R. MOUSNIER, Le XVIe et XVIIe siècle, Les progrès de la civilisation européenne et le déclin de l'Orient 1492–1715 (³1961), Bd. 5: R. MOUSNIER–E. LABROUSSE, Le XVIIIe siècle, Révolution intellectuelle, technique et politique 1715–1815 (1953); Peuples et civilisations, hg. v. L. HALPHEN u. Ph. SAGNAC, Bd. 8: H. HAUSER u. A. RENAUDET, Les débuts de l'âge moderne (^{2}1946), Bd. 9: H. HAUSER, La prépondérance espagnole 1569–1660 (^{4}1948), Bd. 102 Ph. SAGNAC u. A. de Saint-LÉGER, Louis XIV, 1661–1715 (^{3}1949), Bd. 11: P. MURET, La prépondérance anglaise 1715–1763 (1949), Bd. 12: Ph. SAGNAC, La fin de l'Ancien Régime et la Révolution Américaine 1763–1789 (^{2}1951). – J. W. THOMPSON, Lectures on Foreign Hist. 1494–1789 (^{2}1948); W. WINDELBAND, Die auswärtige Politik der Großmächte in d. Neuzeit 1494–1919 (1922), bis z. Gegenwart fortgeführt v. K. FLÜGGE (^{5}1964); D. J. HILL, A Hist. of Diplomacy in the Internat. Developments of Europe (4 Bde. 1905–1914); D. P. HEATLEY, Diplomacy and the Study of International Relations (1919); Sir Ch. PETRIE, Earlier Diplomatic History 1492–1713 (1949); W. P. POTJOMKIN, Gesch. der Diplomatie 1 (dt. 1946); Hist. des relations internationales, hg. v. P. RENOUVIN, Bd. 2: G. ZELLER, Les temps modernes, De Chr. Colomb à Cromwell (1953), Bd. 3: ders., De Louis XIV à 1789 (1955); A. MAYER, Annals of European Civilisation 1501–1900, with a preface by G. P. GOOCH (1950).

Politische Ideengeschichte: F. MEINECKE, Die Idee der Staatsräson in der neueren Gesch. (1924 = Werke 1, hg. v. W. HOFER 1957); P. MESNARD, L'essor de la philosophie politique au XVIe siècle (^{2}1952); G. H. SABINE, A Hist. of Political Theory (^{3}1961); E. WOLF, Große Rechtsdenker der dt. Geistesgesch. (^{4}1963); E. v. VIETSCH, Das europ. Gleichgewicht, Idee u. staatsmännisches Handeln (1942); K. v. RAUMER, Ewiger Friede. Friedensrufe und Friedenspläne seit der Renaissance (1953); H. KOHN, The Idea of Nationalism 1 (1945, dt.: Die Idee des Nationalismus 1950, dazu R. WITTRAM, HZ 174, 1952); E. LEMBERG, Gesch. des Nationalismus in Europa (1950); E. ROSENSTOCK-HUESSY, Die europ. Revolutionen u. der Charakter der Nationen (1931, neu bearb. 1951, ^{3}1961); P. HAZARD, La crise de la conscience européenne 1680–1715 (1935, dt.: Die Krise des europ. Geistes 1939); ders., La pensée europ. au XVIII^{e}siècle de Montesquieu à Lessing (1946, dt.: Die Herrsch. d. Vernunft 1949).

Kirchengeschichte: Hist. de l'église, hg. v. A. FLICHE u. E. JARY, Bd. 16–19 (1948–1955, 16.–18. Jh.); J. v. WALTER, Gesch. des Christentums II 1: Die Reformation (^{2}1949), II 2: Die Neuzeit (^{2}1950); K. D. SCHMIDT, Grundriß der Kirchengesch. 3/4 (^{12}1964); W. v. LOEWENICH, Die Gesch. der Kirche 2: Von d. Ref. zur Neuzeit (Tb. 1964); Hdb. d. Kirchengesch., hg. v. H. JEDIN, Bd. 4: Reformation, Kathol. Reform u. Gegenreformation (1967); E. G. LEONARD, Hist. gén. du Protestantisme (Bd. 1/2 1961). – *Papsttum:* SCHOT 4, 40607ff. u. 5, 52012ff.; L. v. RANKE, Die röm. Päpste in den letzten 4 Jhh. (1834–1836 = Sämtl. Werke Bd. 37–39, neu hg. v. F. BAETHGEN, 1953 u. ö.); L. v. PASTOR, Gesch. der Päpste seit d. Ausgang des MA (16 Bde. 1885 bis 1930 u. ö.); F. X. SEPPELT, Gesch. d. Päpste, Bd. 4: SpätMA u. Renaissance (^{2}1957), Bd. 5 (^{2}1959).

Recht, Verfassung, Wirtschaft: s. Bd. 7, S. 13; DW^{9} 10998ff.; F. HARTUNG, Dt. Verfassungsgesch. vom 15. Jh. bis z. Gegenwart (^{8}1964); A. ZYCHA, Dt. Rechtsgesch. der Neuzeit (^{2}1949); H. CONRAD, Dt. Rechtsgesch., Bd. 1: MA (^{2}1962), Bd. 2: Neuzeit bis 1806 (1966); F. WIEACKER, Privatrechtsgesch. der Neuzeit (1953); E. DÖHRING, Gesch. der dt. Rechtspflege seit 1500 (1953); H. E. FEINE, Kirchl. Rechtsgesch. 1: Die kathol. Kirche (1954). – H. BECHTEL, Wirtschaftsgesch. Dtlds. 2: Vom Beginn d. 16. bis zum Ende d. 18. Jh. (1952); H. HAUSHERR, Wirtschaftsgesch. d. Neuzeit vom Ende d. 14. bis zur Höhe d. 19. Jh. (^{3}1960); M. L. ELSAS, Umriß einer Gesch. der Löhne u. Preise in Dtld. vom ausgeh. MA bis z. Beginn d. 19. Jh. (3 Bde. 1936–1950); W. VOGEL, Die Deutschen als Seefahrer, Kurze Gesch. des dt. Seehandels u. Seeverkehrs, hg. v. G. SCHMÖLDERS (1949); P. E. SCHRAMM, Dtld. u. Übersee, Der dt. Handel mit d. Kontinenten, insbes. Afrika, von Karl V. bis zu Bismarck (1950).

Übersicht der Taschenbuchausgabe des Gebhardt

Die erste Auflage des ›Handbuchs der deutschen Geschichte‹, herausgegeben von dem Berliner Realschullehrer Bruno Gebhardt (1858–1905) in Zusammenarbeit mit elf Gymnasiallehrern, Bibliothekaren und Archivaren, erschien 1891/92 in zwei Bänden. Von der zweiten bis zur siebenten Auflage wurde das Handbuch unter seinen Herausgebern Ferdinand Hirsch, Aloys Meister und Robert Holtzmann unter immer stärkerer Heranziehung von Universitätslehrern jeweils nach dem erreichten Forschungsstand überarbeitet und ergänzt und fand im wachsenden Maße bei Lehrenden und Lernenden an den Universitäten Verwendung. Nach dem Zweiten Weltkrieg nahm Herbert Grundmann mit neuen Autoren eine völlige Neugestaltung des ›Gebhardt‹ in Angriff, und auf diese in den Jahren 1954 bis 1960 in vier Bänden erschienene achte Auflage geht die nun vorliegende, wiederum überarbeitete und ergänzte, 1970 bis 1973 erschienene neunte Auflage zurück.

Um das bewährte Studien- und Nachschlagewerk vor allem den Studenten leichter zugänglich zu machen, haben sich der Union Verlag und der Deutsche Taschenbuch Verlag im Einvernehmen mit den Autoren zu dieser Taschenbuchausgabe entschlossen. Das Handbuch erscheint ungekürzt und, von kleinen Korrekturen abgesehen, unverändert in folgender Bandaufteilung:

1. Ernst Wahle: Ur- und Frühgeschichte im mitteleuropäischen Raum
2. Heinz Löwe: Deutschland im fränkischen Reich
3. Josef Fleckenstein und Marie-Luise Bulst-Thiele: Begründung und Aufstieg des deutschen Reiches
4. Karl Jordan: Investiturstreit und frühe Stauferzeit (1056 bis 1197)
5. Herbert Grundmann: Wahlkönigtum, Territorialpolitik und Ostbewegung im 13. und 14. Jahrhundert (1198–1378)
6. Friedrich Baethgen: Schisma und Konzilszeit, Reichsreform und Habsburgs Aufstieg
7. Karl Bosl: Staat, Gesellschaft, Wirtschaft im deutschen Mittelalter
8. Walther Peter Fuchs: Das Zeitalter der Reformation
9. Ernst Walter Zeeden: Das Zeitalter der Glaubenskämpfe (1555–1648)
10. Max Braubach: Vom Westfälischen Frieden bis zur Französischen Revolution
11. Gerhard Oestreich: Verfassungsgeschichte vom Ende des Mittelalters bis zum Ende des alten Reiches
12. Wilhelm Treue: Wirtschaft, Gesellschaft und Technik in Deutschland vom 16. bis zum 18. Jahrhundert
13. Friedrich Uhlhorn und Walter Schlesinger: Die deutschen Territorien
14. Max Braubach: Von der Französischen Revolution bis zum Wiener Kongreß
15. Theodor Schieder: Vom Deutschen Bund zum Deutschen Reich
16. Karl Erich Born: Von der Reichsgründung bis zum Ersten Weltkrieg
17. Wilhelm Treue: Gesellschaft, Wirtschaft und Technik Deutschlands im 19. Jahrhundert.

Es ist vorgesehen, die Taschenbuchausgabe in angemessenem zeitlichen Abstand nach Erscheinen des vierten Bandes des Handbuchs, der die deutsche Geschichte seit 1914 behandelt, weiterzuführen.

Namen- und Sachregister

(Die Zahlen in Klammern bei den Personennamen geben bei weltlichen und geistlichen Fürsten die Regierungszeit, sonst die Lebensdaten an.)

HANDBUCH DER DEUTSCHEN WIRTSCHAFTS- UND SOZIALGESCHICHTE

Herausgegeben von Hermann Aubin und Wolfgang Zorn

Band 1: Von der Frühzeit bis zum Ende des 18. Jahrhunderts.

Band 2: Das 19. und 20. Jahrhundert.

Das vollendete erste große Gemeinschaftswerk über die ganze deutsche Wirtschafts- und Sozialgeschichte von der Vorzeit bis zur Gegenwart, als moderne Ergänzung zu Gebhardts Handbuch der deutschen Geschichte geplant, ist als »interdisziplinäre« wissenschaftliche Darstellung keinem Schema einer bestimmten Geschichtstheorie verpflichtet. Es will gesicherte Erkenntnis der Vergangenheit einer »offenen Gesellschaft« darbieten, in der ein volles Geschichtsverständnis ohne Einbeziehung dieser Aspekte nicht mehr denkbar ist.